曾经沧海

——近代海军名将**陈兆锵**

王国平　陈　悦　著

海峡出版发行集团
THE STRAITS PUBLISHING & DISTRIBUTING GROUP
福建人民出版社
FUJIAN PEOPLE'S PUBLISHING HOUSE

图书在版编目（CIP）数据

曾经沧海:近代海军名将陈兆锵/王国平,陈悦著.
——福州:福建人民出版社,2022.4（2022.6重印）
ISBN 978-7-211-08809-6

Ⅰ. ①曾… Ⅱ. ①王… ②陈… Ⅲ. ①陈兆锵－纪念文集 Ⅳ. ①K825.2-53

中国版本图书馆CIP数据核字(2022)第000621号

曾经沧海——近代海军名将陈兆锵
CENGJING CANGHAI

作　　者：王国平　陈　悦
责任编辑：林　顶
出版发行：福建人民出版社　　电　　话：0591-87533169（发行部）
网　　址：http://www.fjpph.com　　电子邮箱：fjpph7211@126.com
地　　址：福州市东水路76号　　邮政编码：350001
经　　销：福建新华发行（集团）有限责任公司
印　　刷：福建建本文化产业股份有限公司
地　　址：福州市仓山区建新镇十字亭路4号
开　　本：700毫米×1000毫米　1/16
印　　张：16.75
字　　数：200千字
版　　次：2022年4月第1版　　2022年6月第2次印刷
书　　号：ISBN 978-7-211-08809-6
定　　价：78.00元

序

按照所学专业区分，近代中国的海军军官主要可以分为航海和轮机两大出身。航海专业军官从事的工作涉及舰船的内部管理、航行、作战、编队指挥乃至舰队管理、海军管理等“运用”层面工作，是容易为人注意的“显性”事务，其参与军政活动较为直接，擢升的路径也较宽广，在近代史上闻名的海军人物多属于这一专业背景。轮机专业军官则是终年与机器打交道，默默无闻，其主要的工作区域在舰船的甲板之下，主要从事舰船主、辅机的操纵、维护等技术保障层面工作，是不易为人注意的“隐性”事务，其晋升的渠道较窄，由舰船的轮机军官，至多晋升为海军的全军轮机事务主管、海军工厂管理者等，较难有机会参与军政事务。正因如此，在中国近代海军的历史长河中存在一个普遍现象，能够留名于历史的航海专业军官璨若繁星，而名载史册的海军轮机专业军官却可谓是凤毛麟角，这其中，出生于福建福州的陈兆锵将军无疑是最为著名的一位。

1866 年，船政创设，古城福州成为中国近代化的浪潮之巅。船政开创者左宗棠、沈葆桢深谋远虑，在引进西方技术建设大规模的舰船工业生产机构的同时，相继开设了船政前学堂、后学堂、艺圃等一系列新式教育机构，培育中国自己的工业生产和近代化海军人才，以求借此实现中国人完全掌握工业生产、近代海军的密钥，手握主动权，达到“权操诸我”的境界。在国家追求海防自强的这一大时代背景下，船政得以被允许在中国沿袭千年的科举教育制度之外开辟一条崭新的道路，无形之中也为那个时代的青年人打开了一扇面向新世界的窗口。

1875 年的一天，13 岁的福州少年陈兆锵考入船政艺圃，成为一名学徒工。当他来到船政报到的一刻，望着眼前不啻于奇迹般的宏大工业生产基地景象，可能还并未想到，他已经踏入了即将不断改变自身命运的历史浪潮。

几年后，陈兆锵从艺圃考核毕业，身份从“艺徒”转变为“匠”，即成为船政的正式工人。而就在这时，他抓住了命运的机会，依靠在船政轮机车间学习获得的丰富经验，被选入船政后学堂第二期管轮班，历经学习、考试，成长为一名海军轮机军官。凭着出色的成绩，被北洋大臣李鸿章选调往北方，成为北洋舰队的轮机军官，乃至登上了当时中国最巨威力的主力舰“定远”号铁甲舰，成为“定远”的轮机军官，1894—1895 年，又跟随着这艘巨舰，参加了甲午海战。此后，陈兆锵亲历清末重建海军，作为海军中资历较深的轮机军官，不断在舰船监造等技术事务中崭露头角。民国成立后不久，陈兆锵被授予海军轮机中将军衔，是为轮机专业海军军官所能获得的最高军衔，位居全国海军轮机军官的观瞻领袖。1913 年，陈兆锵奉命担任海军江南造船所所长，全面管理一家海军工厂，兼顾技术与经营事务，任内兴利除弊，成绩可观。1915 年，被调任福州船政局局长，回到了他海军生涯的起点福州马尾，此时距离他考入船政艺圃恰好经过四十载光阴。四十度寒暑往替，从怯生生的船政学徒工，到叱咤风云的海军轮机中将主管船政，是一段传奇的人生经历，也为船政的教育史和中国近代海军教育史添加了一条有关“有志者事竟成”的精彩注脚。

陈兆锵一生经历丰富，建树颇多，一些功绩甚至至今还有实物遗迹可寻。但是有关这位著名的近代海军历史人物，既往并没有专门的著述，只有陈兆锵的亲属、后裔、研究者写有回忆性、纪念性的文章。本书是第一本关于陈兆锵的人物传记，作者王国平先生是《四川日报》首席记者，长期致力于近代海军后裔家族的研究。作者陈悦先生是长期研究中国近代海军史的著名学者、马尾船政文化研究会会长。两位先生运用了大量史料，并结合了后裔的家传信息，对陈兆锵的个人历史进行了全面考订，本书填补了诸多研究和资料空白，修正了很多史事叙述，全面、系统展现了陈兆锵这一重要海军人物的生平，以及他所参与的诸多历史事件的细节，具有极高的史料价值。

不仅如此，本书的编撰、出版还另有重要的意义。

众所周知，家史和国史实际上具有着密切的关联，每一个个体的历史犹如一条条涓涓细流，汇聚起来就会形成波澜壮阔、气势磅礴的大历史长河。包括陈兆锵在内的每一位中国近代海军军人，其个人的历史也就是中国近代海军史的缩影。尤为特别的是，由于档案保存经历多次变迁，中国近代海军很多历史阶段、历史事件的史料存在欠缺，使得海军史叙述中多有空白点。此时，海军军人们个人的历史，不仅仅能使大历史血肉丰满，更重要的是，往往能够对大历史起到填补缺失的重要作用。由于个人的历史多存在于家庭的关注和记忆中，相关的材料和成果并不易为外人所掌握，由家族、后裔将这些材料公布于众，甚至考订、整理编撰为学术性的传记著述，嘉惠学林，就显得尤为难能可贵。

本书由陈兆锵的后裔推动，由海峡两岸的历史研究者共同参与史料搜集，再经由王国平、陈悦先生以学术的方法进行资料整理和写作，为近代海军后裔整理、研究、公布人物历史提供了一个十分生动和成功的范例。相信本书的出版，将会对中国海军史、船政史的相关部分研究起到极大的促进作用，同时希望本书的出版能成为一个号召，使更多近代海军家族将各自的家史以学术的方式进行整理和公布，不断充实、丰富中国近代海军的历史，展现近代中国人为了保卫海权、自强御侮所付出的可贵努力。

是为序。

林樱尧

2022 年 1 月

目 录

第一章　早年生涯

一 求学船政

陈兆锵，字敬尔，号铿臣，中国近代海军名将，生于清王朝同治元年六月十一日（1862 年 7 月 7 日）。①

陈氏的祖籍在福建闽县风景秀美的古镇螺洲（今属福州市），是当地著名的望族。陈兆锵出生时，他的家庭所属的一支早已迁住在闽县城中，今天福州市鼓楼区朱紫坊河沿的46、47号茅屋就是陈兆锵家族的故居老宅。

和当时一般诗书人家子弟的成长路径相似，陈兆锵在 6 岁左右开始接受传统教育，在家族所办的学塾明伦堂中读书习字。也就在这时，闽县内外正风传着一条新闻，据说一个名叫“船政”的衙门在闽县城外东南的马尾罗星塔地方兴办，正在做着一些前无古人、破天荒的大事。在明伦堂背诵着圣人诗书的陈兆锵还不知道，他的人生之路即将因为这个机构而改变。

同治五年（1866 年），时任闽浙总督左宗棠经奏请清廷获准，在马尾创办总理船政，旨在学习西法，通过设工厂、造轮船和机器、编练海军舰队，以此解决中国海防近代化的问题，为国家寻求自强之道。同时，为了使中国人能掌握轮船的设计、制造以及驾驶、运用，总理船政创设名为求是堂艺局的教育机构，在闽县、侯官及周边地区招募聪颖子弟入学，完全采用西法教学，传授西洋科技知识。同治六年（1867 年）的冬天，求是堂艺局迁至位于马尾的船政，更名为船政学堂，分为学习舰船设计制造，培育工程师的前学堂，以及学习航海驾驶，培育海军军官的后学

① 《螺江陈氏家谱》，1933 年铅印本，第 82—83 页。

螺洲陈氏宗祠

堂，其中后学堂在同治七年（1868 年）又增设了称为管轮班的轮机专业。多年后，陈兆锵的名字出现在了船政后学堂管轮班第二期学生的名册中。

根据陈兆锵后裔的回忆，家族中流传陈兆锵是在光绪元年（1875 年）入读了船政后学堂管轮班第二期。① 然而对比档案，这个时间记忆与船政后学堂管轮班的历史存在有偏差，实际上，陈兆锵进入船政后学堂的经历更复杂。

船政后学堂的管轮班设立于同治七年（1868 年），当年即招募了一班艺童，作为第一期学生，由船政雇佣的法籍洋员阿兰（W. Allan）任教习，至 1874 年毕业。② 之后，洋教习阿兰合同期满未再续约，离职

① 陈榕先生 2019 年 11 月 14 日访谈，王国平采访。

② ［法］Prosper Giquel：L’ Arsenal De Fou-Tcheou Ses Résultats，Shang Haï Imprimerie A.H.De Carvalho，1874，P.37—38.

回国，船政后学堂的管轮教育因为失去了专业教师，在1874年就告暂停。一年以后，光绪二年（1876年）二月，时任总理船政大臣丁日昌上奏汇报船政学堂的教学工作情况，称准备从西方聘请“管轮老手教习一名”，充当管轮专业的教师。[①]经过物色，直到光绪三年十二月(1878年1月)，船政新雇佣的管轮专业教师穆勒登才到任，船政的管轮专业教育从而重启，开始新招管轮专业学生，“选粤童八人、闽童二十一人入堂肄业”，[②]即管轮班第二期。

由此可见，实际上1875年时船政后学堂没有管轮班在读，第二期管轮班开学是发生在1878年的事，陈兆锵不可能在1875年进入1878年开班的船政管轮班第二期。这一细节显示着陈兆锵在进入船政后学堂

19世纪70年代拍摄的船政后学堂照片，后学堂院外右侧的建筑是船政艺圃
摄影：[英]John Thomson

① 丁日昌：《再延教习嘉尔乐来工教导片》，《船政文化研究——船政奏议汇编点校辑》，海潮摄影艺术出版社，2006年版，第121页。

② 吴赞诚：《第二号铁胁轮船下水并厂务情形折》，《船政文化研究——船政奏议汇编点校辑》，海潮摄影艺术出版社，2006年版，第143页。

管轮班第二期之前，还有一段鲜为人知的船政经历。

按陈兆锵家族后裔所述的1875年这一时间节点进行分析，陈兆锵当时入读的极有可能是船政的艺圃，而后是以艺圃毕业生的身份被选入了1878年开班的船政后学堂管轮班第二期。

陈兆锵生前珍藏的一件小台钳（中国船政文化博物馆收藏）

艺圃，是船政教育体系中颇具特色的机构，开创于1868年，目的在于培训船政轮机厂、铸造厂等铁工车间所需的技术工人，“使青年工人能够识图、作图，计算蒸汽机各种形状部件的体积、重量，并使他们达到在各自所在车间应具有的技术水平”，[①]是中国最早的西式职业技术教育机构。船政的艺圃主要招收年龄在15岁至18岁左右的少年，要求“有膂力、悟性”，经考核合格后称为艺徒，采取半工半读式的教育模式，白天分派在包括船政轮机车间在内的各个铁工车间学徒生产，学

① [法]Prosper Giquel: L'Arsenal De Fou-Tcheou Ses Résultats, Shang Haï Imprimerie A.H.De Carvalho, 1874, P.24.

习实践操作，夜晚则参加由各车间工程师组织的夜校，学习法语和理论知识，学制通常为三年。

据船政大臣吴赞诚在奏折中所称，1878 年船政管轮班第二期开班时，学生之中“内有四人本系轮机厂艺徒”，[①] 即有 4 名在船政轮机车间学徒实习的船政艺圃的学生，被选入了船政后学堂管轮班第二期。陈兆锵应当就在其中，而根据船政艺圃的学制推算，陈兆锵如果是在 1875 年入学，倘若成绩优良，1878 年恰值艺圃毕业。

值得留意的是，陈兆锵在 1878 年之前的船政生涯，还存在有一种可能性。

在清光绪三十四年（1908 年）出版的中国海军军官名录《海军册》（Imperial Chinese Navy List）上，有关陈兆锵的条目显示，陈兆锵的海军学生生涯开始于光绪二年（1876 年）十月。[②] 鉴于船政大臣实际上是在 1876 年就开始着手为新的一期管轮班进行招生，艺圃的艺徒陈兆锵可能在 1876 年的农历十月就已被考核确定为管轮班的预科生。[③]

透过历史材料中的文字记述，大致可以勾勒出这样的一幅画面：

1875 年，时年只有 13 岁的陈兆锵告别了传统的科举教育，离开了家庭的怀抱，凭着身体好，有力气，以及聪颖有悟性，考入了船政艺圃，具体被分派在船政科技含量最高的车间——生产舰用蒸汽机的轮机厂，每天白天按时到车间上班，跟着车间主管指派的师傅学习做工，夜晚则

① 吴赞诚：《第二号铁胁轮船下水并厂务情形折》，《船政文化研究——船政奏议汇编点校辑》，海潮摄影艺术出版社，2006 年版，第 143 页。

②《海军册》（《Imperial Chinese Navy List》），1908，P.7.

③ 上述推论是建立于陈兆锵家族回忆的 1875 年时间完全准确的前提下。另不能排除一种可能性，即陈兆锵是在 1876 年直接被招为后学堂管轮学生，由于当时外国教习尚未雇成，预先招募的管轮学生可能先被安排在船政的艺圃、车间进行实习。

在开设于轮机厂内的夜校学习法语、算术、几何、代数、工程制图、蒸汽机构造等理论知识，从此和舰船的蒸汽机打上了交道。

这时的船政，恰好在进行一项重要的装备技术攻关工作，船政的轮机厂开始仿制、研发世界新式的大功率复合式蒸汽机（Compound Engine）。中国史料中译作“康邦机器”的这类蒸汽机，属于带有多个汽缸的蒸汽机，蒸汽利用效率更高，输出功率也更高，可以使舰船具有更快捷的航速，正在成为世界海军舰船主流的蒸汽机配置型号。陈兆锵在轮机厂学徒做工的几年间，这里陆续制造、装配出了两台卧式复合蒸汽机、一台立式复合蒸汽机。新制成的犹如钢铁巨人般的蒸汽机顺着铁轨从轮机厂一直推送到船政江岸边的铁码头上，再由巨大的“人”字形起重吊臂吊装进码头边等待舾装的舰体，轮机车间的工程师、工人和陈兆锵等学徒，还要登上军舰，参与蒸汽机的安装、调试和试航，1877 年

船政各铁工厂中的核心厂——轮机厂

船政造“威远”号炮舰，陈兆锵可能参加了该舰所用蒸汽机的制造和安装工作

竣工的安装复合蒸汽机的船政“威远”号军舰上，就曾留下陈兆锵等人忙碌工作的身影。

1878年1月，船政雇佣的管轮专业洋教习穆勒登到任。2月20日，船政后学堂管轮班第二期开学，[①]时年16岁的陈兆锵和另外三名在轮机厂学习的艺徒离开了机器轰鸣的生产现场，坐进了窗明几净的课堂，从艺徒转变成学生。管轮专业教育，旨在培育舰船上的专业轮机军官，是非常注重理论联系实践的专业，尤其在意具体的工作经验。当期的同学中，有从香港中央书院招募来的学生，有从广东等地西式机器工厂中招募来的有一定工作经验的年轻工人，陈兆锵则是为数不多的闽县本籍人，且是船政自己多年培育出的轮机专业技工。

① 据《船政奏议汇编》所载相关档案显示，第二期管轮学生的赡食银是从光绪四年正月十九日起支，即1878年的2月20日，这一天似可视为船政后学堂管轮班第二届学生的开学日期。（黎兆棠：《闽厂制造轮船支用各款，查照成案开单核实报销折》，《船政文化研究——船政奏议汇编点校辑》，海潮摄影艺术出版社，2006年版，第188页。）

在投身科举考试、追逐功名还是年轻人成长主流路径的社会，陈兆锵为什么会进入船政学习西式“工匠”技艺？陈兆锵的父母、家庭为什么会让他放弃科举正途，而去学做一名“工匠”，入读学习洋学的学校？当事人本人并未留下过明确的文字说明，陈兆锵之孙陈榕先生所分析、介绍的几个原因，或许最为接近历史真实的情况。[①]

首先，与陈兆锵共高祖的堂兄陈兆翱，是船政前学堂制造班的第一届毕业生，这无疑是重要的榜样、范例。在船政学堂创建的早期，确实不乏这种家族兄弟先后甚至同时入读的例子。

其次，陈家在闽县的街坊邻居中，也有两家有子弟入读了船政学堂。同住在朱紫坊一带，方家的方伯谦是船政后学堂驾驶班第一届学生，萨家的萨镇冰则是船政后学堂驾驶班第三届的学生。

另外不容忽视的是，陈兆锵的祖父早年科举不得志，弃文经商，对西洋情形较为熟悉，思想开明。且入读船政艺圃、学堂，不仅不需要缴纳任何学习费用，而且能领取赡家费、奖学金，只要学习刻苦，未来的工作、职业也有较为可靠的保障。这些可能是家庭为何会做出选择将陈兆锵送入一条完全不同于科举正途的“偏途”的重要原因。

在当时，闽县、侯官一带因为这些原因而将子弟送入船政的情况不在少数，闽县一户刘姓家庭的情况也可作为印证。这户人家家境窘迫，首先在1868年将17岁的长子刘敦禧和15岁的次子刘敦本放弃传统科举之学，双双送考船政艺圃，成为艺徒，之后又在1871年将三子刘敦濬（刘冠南）送考船政艺圃，1875年又将最小的一个儿子刘敦诚（刘冠雄）也送入了船政，考中船政后学堂。有趣的是，在艺圃学习的刘家老三刘冠南，后来也从艺圃被调入船政后学堂管轮班第二期，和陈兆锵成了同班同学。[②]

---

① 陈榕先生介绍的相关内容源于 2019 年 11 月 14 日的访谈，王国平采访。

②《永远的蔚蓝色——福州“宫巷海军刘”》，天津大学出版社，2014 年版。

船政后学堂采取英语教学，管轮班的课程包括数学、几何、设计、蒸汽机构造、船用蒸汽机的操作和维修、仪表和盐分计的使用等等。为了学生能够把所学理论运用于实际，学堂也会安排学生前往船政轮机车间实习，参加蒸汽机的制造，以及蒸汽机、锅炉等设备在舰船上的安装、调试等。对于管轮学堂第二期的教学情况，船政大臣吴赞诚在光绪五年六月（1879 年 8 月）的奏折中曾有很高的评价，称洋教习“循循善诱，不吝所传”，学生们的学习则“日有精进”。①

陈兆锵等管轮班第二期学生开学一年多之后，原教习穆勒登在光绪六年（1880 年）四月合同期满回国，改由 1880 年 10 月 1 日到任的船政续聘洋教习理格执教，② 但理格教授一年多以后，因不得力而被船政解约。时任督办船政大臣黎兆棠又通过驻英公使曾纪泽聘请了英国海军的轮机工程师丟瓦，丟瓦在 1883 年 6 月到任，因水土不服，无法教学。管轮班第二期的教学于是改由船政前学堂第一届毕业生魏瀚兼任。③

除承担专业全部教育的教习外，船政学堂各专业还设有数量不等的助教，协助教习开展教学工作。在陈兆锵就读管轮班的第二年（1880 年），后学堂驾驶班第一期毕业生严复从英国留学回国，直到当年 7 月调任天津北洋水师学堂之前，严复一直在船政后学堂任教，有论者称其执教的正是陈兆锵所在的管轮班第二期。④

---

① 吴赞诚：《第三号铁胁轮船下水并厂务情形折》，《船政文化研究——船政奏议汇编点校辑》，海潮摄影艺术出版社，2006 年版，第 156 页。

②《第四号铁胁轮船下水并厂务情形折》，《船政文化研究——船政奏议汇编点校辑》，海潮摄影艺术出版社，2006 年版，第 178 页。

③ 张梦元：《展留洋员，酌加薪水并陈学堂现办情形折》，《船政文化研究——船政奏议汇编点校辑》，海潮摄影艺术出版社，2006 年版，第 226 页。

④ 刘传标：《中国近代海军职官表》，福建人民出版社，2004 年版，第 67 页。

在清代，船政后学堂的学制为五年，[①]陈兆锵等光绪四年（1878年）入读的管轮班第二期学生如果学习顺遂，能够一一通过各项严格的测试、考验，当在光绪九年（1883年）毕业，否则或将被退学，或者降班留级。根据1883年卸任的督办船政大臣张梦元以及接任的船政大臣何如璋有关学堂在校生的人数汇报，船政后学堂管轮专业在1883年出现了在读学生人数的减少，显示了有一届学生在此时毕业，据此可以判断1883年就是船政后学堂管轮班第二期的毕业时间。在档案所载的船政后学堂管轮班第二期32名毕业生的名单中，陈兆锵的名字赫然在列。

从13岁进入船政艺圃作为学徒，将近16岁入读船政后学堂管轮班第二期成为学生，20岁风华正茂的陈兆锵成为当时全中国为数寥寥的专业轮机军官之一。

附：

船政后学堂管轮班第二期毕业生名单[②]

陈兆锵	刘冠南	刘义宽	刘荫霖	戴庆涛	陈如璧	潘锡基
刘昭亮	郭乃安	郭文进	曾光时	王齐辰	陈治安	李福龄
梁祖全	郑文恒	叶大银	陈锦超	何林英	张玉明	卢鸿彬
庞廷桢	伍兆佳	黎弼良	林　泉	区贤灿	梁福藻	罗荫皆
庞铭世	马应波	黄显章	梁祖群			

① 根据国家图书馆藏《光绪三十三年海军调查表》显示，直到光绪三十三年（1907年），后学堂的学制仍为五年。

② 陈悦：《船政史》下，福建人民出版社，2016年版，第696—697页。原表中的郑守恒，即郑文恒。

二　北洋海军军官

ENGINEER COMMANDERS（工程师指挥官表）

Name	Where Serving	Student	Patsung	Asat. Eng	Eng. 2nd gr	Eng. 1st gr	Commander
Chen Chao Chiang（陈兆锵）	KN Dock	10/2	10/9	6/9	10/11	9/20	8/21

——摘自光绪三十四年《海军册》

“超勇”巡洋舰三管轮

中国近代海军建设的全面开始，缘起于1866年闽浙总督左宗棠在福建马尾创设船政，此后船政造军舰、育人才，渐有基础，在1870年奉旨编组了中国第一支近代化海军舰队——船政轮船，并于1872年形成了分防全国沿海各通商口岸城市的模式。在这一时期，船政轮船舰队便成为船政后学堂学生毕业后的最主要工作去向。由于船政轮船舰队并没有实缺的国家编制，后学堂的毕业生毕业后往往以“五品军功”“六品军功”等临时军官身份任职。

1874年，日本入侵台湾，挑起侵台事件，时任船政大臣沈葆桢率船政轮船舰队渡海抗衡。事定后，清王朝鉴于海防危机，下旨总理各国事务衙门以及沿海各将军、督抚就海防政策进行大讨论，在此背景下出台了全新的海防战略，即建设南、北洋海军，尤以事关京畿门户的北洋海军作为重中之重。

北洋，所指的是中国北方的山东、直隶、奉天三省沿海，即今天的黄、渤海地区。在这一区域，并没有什么近代化海军的建设基础，直隶总督、北洋大臣李鸿章受命后，一方面在总理各国事务衙门的指导下，以从欧洲直接购买舰船作为装备建设基础，一方面与船政大臣协商，大规模借调船政后学堂毕业的航海、管轮学生，作为北洋的人才基础。从1875年开始，出现了大规模的船政海军人才北调的现象。

到了船政后学堂管轮班第二期毕业的1883年，这批人才北调风潮正盛，陈兆锵以及很多同学就在这一时代背景下，告别八闽大地，前往千里之外的北洋任职。

当时北洋的近代海军建设，已经略有规模，舰队称为北洋水师，由淮军铭字军出身的将领丁汝昌以绿营天津镇总兵的身份统率，驻扎天津大沽，麾下舰队装备的舰船，主要包括六艘被称为蚊子船的炮艇“镇东”“镇南”“镇西”“镇北”“镇中”“镇边”，以及名为“超勇”“扬

北洋海防从英国订造的“超勇”号巡洋舰，建成时属于全世界最新式的巡洋舰

威”的两艘主力舰，各舰的军官几乎全部调自船政后学堂，由于人才不敷使用，一些军舰上的轮机、炮术管理岗位，还都是由临时雇佣的西方洋员充任。因为北洋海防在德国订造的大型铁甲舰“定远”“镇远”和“济远”即将告成，意味着舰队又将出现大批军官岗位的缺口，正是用人之际。

按照清末海军光绪三十四年编全军军官名录《海军册》中的记载，陈兆锵是在1883年6月担任助理轮机工程师（Asst. Eng.），即船政后学堂管轮班第二期毕业后就立刻得到了任用，同年的11月，陈兆锵获得了相当于现代海军候补少尉的把总（Pa-tsung）身份，[①] 参酌后来李鸿章奏折所述，实际是五品军功身份。[②] 而根据民国海军部的履历档案汇编《海军官册》显示，陈兆锵的上述任职都是在北洋水师，具体所在的军舰是当时北洋海军两艘主力舰之一的“超勇”舰，担任的是该舰的三管轮职务。[③]

“超勇”舰是世界舰船史上声名赫赫的军舰，1880年北洋海防通过中国海关驻伦敦办事处向英国阿姆斯特朗公司订造，舰型属于当时破天荒的撞击巡洋舰（Ram Cruiser），由英国著名的舰船设计师乔治·伦道尔（George Rendel）设计。

该型军舰共建造三艘，第一艘是1879年10月为智利海军建造的“阿图罗·普拉特”（Arturo Prat），另外两艘就是为中国建造的“超勇”和姊妹舰“扬威”。这型军舰满载排水量1542吨，舰长64米，宽9.75米，吃水4.57米，装备两门威力仅次于大型铁甲舰主炮的10英寸口径阿姆斯特朗主炮，军舰舰体的外形彻底摆脱了传统风帆巡洋舰的设计套

① 《海军册》（《Imperial Chinese Navy List》），1908，P.7.

② 《海军要缺拣员补署折》，《李鸿章全集》13，安徽教育出版社，2008年版，第7页。

③ 《陈兆锵履历》，《海军官册》，北洋政府时期。

路，采取了极其大胆、前卫的“隐身”设计，军舰外形低矮，主甲板几乎就要贴近水线，在波涛汹涌的大海上不易被发现。

按照乔治·伦道尔的理念，这型只有1000余吨的小军舰，能够在海上对大型铁甲舰发起挑战，不仅可以用主炮击穿铁甲舰的装甲，还能够借助“隐身”的外形，以及军舰舰首水下安装的撞角，对敌方铁甲舰发起出其不意的冲锋撞击。为了保证撞击战术的实施，乔治·伦道尔为该型军舰配置了在当时可称为豪华的动力系统。

该型军舰配置2座英国霍索恩公司（Howthorn）生产的卧式复合蒸汽机，匹配6座圆形燃煤火管锅炉，设计功率2600马力，设计航速16节。这种新颖的动力设备性能剽悍，同时对于操作者和管理维护者，无疑是巨大的挑战和考验。

“超勇”舰所装备的霍索恩公司造卧式复合蒸汽机，照片摄于蒸汽机出厂时

“超勇”和姊妹舰于1880年1月15日在英国纽卡斯尔的米切尔造船厂（Mitchell’s Low Walker Yard）开工，工厂建造编号为406，开工时因为中方尚未正式对军舰命名，由中国海关驻伦敦办事处主任金登干提议，临时用星座名命名为“白羊座”，姊妹舰“扬威”则临时命名为“金牛座”。“超勇”在1880年11月4日下水，“扬威”在稍后的1881年1月29日下水，之后经过安装蒸汽机、锅炉以及舾装工程，在1881年的7月14、15日两天先后完工。当时，北洋水师派出了由统领丁汝昌亲自率队的接舰部队赴英国接收，自行驾驶回国，1881年11月18日顺利到达天津大沽，船政后学堂驾驶班第一期毕业的林泰曾被任命为“超勇”舰管带，后学堂驾驶班外堂生第一期毕业的邓世昌被任命为“扬威”舰管带。

在这之后，“超勇”和姊妹舰“扬威”作为北洋水师的主力舰频繁出现于各种训练、外交、巡防等活动中。陈兆锵1883年被分派到“超勇”舰担任三管轮时，该舰仍然是舰队中的主力，舰长也仍然是林泰曾。

参照北洋海军成军时《北洋海军章程》所列的各军舰编制表，“超勇”舰的轮机部门共有5个军官岗位，分别是1名总管轮（都司级别）、1名大管轮（守备级别）、2名二等管轮（千总级别）、1名三等管轮（把总级别），共同负责管理指挥轮机部门的34名士兵，使用、维护舰上的2座主机、6座锅炉。作为“超勇”舰轮机部门最低职位的军官，三等管轮陈兆锵的主要工作除了参加整个轮机部门军官的轮流值更，完成总管轮布置的各项工作之外，实际上还具有见习、历练等积累资历的意味。

1885年4月17日，北洋大臣李鸿章上奏，为当时已经在北洋海防服务的留美幼童，以及从各处招募调集的人才集中请奖，申请清廷授予官职身份。作为被北洋调用“在兵船充当差使”的陈兆锵名列其中，由

陈兆锵生前所用怀表、指南针，1999 年由陈兆锵长子陈大磬赠给中国甲午战争博物馆

军功身份擢升为尽先拔补千总。[①]

经历数年服役生涯的陈兆锵，已经是北洋水师中资历较深的轮机军官，不久之后，他的任职也将发生重大的跃升调整。

“定远”铁甲舰大管轮

1885 年 6 月 9 日《中法新约》签署，中法战争结束，清政府随即指示战争期间滞留在德国的新造铁甲舰“定远”“镇远”、穹甲巡洋舰“济远”从速回国。7 月 3 日，3 舰由雇佣的德国船员驾驶出发，当年 11 月齐聚天津大沽。

3 舰均为德国伏尔铿造船厂（Vulcan）建造，其中尤以铁甲舰“定远”和“镇远”的威力最为巨大。这两艘铁甲舰属于同型，单艘满载排水量 7670 吨，舰长 94.5 米，宽 18 米，吃水 6 米。动力系统由 2 座卧式复合蒸汽机和 8 座燃煤锅炉组成，其中“定远”舰航试时测得功率 6200

① 《肄习西学请奖折》，《李鸿章全集》11，安徽教育出版社，2008 年版，第 54 页。

马力，航速 14.5 节，“镇远”测得 7200 马力，航速 15.4 节。这型军舰主要的武器是 4 门德国克虏伯公司（Krupp）生产的 305 毫米口径巨炮，另外军舰的中部敷设有厚度 305 至 355 毫米的钢铁复合装甲，具有强大的生存力，是当时东亚吨位最大、战斗力最强的主战军舰。

1885 年 7 月从德国出发回国时的“定远”“镇远”舰

为这 3 艘新锐军舰配齐所需的舰员成了迫在眉睫的工作，北洋水师所采取的方法是从原有的“超勇”“扬威”等军舰中抽选精锐作为 3 艘新舰的舰员骨干，“所有管驾暨大、二、三副，管轮、锅炉、升火人等，均挑选素在兵船之学生及船厂当差之熟手，以资得力”，[1] 再辅之以新毕业的军官和新招募的士兵。这一时期，原“超勇”巡洋舰管带林泰曾被调任为“镇远”号铁甲舰管带，其他原来“超勇”“扬威”舰的军官也都纷纷被调动，身为“超勇”舰三管轮的陈兆锵也接到了调动指派，

① 《验收铁甲快船折》，《李鸿章全集》11，安徽教育出版社，2008 年版，第 232 页。

光绪三十四年版《海军册》中记录了这一变化。在1885年的11月，陈兆锵晋升为二级工程师（Eng. 2nd gr），即二管轮。[①]而根据北洋海军1888年成军后李鸿章的一份奏折中的内容显示，陈兆锵当时是被调去了铁甲舰“定远”，担任“定远”舰的二管轮。

北洋海军从1875年开始筹建，初称北洋水师，1888年10月3日，清政府批准颁行《北洋海军章程》，授予全军实缺编制，北洋水师就此更名北洋海军。官员实缺编制颁布后，当时遇到了一个十分棘手的问题，按照清王朝的官员制度，官员的任命、授职采取的是逐级递补，或者平级调用等形式，不允许越级提拔。但北洋水师的军官此前大多没有实缺官职，即不具备正式的官员编制身份，随着《北洋海军章程》颁行，在将他们转入国家正式官员编制时，普遍遇到了无法直接补缺的问题。为此，北洋海军采取变通办法，借用清政府官制中的署理制度（实缺编制职务暂时无人任职，而临时委派人员代理），先将北洋水师原有的提督以下官员全部安置到北洋海军正式编制的各个职务上，作为暂时署理，等待三年署理期满后再行正式补缺，用这种办法来解决年轻军官们任官资格不足的问题。

当时采取具体措施是，官小者升署，比如，参将、游击、都司，准升署副将缺；游击、都司、守备，准升署参将缺；守备、千总、把总，准升署都司缺；千总、把总、外委，准升署守备缺。1889年2月20日，李鸿章将这一方案上奏清廷，并附录了对北洋海军各编制官缺的署理安排名单，2月23日，奏折获得清廷批准，陈兆锵的名字即出现在这份名单之中：“右翼中营守备充定远船二管轮，以五品军功拔补把总陈兆锵升署。”[②]

①《Imperial Chinese Navy List》，1908，P.7.

②《海军要缺拣员补署折》，《李鸿章全集》13，安徽教育出版社，2008年版，第7页。

奏折中，李鸿章还特别强调“此项官阶较小各员……久已充当管驾、管轮、大、二副各要差”，[①] 即各军官已经在相关岗位上服务多年，只是未能晋升到与之相应的职务，可见，陈兆锵此前应已经在“定远”舰的二管轮职务上。

根据《北洋海军章程》规定，军舰上的官弁分为三类，即战官、艺官和弁目。战官“由水师学堂学生出身，能充各船管带及大、二、三副职事”，即舰长、副舰长；艺官“由管轮学堂学生出身，能充各船管轮官，专司机者也”；弁目“由练勇水手出身，可充各船炮弁、水手总头目等，专司枪炮、帆绳者”。同时规定三者之间“备归各途，论资升转，界限极严，不相搀越”。按此，作为管轮官的陈兆锵属于“艺官”。

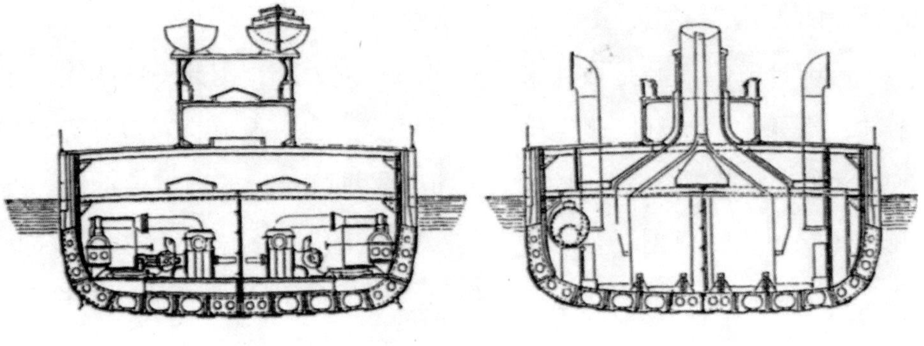

“定远”舰横剖图。左侧为第24号肋骨位横剖，可以看到一左一右安装的2台蒸汽机。右侧为第30号肋骨位横剖，可以看到“定远”舰内背靠背安装的锅炉

“定远”舰动力系统由2座卧式复合蒸汽机和8座燃煤锅炉组成，具体则分为1座蒸汽机配合4座锅炉的两套动力组，各驱动一根主轴，带动一个螺旋桨。因为军舰大，蒸汽机和锅炉的复杂程度相对“超勇”

① 《海军要缺拣员补署折》，《李鸿章全集》13，安徽教育出版社，2008年版，第4页。

等军舰更甚，“定远”舰的轮机部门军官共有11人之多，按照职位高低依次是总管轮1人（右翼中营游击），大管轮2人（右翼中营都司），二管轮2人（右翼中营守备），三管轮3人（右翼中营千总），舱面管轮3人（右翼中营把总）。其中，总管轮负责轮机部门的总体管理，而大管轮、二管轮、三管轮各1人作为一个管理群体，分别对应负责管理舰上的一套动力组，陈兆锵当时的职务就是“定远”舰一套主动力组管理团队中的成员。

当“定远”舰刚回国时，《申报》曾对军舰的情况进行过报道：“舱计三层，舱房计四十号，官厅、客厅、餐房、饭房维备。炮台如覆釜式，除炮眼外，毫无罅缺，子药俱由下吊上。船上现用正副船主各一人，大副四人、二副两人、三副两人。三层柜，正管轮两人，副管轮两人，又副管轮两人；二层柜，正、副、又副管轮人数同。”[①]

这则报道的信源是报社来自天津的“友人”，因此一些描述上不尽精准，比如，“定远”舰主甲板以下只有两层，报道将甲板计算在内，所谓“舱计三层”。报道中的“三层柜”，指的是下二层甲板，即“定远”舰的底层甲板。根据现存的“定远”舰舱室纵剖图来看，这一层空间非常高，锅炉、蒸汽机均在这里。作为全船的动力之源，维护这些机械，是舰上管轮工作的核心。“二层柜”，指的是下一层甲板。在这一层舱室中，仍有一些机械、管道需要维护。同时，舰上人员的卧室都在这一层，在“定远”舰尾部左侧有一个“机械工程师室”，应该是管轮军官的房间。

如此，大体可见陈兆锵等管轮军官在舰上工作、休息的舱面情况。

从1885年回国、成军后，“定远”及其姊妹舰“镇远”作为当时中国海上力量的支柱，密集参加了大量重要历史事件，从总理海军衙门

① 《津友函述》，《申报》，1885年12月8日，第1—2版。

大臣醇亲王校阅，到 1886 年的中俄勘界，以及在日本长崎发生的长崎事件，都能看到“定远”舰活跃的身影。不过和甲板上经常与社会各界打交道，“出镜率”很高的航海专业军官不同，轮机专业军官工作在甲板下，工作的对象是蒸汽机和锅炉，因而在历史记载中很难寻觅到轮机军官的踪影。这一时期，陈兆锵的姓名首次抛头露面，是因为一次慈善活动。1888 年，上海北市丝业会馆筹赈公所在报纸上公布了经收的山东、江浙赈捐清单，包括陈楠、余贞顺、孙辉垣、李鼎新等多位海军将领有捐款记录，陈兆锵也名列其中，捐款数额为“五角”。①

清代宫廷画《铁舰悬彩》，表现了“定远”舰接受醇亲王校阅时的情景

1891 年 6 月，陈兆锵随舰参加了北洋海军成军后的首次大阅。10 月 8 日，李鸿章就此为历年办理海军建设有功的员弁请奖，其中“升署

① 《清单》，《申报》，1889 年 12 月 30 日，第 9 版。

海军右营中翼守备陈兆锵”等人请以“都司衔尽先补用”。[①]

从1888年北洋海军成军算起，1892年是北洋海军各岗位军官三年署理到期的时候，李鸿章于4月26日上奏清廷，请求将包括陈兆锵在内的三年署理期满的北洋海军军官转为实缺，即转为正式任官身份，4月29日光绪帝朱批允准，陈兆锵由此正式获得北洋海军右翼中营守备这一官缺，职务则仍然是“定远”舰二管轮。[②]

时至1893年3月2日，北洋海军军舰按制南下过冬停泊上海期间，稽查全军轮机事务参将陆麟清乘坐小船往来各舰检查锅炉情况时，不慎落水殉职。[③]1894年1月1日，经北洋海军提督丁汝昌呈文，由“定远”舰总管轮余贞顺升补替代。[④]1894年6月20日，余贞顺升调后所遗留的北洋海军右翼中营游击官缺和“定远”舰总管轮职务，被安排由“定远”舰大管轮陈楠升补。陈楠升调之后所遗留的右翼中营都司官缺和“定远”舰大管轮职务，丁汝昌以陈兆锵“洞识汽机”，奏请由陈兆锵署理。[⑤]

在陈兆锵升署“定远”舰大管轮后的一个多月，1894年7月25日，日本海军在朝鲜丰岛海域偷袭中国舰船，中日甲午战争爆发。

---

①《办理海军请奖折》，《李鸿章全集》14，安徽教育出版社，2008年版，第189页。

②《方伯谦等六十四员升署北洋员缺片》，《李鸿章全集》14，安徽教育出版社，2008年版，第388页。

③《为陆麟清请恤片》，《李鸿章全集》15，安徽教育出版社，2008年版，第40页。

④《北洋海军遗缺顶补片》，《李鸿章全集》15，安徽教育出版社，2008年版，第251页。

⑤《北洋海军递补员缺片》，《李鸿章全集》15，安徽教育出版社，2008年版，第353页。

三 甲午战士

黄海大东沟海战

任职管轮军官的陈兆锵，随着“定远”舰巡航护卫海疆，曾多次到访日本、海参崴，南下到过新加坡等南洋诸口，这期间，陈兆锵与该舰的舰长、船政后学堂驾驶班第一期毕业的刘步蟾结下了深厚友谊。对于这位校友，陈兆锵有着极高的评价，在他的日记中还曾记录过刘步蟾对时局的关注：“日本自维新以后，野心勃勃，整军购舰，精益求精，蓄意乘机展足于高丽。管带‘定远’铁舰刘步蟾，留心国事，已窥其底蕴。”[①] 光绪十七年（1891 年）秋天，北洋舰队抵达横滨，开始对日本进行访问。北洋海军提督丁汝昌带各舰管带前往参加日方的招待会，但刘步蟾为防日方“乘我不备，攻袭我舰”，留舰看守。[②]

事实上，北洋海军的建军目标就在于防备日本，“定远”舰更是北洋海军遏制日本扩张野心的实力标志。

近代日本从明治维新开始，就将对外扩张定为自己的国策，视为日本国家、民族快速崛起的捷径。与日本近邻的朝鲜、中国，都被日本当作侵略的目标。日本随着自身近代化的开始，先后在 1874 年、1882 年、1884 年三度挑起了侵略中国、朝鲜的事端，之后由于中国北洋海军的快速崛起，日本的野心被暂时遏制，东亚局势一度持续和平。然而到了

---

①《陈兆锵所记中日战役情形》，《北洋海军官兵回忆辑录》，山东画报出版社，2017 年版，第 80 页。

②《陈兆锵所记中日战役情形》，《北洋海军官兵回忆辑录》，山东画报出版社，2017 年版，第 80 页。

日本军舰在朝鲜丰岛海域袭击中国舰船（铜版画）

19 世纪 90 年代，清王朝在海军建设方面小成即满，停滞不前，日本则迎头赶上，超越了中国，其扩张侵略的图谋再度开始实施。

1894 年春，朝鲜发生内乱，清王朝应邀出兵朝鲜帮助平乱。日本借机也大举向朝鲜出兵，并开始寻找、制造挑起战争的借口。7 月 25 日，日本海军在朝鲜西海岸牙山湾丰岛海域袭击中国舰船，挑起丰岛海战，中日甲午战争就此爆发。

1894 年 9 月 17 日中午，中日甲午黄海大海战爆发，这是人类历史上第一次大规模蒸汽铁甲舰队之间的正面交锋。有关这场海战已有着很多研究成果，[①] 从这些研究成果中，可以复盘中日军舰的航迹、火力以

① 如陈悦：《甲午海战》，中信出版社，2014 年版；姜鸣：《龙旗飘扬的舰队——中国近代海军兴衰史》，三联书店，2014 年版；陈悦：《中日甲午黄海大决战》，台海出版社，2019 年版。

及战损等情况。

战争爆发时，“定远”舰的服役年限已近10年，舰上轮机等设备都出现了不同程度的老化。海战中，作为旗舰，“定远”是日舰的重点攻击目标。在长达五个多小时的战斗中，“定远”舰以及北洋海军其他军舰上的管轮军官们，忠于职守，保障了军舰的动力和运行。

“镇远”舰上的帮带大副、美籍船员马吉芬在战后的回溯中，留下了一点和轮机有关的描写，可以从一个侧面了解当时北洋海军的轮机工作。

9月17日上午，在发现日舰后，北洋海军的各艘军舰都采用强压通风，管轮官兵们尽量加大锅炉火力，让锅炉里储备更多的能量，为即将到来的战斗提供可持续的动力。因为无法像甲板上的战友，可以看到海

黄海海战中的“定远”舰（美术作品）

面的情况，甲板之下气氛略有紧张，“处于紧张不安中”，但战斗开始后，“他们都能尽职尽责”。[①]

可以想象，大战来临，管轮官兵们烧旺炉火，强压通风后带来的热气，弥漫在轮机舱间。陈兆锵要指挥战士作业，还要安抚战士们不安的情绪。

海战打响后，从几个片段可以看到“定远”遭受的炮火攻击。9 月 17 日 15 时 10 分，对北洋舰队来说，这是一个重要的转折点。先是日本二等铁甲舰“扶桑”号一门 240 毫米口径克虏伯炮击中了“定远”，并在舰医室内爆炸，苦味酸炸药在“定远”舰内部引发大火，浓烟造成四门主炮无法瞄准射击，在舰上集中人员进行救火时，日本联合舰队趁此将全部炮火对准“定远”。

危急时刻，邓世昌指挥“致远”舰航行到“定远”之前，为旗舰遮挡炮雨。紧接着由林泰曾、杨用霖指挥的“镇远”舰，也从“定远”右侧前出，与“致远”舰一起护卫旗舰。

两艘友舰的掩护，为“定远”争取了宝贵时间，扑灭了大火。但“致远”舰也为此付出巨大代价。

1894 年 9 月 17 日 15 时 30 分，这是北洋舰队的至暗时刻。

先是“超勇”“扬威”“致远”先后战沉，随后“济远”“广甲”逃离战场。“经远”“来远”“靖远”等军舰因为受损严重，也退出战场试图抢修自救。此时战场上仅剩“定远”“镇远”两舰和日舰本队的五艘军舰相抗。

马吉芬事后回忆这一时刻说，日舰弹雨倾泻，“镇远”“定远”火焰四起。

在日舰密集的苦味酸炸药炮弹轰击下，“定”“镇”两艘军舰数度

---

① Philo N.McGiffin,The Battle of The Yalu,Century Magazine（1881—1906），Aug 1895，pg.585—604.

燃起大火，但舰上官兵未露怯色，一边救火，一边射击。

甲板上的大火，对于甲板下的管轮工作同样带来致命考验。海战时，“广甲”管轮卢毓英在火舱、机舱两处照料，他记述“广甲”舰上的情形可做对照：“盖当战时，所有天舱均闭者，防炮坠落也。机舱天气均为热气所驱，热度竟至一百九十度[①]。再十余度，机舱之人例当尽死。时余已气逆不适，挥汗如雨。”[②]

“广甲”在海战中受到的打击相对要小，机舱内已经闷热至此。“定远”“镇远”的情况概可想见。

“敌弹数坠机舱，公镇定不恇，治事自若，气度恢弘，观者詟服。”[③]作为“定远舰”的大管轮，陈兆锵的从容镇定，一定程度上稳定住了轮机舱内的阵脚，对普通官兵来说，也是一种精神慰藉。

两舰的顽强抵抗，连日方也深感敬佩：“‘定远’舰甲板部位起火，烈焰汹腾，几乎延烧全舰。‘镇远’舰前甲板殆乎形成绝命大火，将领集合士兵救火，虽弹丸如雨，仍欣然从事，在九死一生中依然将火扑灭……”[④]

得益于“定”“镇”两舰的超厚装甲，五艘日舰一个多小时的密集炮火打击，两舰仍未有沉没迹象。

但这一个多小时对于两舰官兵来说，无异于人间炼狱。甲板上的官兵浴血奋战，陈兆锵这些甲板下管轮官兵，则面对的是异常酷烈的工作环境。

马吉芬记录了“来远”舰起火后一段情形：“……轮机舱，因甲板

---

① 华氏温度。

② 卢毓英：《卢毓英海军生涯忆旧》，《北洋海军官兵回忆辑录》，山东画报出版社，2017 年版，第 22 页。

③ 蓝建枢：《铿臣公六十寿言》，《爱国海军耆宿陈兆锵将军》，1999 年自印本，第 56 页。

④［日］川崎三郎：《日清战史》第 7 编第 3 章，1897 年，第 70—71 页。

上火势猛烈，不得不关闭通风管。”此时“来远”舱内温度已近华氏二百度，在一片漆黑中，管轮官兵们专心职守。几小时后大火扑灭，“但这些勇敢的轮机兵们，许多因此双目失明，受到严重伤害……”

防止通气管把甲板上的火焰引入机舱，把风斗卸除，是战斗时的常规操作。这也意味着高温无法散出，会累积在机舱内。高温、缺氧、浓烟，以及舰体中弹产生的巨大震动，陈兆锵和北洋海军的管轮官兵们就是在这种情况下，依然有效保证了机器的正常运行，为战舰不间断提供动力。

直到傍晚5时45分后，完成抢修的“靖远”舰挂出一面将旗，带领“来远”“平远”“广丙”“福龙”“左一”等舰艇重新汇聚到“定远”舰身旁，看着远去的日本联合舰队，北洋舰队在夜幕中返回旅顺基地。

中日甲午黄海大战持续5个小时左右，北洋舰队“定远”“镇远”“靖远”“来远”受重创，损失“超勇”“扬威”“致远”“经远”4艘军舰，

黄海海战后在旅顺大船坞内维修的“定远”舰

有20余位管轮官随舰阵亡，其中刘应霖、郑文恒、梁祖全、刘昭亮等人是陈兆锵的同班同学。

威海、刘公岛保卫战

黄海海战次日，北洋舰队幸存主力回到旅顺基地。舰只受损严重，开始进行紧急抢修。

在北洋舰队还在船坞等待维修时，日本陆军已经开始行动。10月24日，日本第一军突破鸭绿江防线，战火进入中国境内；与此同时，日本第二军登陆花园口，挥军旅顺。

虽然舰队尚未全部修整完毕，为防被日军围堵在旅顺港中，北洋舰队于1894年11月14日从旅顺回到山东威海湾的刘公岛基地。当天早晨，北洋舰队即将进入刘公岛时，因港口浮标漂移，“镇远”舰触礁，左舷舰底破损进水，让原本就孱弱的舰队雪上加霜。北洋舰队就这样迎来威海卫保卫战。

2月5日凌晨3时20分，日军出动8艘鱼雷艇在威海湾东口的缺口处进岛偷袭，“定远”被日本“第九号”鱼雷艇发射的鱼雷击中舰尾，海水涌入舰内，丁汝昌下令砍断锚链，最后“定远”舰冲滩搁浅在刘公岛东部，充当水炮台用。

几乎就在被鱼雷击中的瞬间，“定远”舰尾部的150毫米口径克虏伯大炮射出一枚炮弹，命中“第九号”鱼雷艇。这是北洋海军在甲午海战期间创造的第一个击毁日本军舰的战果。

这也是陈兆锵和他的管轮战友，最后一次为“定远”舰提供动力，也是他们为“定远”舰做的最后一搏。

2月6日下午，“定远”舰的炉火完全熄灭。

随着局势恶化，为免资敌，2月9日下午3时15分，舰长刘步蟾下

“定远”舰被鱼雷击中的瞬间（美术作品）

令在“定远”中部装入350磅炸药，将舰炸毁。

“定远”舰当年由刘步蟾一手监造，并接带回国，此后人船相伴。“定远”舰炸毁后，刘步蟾找到陈兆锵，向他托付后事。说完，刘步蟾就要拔剑自刎。陈兆锵无法说服刘步蟾，最后只能以中国人最朴素的生死观，希望刘步蟾能保全尸。当夜，刘步蟾在寓所吞服从军医院取来的鸦片自尽，由于药力不够，一直拖延到2月10日下午。这是一个痛苦的自杀过程，只有陈兆锵守候在他身边，看着“刘步蟾闭上双目，接着鼾声大作，口吐白沫，过了好一阵，鼾声逐渐消失”，刘步蟾最终在陈兆锵的怀里停

自爆后的“定远”舰

止了呼吸。[①]

当时在刘公岛内，担任“镇中”炮舰管带的蓝建枢，或者也看到了这一幕。后来在陈兆锵六十岁生日时，他专门写了一幅寿文，文中提到此事：“刘子香（步蟾）军门仰药殉难，逾日未绝，从者窜散，公独左右卫褾，擘画遗后事。”[②]

殉国时，刘步蟾时年 43 岁，实践了其“苟丧舰，必自裁”的誓言。

1895 年 2 月 17 日上午 8 时 30 分，日本联合舰队进入威海湾，登上刘公岛。北洋海军的“镇远”“平远”“济远”“广丙”“镇东”“镇西”“镇南”“镇北”“镇中”“镇边”等 10 艘北洋军舰被俘，沉没在港内的“定

① 沈织：《外祖父与刘步蟾》，《爱国海军耆宿陈兆锵将军》，1999 年自印本，第 99 页。

② 蓝建枢：《铿臣公六十寿言》，《爱国海军耆宿陈兆锵将军》，1999 年自印本，第 56 页。

远”等舰只后被日方拆解。

2 月 17 日下午 3 时，被解除武装的“康济”舰，在舰尾半升龙旗，载着丁汝昌、刘步蟾、杨用霖、黄祖莲、沈寿昌等人的灵柩及海陆军官、洋员，缓缓驶离刘公岛，开往烟台。“日本诸舰队兵深哀悼，发吊炮送之。”[①]

2 月 19 日上午 10 时，丁汝昌等人的灵柩运至烟台，寄停广仁堂书院。这期间，驻烟台的各国领事及海军将领，均来吊慰。

3 月 23 日，“康济”舰经过维修后，在新任管带程璧光（原管带萨镇冰因病去职）的管驾下，载运丁汝昌等人的灵柩以及海陆官兵继续启程，自烟台出发，驶往上海。[②]

到上海后，陈兆锵护送刘步蟾的灵柩南归福州，并按照嘱托，妥善处理了他的家事。[③]

陈兆锵的嫡孙陈榕先生回忆，爷爷曾称呼刘步蟾为“表哥”，但两家的姻亲关系是如何建立起来的他无法确认。推测来看，应该与林则徐家族有关。

北洋海军“镇远”舰管带林泰曾是林则徐胞弟的孙子，而林泰曾女儿则嫁给了刘步蟾之子。陈兆锵的夫人林淑贞，算起来是林则徐同宗远房。

关于刘步蟾最后一段生命轨迹，一直印在陈兆锵的心中，直到晚年，他仍经常向孙儿们讲起。[④]这是陈兆锵对一位战友、故人的怀念，也是对这场海战失败的不甘。

---

① 桥本海关：《清日战争实记》，山东画报出版社，2017 年版，第 311 页。

② 孙建军：《北洋海军研究探微》，苏州大学出版社，2010 年版，第 335 页。

③ 蓝建枢：《铿臣公六十寿言》，《爱国海军耆宿陈兆锵将军》，1999 年自印本，第 56 页。

④ 沈织：《外祖父与刘步蟾》，《爱国海军耆宿陈兆锵将军》，1999 年自印本，第 99 页。

附：陈兆锵所记中日战役情形

本文发表于《清末海军史料》（海洋出版社1982年版），原注释为：

此件系原中国人民解放军海军研究委员会委员韩玉衡（韩宗英）于陈兆锵处抄得，是陈兆锵自存的当时战事日记中的一节。其余二节已散失。韩玉衡将此件抄寄原海军研究委员会时，并附有一信。现将该信节录于下：

嘱觅甲午战役史料于闽中。查当时亲身在事现尚生存于世者，唯有原海军中将陈兆锵一人，当时任“定远”铁甲舰总管轮。现年九十一岁……与之谈话，颇见困难。嗣在舍间觅到《中国近百年史资料续编》二册，中述甲午战役史料甚多。但嫌有不符事实之处。又由旧同事张宝琪处转借到《海军纪实·述战上下篇》一册（即旧海军部所印《海军实纪·述战篇》——编者注），又《冤海述闻》一册。本拟略将其中有可疑者以询陈老。往返十数次，得到面示云：我照良心而言，《冤海述闻》中战状甚详，最大毛病者是有偏袒方氏之处。至于督船旗号为敌炮击落，亦非事实，闻为本舰炮火震断。该时清军各船为敌冲击星散，督船无有升旗收队。后经某舰帮带刘冠雄白议，由他舰从权升旗集队，船散复聚，倭舰始去。又云《东方兵事纪录》（应为《东方兵事纪略》）一七九页（刊于《中国近百年史资料续编》中）载英人琅威理与刘步蟾有违言，及丁汝昌为闽党所制等语，亦多不符事实。最后又由陈老于旧稿中，检出当时战事日记五节交来。兹特另录三节于后。

中日之役海军失败情形，就所忆者述之：

我政府向德国定制“定远”“镇远”两铁甲舰，回国时在甲申一年之后。

注重防俄，疏于防日。日本自维新以后，野心勃勃，整军购舰，精益求精，蓄意乘机展足于高丽。管带“定远”铁舰刘步蟾，留心国事，已窥其底蕴，曾将其情形上书李傅相，言之甚详。李傅相虽有所动，无奈政府敷衍从事，乃将旧有各舰艇整平成一军，名曰北洋海军。按照陆军编制，派丁汝昌为提督，刘步蟾为左翼中营总兵。丁乃行伍出身，未涉海军门径，凡关操练及整顿事宜，悉委步蟾主持。每夏秋之间，则驻防操演，巡弋辽东、高丽一带；或率两三舰，往日本各口岸。冬、春则巡察南洋群岛，习以为常。

辛卯秋，各舰队抵横滨，日本伪为亲善与联络，派亲王在东京王府宴请我全军官佐，礼意甚隆。丁提督为敦睦邦交，率各管带暨舰员前往与宴。独步蟾辞，命（兆锵）为代表。询其故，则谓：日人奸宄无信，胆敢妄为，深恐假藉宴会，乘我不备，攻袭我舰，我必留舰预防不测。其卓识远见有如此者。

高丽臣服我国，国中有事，我国必须派兵保卫。日本为觊觎高丽计，时多启衅。至甲午东学党叛变，日本借保侨为名，派陆队前往，且继续增兵，欲施吞并野心。我“济远”“广乙”两舰奉命护送运兵船赴高丽，到牙山口外，遇日本三舰，间有在英国新购最新式之“吉野”快舰（该舰速率快，炮力强、射程远，皆我舰炮所不及。当日本向英国购时，英国知日本海军时时增加其战斗力，将不利于我国，拟将新制如“吉野”之一种快舰，让售与我国。政府曾与英使磋商，不知何故，不能成议），突驶近运兵船，开炮击沉。继攻“济远”，经我还击，其船首中炮，战台倒毁。双方互有死伤。当两军纷乱之际，“广乙”中炮焚毁搁浅，“济远”脱避。当“济远”未遇战之前两日，丁提督及各舰管带共筹决策，佥以先发制人为上策。遂即传令各舰备便待发。电李博相，请旨开驶，若遇日舰，即行攻击。嗣以电旨则云：若遇日舰时，彼先开炮，我则还击，以明衅由彼开等语。以致此计不成，失去莫大机会。设使当时准即开驶，计其行程与时间，正遇着“济远”与“吉野”作战之时，“吉野”速率虽快，其奈牙山口外不广，无以展其能。且我众彼寡，必操胜算。倘“吉野”一去，其余不足为虑，则中日战役为所影响者必甚。我政府仍侈然自大，既不能防患未然于事前，购置新舰；复不能先发制人于事后，致失戎机。

战事既开，丁提督遂率“定远”“镇远”“来远”“致远”“经远”“超勇”“扬威”各舰，梭巡于黄海高丽一带。于八月十八日到大东沟时，遥见黑烟浓起，断为日敌，即行前进。至十一时许，虽与敌舰距离不远，但非我舰炮力之所能及，尚未开炮；而敌舰“吉野”“松岛”及其同种者两艘，以射程远，先行开炮。两相攻击，直至晚六时许，彼见我军雷艇驶到，恐我夜袭，先行率队离去。是役，我“致远”“经远”“超勇”“扬威”各舰，相继沉没。而日舰，如“鸟海”同种者击沉两舰，其他如“吉野”等，因速率快，均得安全。足见胜负之分，视舰械优劣判之也。

战后，我军于次日到旅顺防处。旅顺各炮台均坚固，敌海军不敢进攻，乃用陆军从深［黄］泥洼登陆，由背进攻。我陆军不能抵御，致各炮台相继失守。我舰队被困不已，乃率全队开往威海。旋奉电旨，着保卫舰队，勿庸应战。至十月间日敌又用陆军在荣城［成］登陆，亦是由背进攻，各炮台又落敌手，我海军坐困，无处可避；敌人乃以我炮台击我舰队，夜间则用雷艇袭击，两月有奇，无时或息。我军被困无援，弹已告罄，“定远”“来远”“威远”均先后被敌鱼雷击沉。步蟾抱舰亡人亡主义，仰药以殉。

按我海军舰炮，均系旧式。战前步蟾又曾条陈利害，以既不能添购新舰，则当添购快炮。蒙李傅相、丁提督采纳，曾经奏请定购英国新制十二生快炮二十四尊，未获照准。乃不知何时，又向英国定购，至战后十个月，方行运到，然已莫及矣！

四　海军中坚

“总管轮机于诸兵舰”

甲午一战，北洋海军全军覆没。

因“管带兵船，有统帅战守之责”，北洋海军的管带各官在甲午战后受到“暂行革职”的处分。[①]光绪二十一年六月初一（1895年7月22日）署直隶总督王文韶上奏，因“舰艇已失”，奏请将北洋海军武职315个实缺全部裁撤，[②]即撤销北洋海军的编制，陈兆锵因此失去了经制军官的身份。

不过就在当年，陈兆锵很快被启用，参加到清末重建海军的活动中。

根据民国海军履历档案所载，甲午战后，陈兆锵首先担任的是“飞霆”号鱼雷猎舰的总管轮。[③]

“飞霆”号原是英国伟德船厂（J. Samuel White and Company）为争取英国海军订单建造的“海蛇”号（Sea Serpent），工厂编号第746号，属于一艘设计新颖的概念舰，是现代驱逐舰的雏形。1887年开工，1890年建成后，因未能获得英国海军青睐而长期搁置厂中。1894年3月31日，“海蛇”号被阿姆斯特朗埃尔斯维克船厂（J. White & Elswick）购入，进行全面改装，工厂编号第621号。改造期间，正值中日甲午战争爆发，

---

①《署理北洋大臣王文韶为据实纠参北洋海军失事情形奏折》，《历史档案》，2014年第4期，第54页。

②《署直隶总督王文韶奏请裁撤北洋海军武职各实缺》，《清末海军史料》，海洋出版社，2001年版，第86页。

③《陈兆锵履历》，《海军官册》，北洋政府时期。《最新官绅履历汇录》第1册，“陈兆锵”名目，北京敷文社，1920年版，第148页。

“飞霆”号鱼雷猎舰

李鸿章为充实海军力量，四处寻购现成军舰，通过驻英公使龚照瑗进行购买。因英国在战争中保持中立，直到甲午战后，才于1895年6月23日启程回国，此时这艘船已经有了中文名字“飞霆”。9月21日，“飞霆”抵达天津大沽，加入重建后的北洋水师。[①]新任北洋大臣王文韶，将“飞霆”称为“猎船”，此后一般以“飞霆猎船”为称呼。

“飞霆”号是甲午战后北洋接收的第一艘国外到华主力舰，和原北洋海军遗存的“康济”（此时改名“复济”）舰一道，一度成为北洋海防线上的仅有两艘军舰。清末海军也由此开始艰难重生。

陈兆锵应该是在“飞霆”号回国后，就担任了舰上的总管轮。在光绪三十年秋的《海军册》上，关于陈兆锵履历上记有：总工程师（Engineer Commander），[②]光绪二十一年八月（1895年9月—10月）。[③]这与“飞

① 《王文韶日记》下，中华书局，1989年版，第908页。

② 当时日本海军将总管轮翻译为“机关长”。《宣誓放还在刘公岛清国海陆军职员表》，（日本）防卫省防卫研究所，档案号C08040533600。

③ 《海军册》，1908，P.7.

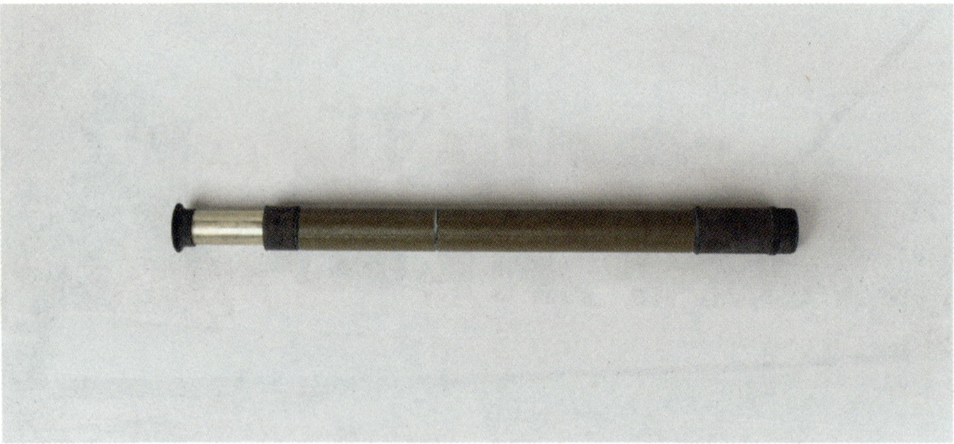

陈兆锵生前珍藏的 1883 年 7 月 4 日出厂的英国制造的望远镜
（外孙梁友尧捐赠，中国船政文化博物馆收藏）

霆”回国时间相符，也与陈兆锵总管轮的职务相符。

陈兆锵之所以快速获得启用，可能与该舰的舰长李鼎新有关。关于“飞霆”号首任管带，目前尚未找到明确记录，但在两年半之后的日本档案中，显示该舰舰长为李鼎新。① 这意味着李鼎新应为“飞霆”号首任管带。

李鼎新，船政学堂驾驶班第四届毕业生，甲午海战时为右翼中营游击充“定远”舰副管驾，是该舰上幸存的最高级别军官，他和陈兆锵是一条军舰上生死战友。作为知根知底的校友、老乡，李鼎新很可能向朝廷举荐了陈兆锵。

李鼎新的同班同学、原“靖远”舰帮带大副刘冠雄，则担任稍晚于“飞霆”回国的“飞鹰”号首任管带。

在血火战场之后，陈、李两人又在同一艘军舰上服务，一定感慨良多。

---

①《威海衛占領軍撤兵に関する件》，（日本）防卫省防卫研究所，档案号 C08040934300。

陈兆锵在“飞霆”号上参与最重要活动是“收回”威海卫，其中也包括北洋海军的覆没之地刘公岛。

甲午战败，清政府割地、赔款、增开通商口岸，同时日本以占据威海卫为质押，这些都写在《马关条约》中。

1898年，在英国的“帮助”下，日本被迫归还威海。

1898年5月14日，“复济”和“飞霆”两艘军舰从芝罘抵达威海卫，日方注意到“复济”舰前桅杆上挂着“五色旗”。[①]北洋海军时期，曾以“团龙五色旗”作为海军提督的将旗。甲午战后海军各缺已经裁撤，或为便宜行事，悬挂“五色旗”，以此作为重建海军时期的主官旗；也有可能是，有其他要员在船上，“五色旗”代表大官旗。

“复济”“飞霆”两舰到达威海卫后，领取了清政府的委任状，山东候补道严道洪为接收工作的正使，“复济”舰长林颖启为副使。在威海期间，中日双方有一些礼节性活动。5月16日上午，严道洪、林颖启

1898年参加接收威海卫仪式的中国海军官兵

①《威海衛占領軍撤兵に関する件》，（日本）防卫省防卫研究所，档案号C08040934300。

以及“飞霆”舰长李鼎新去拜访了日方。5月20日，英国舰艇驶抵威海。

5月23日，接收工作正式开始。凌晨2时，日本威海占领军的司令部升起国旗。上午8时，“复济”舰根据海军礼仪，在主桅杆顶升起日本国旗，并鸣放礼炮21响礼。①

刘公岛，当年林颖启、李鼎新、陈兆锵都在此战斗过，并留下痛苦记忆。当天收回后，第二天（5月24日）英国即强租了威海。飘扬在刘公岛上空的黄龙旗缓缓降下，一面米字旗升起，三声“女王万岁”、一声“大清皇帝万岁”过后，威海和刘公岛再次被割裂出去。②

随“飞霆”舰参与威海卫的收回工作后，陈兆锵又先后担任过“海筹”舰和“海天”舰的总管轮。③

“海筹”号巡洋舰

①《威海衛占領軍撤兵に関する件》，（日本）防卫省防卫研究所，档案号C08040934300。

②陈悦：《清末海军舰船志》，山东画报出版社，2009年版，第251页。

③《陈兆锵履历》，《海军官册》，北洋政府时期；《最新官绅履历汇录》第1册，“陈兆锵”名目，北京敷文社，1920年版，第148页。

“海筹”舰是甲午战后重建海军时，清廷向德国订造的三艘同级主力舰之一，于 1898 年 8 月 24 日抵达大沽，另外两艘姊妹舰“海容”和“海琛”分别于 7 月 27 日和 9 月 21 日抵达。

在三艘快船回国后，直隶总督荣禄就分别派定了管带，其中“海筹”舰派李鼎新管带，“每船应配员弁、水手、升火、匠役人等，均照海船章程配齐”，[①] 陈兆锵应该也是此时同李鼎新登上“海筹”舰，任总管轮。

随着这三艘军舰的抵达，重建后的北洋水师初具规模。

光绪二十五年三月初八（1899 年 4 月 17 日），清廷专门发上谕：北洋现在购到“海容”“海筹”“海琛”三兵船，并未到之“海天”“海圻”二船及鱼雷等艇，暨旧有“通济”各船，派提督衔补用总兵叶祖珪为统领，总兵衔补用参将萨镇冰为帮统领，仍归北洋节制。该大臣（指时任直隶总督）即饬该统领等，选择实勇熟悉驾驶之员，督同认真操练，以为整顿海军始基。俟随时筹定款项，陆续扩充，毋得粉饰因循，任蹈积习。[②]

上谕发的两个月后，在英订造的“海天”“海圻”号巡洋舰归国。

从各舰的回国时间不难看出，应该都是在新舰回国后，陈兆锵即被调入船上。从“飞霆”到“海筹”再到“海天”，陈兆锵管轮的军舰越来越大，越来越新。

“海天”和同级姊妹舰“海圻”，是 1896 年清政府向英国订造的主力战舰。两舰于 1898 年完工，1899 年夏天，两舰先后抵达天津。这两舰是甲午战后中国近代海军最大的战舰，也是当时最先进的穹甲军舰。

对这五艘新式主力舰的到来，日本也极为警惕。

1899 年 7 月 29 日，“海圻”驻泊在天津大沽口锚地。8 月 7 日，

① 《光绪二十四年十月二十八日京报全录》，《申报》，1898 年 12 月 25 日，第 12 版。

② 《派叶祖珪等统领北洋新购船只谕》，《清末海军史料》，海洋出版社，2001 年版，第 584 页。

“海天”号巡洋舰

日舰“爱宕”经过时看到，根据此次观察并结合之前搜集的资料，“爱宕”舰长成川揆在8月14日呈递了一份情报。

情报上显示，“海天”舰舰长为“副将衔尽先补用游击刘冠雄”；“海圻”舰此时还叫“海地”，舰长为“副将萨镇冰”；“海容”舰长为“副将衔尽先补用游击曹嘉祥”；“海筹”舰长为“副将衔尽先补用游击李鼎新”；“海筹”舰项下则写着“现今欠员中”。在这份情报中还有两幅画图，一是北洋水师统领叶祖珪的新制将旗，仍然是团龙五色旗，五色从上到下分别为“黑、白、黄、赤、蓝”。另一幅是“海天”的简略图，图下说明写着由于距离较远，小口径炮等位置不明。①

这份情报的信息量很大，对于我们今天还原北洋水师重建早期的人事、旗帜有着重要意义。

作为军舰的总管轮，陈兆锵到“海天”舰任职的时间不会比管带刘

①《报告》，日本防卫省防卫研究所，档案号C06091212300。

清末船政官员与到访海军军官的合影，后排右起第五人为时任“海天”舰总管轮陈兆锵，第七人为海军统领叶祖珪，第九人为“海天”舰管带刘冠雄

冠雄晚，应该是同时到任。此时，他的同学也就是刘冠雄的哥哥刘冠南，则担任“海圻”舰的总管轮。两位管轮班的同学，掌管着大清最新军舰的轮机系统。

根据上述日方情报显示，“海天”舰是重建后北洋水师的旗舰，地位相当于当年的“定远”舰。这是陈兆锵第二次担任旗舰的主要管轮官员，这也说明他深受叶祖珪和刘冠雄两位老乡的倚重。

刚刚重拾信心的北洋水师，在第二年（1900年）即遭遇八国联军侵华战争。

在大沽口之战时，除了四艘“海龙”级驱逐舰停泊在天津内河外，清廷水师的其他主力战舰都在山东庙岛、烟台一带，演练水操。

当时山东巡抚袁世凯等督抚联合起来搞了所谓的“东南互保”，由于担心军舰驻泊会招来八国联军的攻击，袁世凯提议北洋舰队的其余舰只南下到长江口停泊。对此，“海天”舰管带刘冠雄率先响应，带领诸舰南下，由此刘冠雄结交上了袁世凯。作为军舰的总管轮，陈兆锵只能随舰行动。

庚子议和后，1902年8月，根据北洋水师统领叶祖珪的请示，新任北洋大臣袁世凯行文清廷外务部，商请外务部和俄国谈判，接收天津时，一并收回天津机器局及附带设施。经过多轮谈判，最终中方派出叶祖珪为接收代表，在1902年12月19日下午四点钟，升挂龙旗，将机器局收回。[①]

当时陪同叶祖珪完成接收事宜的就有陈兆锵，因此才有蓝建枢笔下“叶桐侯军门檄收析津坠面，屡勘至精密”的记载。[②]当时参与接收工作的还有时任大沽协副将林颖启，两位老战友是否会想起四年前收回刘公岛的情景？

在族谱中，关于陈兆锵的介绍有“清北洋海军游击”一语。[③]甲午战前，陈兆锵任“定远”舰大管轮为“都司”衔，上面还有游击衔的总管轮。陈兆锵的“游击”衔，很有可能为担任“海天”舰总管轮所得。

但甲午后重建海军，因北洋海军各缺均已裁撤，“海军员弁，均系临时差委，并无实官”。[④]根据上述日方的情报，“海天”“海容”“海筹”三舰的管带都是“副将衔尽先补用游击”。陈兆锵当时的军衔很可能为“游击衔补用都司”，在此之后筹办海军事务处开始推行新官制，已不

① 《中国近代舰艇工业史料集》，上海人民出版社，1994年版，第536—543页。

② 蓝建枢：《铿臣公六十寿言》，《爱国海军耆宿陈兆锵将军》，1999年自印本，第56页。

③ 《螺江陈氏家谱》，（1933年）铅印本，第82—83页。

④《陆军部奏遵议海军人员充补实官并派遣军舰巡历南洋各办法折》，《清末海军史料》，海洋出版社，2001年版，第588页。

再使用参、游、都、守等传统绿营官职（此时陈兆锵已不在军舰上）。[①]编订族谱时写上“游击”，虽有拔高，也并不算错。

根据对同级姊妹舰“海圻”号的考察，可知“海天”舰的轮机系统情况，舰上有“管轮各官10人”，[②]数量也与“定远”舰的13人相当。虽然“海天”的吨位小于“定远”舰，但因船为新式，轮机系统更为复杂，计有“机器三脱汽双暗轮，锅炉八座、双面烧火四座、单面烧火四座”。[③]

两座莱斯利公司（R&W Hawthorn Leslie）生产的复合蒸汽机，配套四座双头锅炉和四座普通锅炉，双轴推进。[④]虚马力3400，实马力17000，常行速度为12节，至快则可达到24节，[⑤]优秀的轮机系统提供的源源动力，让“海天”“海圻”两舰成为当时世界航行最快的巡洋舰之一，这两舰也是当时大清海军的一对擎天柱石。

意外很快来了。

光绪二十九年十二月二十五（公历1904年2月10日），日本和俄国在中国的东北宣战。对于这场发生在自己国土上的战争，清政府宣布“中立”。为了防范战火蔓延到中立区外，清政府向辽宁地区加派军队警戒，并派“海天”舰南下运输军火给援辽军队。

1904年4月26日凌晨，大雾。“海天”在舟山海域鼎星岛触礁。

“海天”失事后，清廷甚为震惊，下旨救援。在救助过程中，陈兆锵坚守一线，看护轮船和救援物资。

---

①《载洵等奏请将现冲海军要职各员分别除授折》，《清末海军史料》，海洋出版社，2001年版，第590页。

②“海圻”舰，《光绪三十三年海军调查表》，1907年抄本，国家图书馆藏。

③“海圻”舰，《光绪三十三年海军调查表》，1907年抄本，国家图书馆藏。

④陈悦：《清末海军舰船志》，山东画报出版社，2009年版，第99页。

⑤“海圻”舰，《光绪三十三年海军调查表》，1907年抄本，国家图书馆藏。

失事后的“海天”舰

鼎星岛是一座无人荒岛，陈兆锵在岛上风餐露宿，昼夜守护，前后半年。

陈兆锵的嫡孙陈榕说：“小时候还看到陈兆锵在岛上时留下的照片，照片上他头发蓬乱，胡子也长了，就像《鲁滨孙漂流记》里的人物。”[①]

后因“海天”损伤过重，救援无效，在将船上炮械等设备摘除搬运后，只能弃舰。

这是陈兆锵“目送”的第二艘旗舰。

“海天”舰损失后，舰长刘冠雄被革职，陈兆锵则改任“北洋海军军舰总机械委员”，[②]这一职务应该是融合了甲午战前北洋海军的“提

① 陈榕先生 2019 年 11 月 14 日访谈，王国平采访。

② 苏小东：《中华民国海军史事日志》，九州图书出版社，1999 年版，第 14 页。

标总管轮”（总查全军轮机事务）和“提标游击”（考核各兵船枪炮药弹，兼察各船收发杂械事务）两职。北洋海军时代“提标总管轮”曾先后由“镇远”“定远”两舰总管轮升任，陈兆锵作为重建后北洋水师旗舰的总管轮担任该职，有例可援。但因此时北洋水师已经没有该编制，则给予“委员”之衔。

从1895年9月算起，陈兆锵在重建后的北洋水师管轮岗位工作了将近10年，其中有将近一半时间是在“海天”舰上；从1883年离开船政学堂，进入北洋水师算起，陈兆锵则在军舰上服务了20余年；从进入船政学堂算起，至此已近30年。正如他的族兄陈宝琛所总结的：“学管轮业成，出入风涛炮火中，垂三十年。”①

此后，陈兆锵未再担任海军舰上职务。

江南船坞总监工

走下军舰，陈兆锵开始进入舰船修造机构，开启了对中国近代海军影响深远的新任职生涯。

光绪三十年（1904年）冬，时任两江总督周馥奉清廷之命到江南制造局考察，发现为修造船只而设的船坞“日久偏废，几同虚设，实为振兴海军之障碍”。当时叶祖珪总理南北洋海军，驻节上海，周馥与其商议后，提出将船坞从制造局划分出来，采取自负盈亏的商办经营方式。1905年4月，周馥与北洋大臣袁世凯会同上奏，提议船坞另派人管理，仿照商坞办法，将来南北洋兵轮均可归该坞包修，按实用工料收回工价。其余商轮亦准承揽修造。委派总兵衔候补副将吴应科为总办，曾久在北

---

① 陈宝琛：《族弟铿臣七十寿序》，《爱国海军耆宿陈兆锵将军》，1999年自印本，第54页。

陈兆锵生前所用的袖珍放大镜（中国船政文化博物馆收藏）

洋海军总管轮机的洋员巴斯为船坞总稽查。[1]奏议获准。

在具体操作上，又聘英籍洋员毛根为总工程师。船坞由总理南北洋海军叶祖珪为督办，叶祖珪在 1905 年 7 月 29 日卒于上海军次，萨镇冰继任。

从此开始，造船业务便从江南制造局正式独立出来，收归海军直辖，改称为“江南船坞”，不久之后，陈兆锵就调入其中。

根据光绪三十年秋（1908 年）编印的《海军册》显示，至少在此时陈兆锵已是江南船坞的总工程师（Engineer Commander），[2]是中国海军 4 名高等轮机军官之一。另外三人，一人为同学刘冠南，时为“海圻”舰总管轮；一为管轮班四期学弟张斌元，为广东水师总管轮；一为曾经的“定远”舰同事、同为大管轮的孙辉垣，后来担任清末巡洋舰队的总管轮。

① 廖耽：《江南造船所纪要》，1922 年版，第 9—11 页。

②《Imperial Chinese Navy List》，1908，P. 7.

根据这份《海军册》以及当时在上海出版的英文报纸《字林西报》显示，陈兆锵名字的英文拼写为“Chen Chao Chiang”，据此结合《字林西报行名录》等资料梳理发现，陈兆锵进入江南船坞的时间还要早。

“江南船坞”在《行名录》上是以“江南船坞机器厂”的名义出现的。1906年1月的《行名录》记载，“江南船坞机器厂”主管为“萨军门”，即船坞督办、总理南北洋海军的萨镇冰。在“监理工程师（Superintending Engineers）”项下，有数人，其中排在第一位的是巴斯（Basse,L），第二位是长期在江南船坞服务的英国人毛根（Mauchan,R. B.），第三位为洋员Barry,R. Y，第四位是“Chen,C. C”[①]，1907年1月的《行名录》排名依然如此。此后因巴斯调离江南船坞，因此在1908年1月的《行名录》上，排在第一位的是毛根，“Chen,C. C”排位升至第二[②]，随着电话进入中国，这一期还刊登了江南船坞的电话号码：1678。此后在1909年、1911年“Chen,C. C”均是如此排名。

结合其他资料来看，这位“Chen,C. C”就是陈兆锵。在他的履历表中记有，在担任“海天”号总管轮后，任职“上海江南船坞总监工兼翻译”。[③]

光绪三十四年八月十二（1908年9月7日），时任江南船坞总办邝国华提交的船坞调查表中，记录了此时江南船坞的领导班子，督办为南北洋海军总统萨镇冰，监管道员张士珩、沈琬庆，总办道员邝国华（驻坞办公），会办道员王万震，参议直隶州知州李寿仁，还有“总监工兼翻译一员”，但并未注名。[④]但这与《海军册》和陈兆锵履历表均能匹配。

---

① 《The North-China Desk Hong List》，1906. 1.

② 《The North-China Desk Hong List》，1908. 1.

③ 《陈兆锵履历》，《海军官册》，北洋政府时期。《最新官绅履历汇录》第1册，“陈兆锵”名目，北京敷文社，1920年版，第148页。

④ 《调查现有海军船坞表》，《光绪三十三年海军调查表》，国家图书馆藏。

此外，陈兆锵在民国时期担任江南造船所所长后，《行名录》上对于陈兆锵的拼写缩略为“Chen,C. C”。

1906年1月，这是“Chen,C. C”首次出现在《行名录》上，这意味着陈兆锵是在1905年进入江南船坞，应该是在江南船坞转隶海军部后即调任到此，担任“总监工兼翻译”。

陈兆锵所在时期，江南船坞建造的军舰不多，主要为海军大臣座船“联鲸”号。该舰于1910年开工，钢制，配有快炮、重机关炮等新式武器，船式美观，工程坚实。

期间曾有一个插曲，1908年，陈兆锵夫人林淑贞的族亲林昶从国外留学回来，突发疾病，经上海新设第一医院救治康复。为表感谢，陈兆锵在当年9月17日、19日、21日、23日、26日，连续五天于《申报》上刊发了感谢信。

在担任江南船坞总监工期间，陈兆锵或许还做过其他工作。蓝建枢称，陈兆锵曾“奉委督修颐和园轮、电、坞各工程”。①

还有记载称，1907年8月1日陈兆锵任海军处第一（机要）司轮机科科长。②

1906年3月22日，南洋大臣周馥奏，请将南北洋海军合为一军，以便切实整顿。1907年，清廷在陆军部内设海军处，下设机要、船政、运筹三个司。此后，在此基础上于1909年7月15日成立筹办海军事务处，同时将全国海军分列巡洋舰队、长江舰队两大舰队。

但陈兆锵在海军处任职，目前未见到更原始的记录。

---

① 蓝建枢：《铿臣公六十寿言》，《爱国海军耆宿陈兆锵将军》，1999年自印本，第56页。

② 刘传标：《中国近代海军职官表》，福建人民出版社，2004年版，第48页。

赴美监造“飞鸿”舰

陈兆锵在江南船坞担任总监工一职，一直到1911年5月。

1910年12月21日，清政府海军部向美国纽约造船公司订造一艘练习巡洋舰，定名“飞鸿”，这是中国向美国订购的第一艘大型军舰。

清末重建海军时，在英国、德国、日本等国家订造多艘军舰，均派人前往监造。

此次陈兆锵作为监造员，被派到美国。同去的还有威海水师学堂毕业生杨敬修以及江南水师学堂毕业生王良英。

“飞鸿”号使用的是清政府在英国埃尔斯维克船厂订造的“肇和”级军舰图纸。同时，出于装备标准化的考虑，清政府还要求“飞鸿”号上所有的武器装备都必须采用英国型号，以期和在英国订造的“肇和”“应瑞”两舰一致。“飞鸿”号是中美海军合作的切入口，为了表示诚意，美国开出的船价为20万英镑，单舰价格低于英国。“飞鸿”号排水量为2600吨，全长98.14米，宽11.88米，吃水4.26米，设计航速20节。[①]

1911年5月18日，清政府向美国纽约船厂汇去第一笔船款三万英镑，合京足银二十四万二千零五十六两八钱三分。[②]

船款汇去，意味着造船开始，监造员也同时派去。

从时间上看，陈兆锵和王良英在当月就启程去往美国，监造员薪水都是从船价汇款的四月开始起支，杨敬修则是从五月起支的。

根据档案文件显示，三个人的薪水稍有不同，杨敬修月薪京足银300两，陈兆锵月薪京足银250两，王良英月薪京足银200两。薪水的差异，显示了三人在美国监造军舰可能存在的职务差别。此外，三人每

---

① 陈悦：《清末海军舰船志》，山东画报出版社，2012年版，第351—353页。

②《“飞鸿”舰变价出售一事请电知驻美夏公使速与该厂主磋商由》，台湾“中央研究院近代史研究所档案馆”藏，档号：03-06-064-02-006。

建造中的“飞鸿”舰

月各有安家费60两。[1]

到达美国后，陈兆锵等三位监造员即开展工作。

有趣的是，在美国期间，陈兆锵等人应该还见到了远航而来的程璧光等人。甲午海战时，程璧光为“广丙”舰管带，清末重建海军时，担任“海圻”号首任管带，后又担任巡洋舰队统领。

1910年英国国王爱德华七世逝世，其次子乔治五世继承王位。清廷派贝子载振为正使、巡洋舰队统领程璧光为副使，参加英国加冕典礼和国际阅舰式。

1911年4月，程璧光率“海圻”舰从上海出发，在6月完成庆贺英王加冕大典的外交使命后。1911年8月31日，“海圻”舰从英国出发，于9月10日抵达美国纽约港，成为第一艘完成跨大西洋航行的中国军舰。

① 《“飞鸿”舰变价出售一事请电知驻美夏公使速与该厂主磋商由》，台湾“中央研究院近代史研究所档案馆”藏，档号：03-06-064-02-006。

在美国期间，程璧光一行进行了一系列外交活动。其中，在纽约时，程璧光参观了正在建造“飞鸿”的纽约造船厂。按照海军礼节，造船厂厂长赠送了一只白色波斯猫给程璧光。①

作为中国海军派去的监造员，于情于理陈兆锵都会与程璧光这位故人见面。

在程璧光率舰离开美国不久，1911 年 10 月 10 日，武昌起义爆发，中华大地改换日月。此时距离三人到美国还不到 5 个月。

辛亥革命的爆发，并未立即对海外造舰工程造成影响。

1912 年 5 月 4 日，“飞鸿”号下水，1913 年 11 月通过试航，测得主机功率 8650 马里，航速 21 节，达到设计要求。②

不过陈兆锵提前回国了。根据薪水的支出时间，陈兆锵的月薪支付到宣统三年的十二月底，即 1912 年 2 月中旬。如此算来，陈兆锵总计在美国近 10 个月。杨敬修和王良英，则一直在美国待到 1914 年 3 月底。③

进入民国，北洋政府由于财政紧张，在勉强支付英国建造的“肇和”和“应瑞”两舰的款项之后，已无力支付“飞鸿”号的剩余费用。

从 1914 年 2 月开始，北洋政府海军部通过驻美公使夏偕复办理“飞鸿”舰的变卖事宜。海军部最初的要求是，要在卖船款中要回第一批船费再加三位监造员的 18 个月的薪水、来往美国的川资。④

由此可见，当时清政府与纽约造船厂最初签订的是一揽子造船合同，监造员费用由美方负担，从“18 个月”的支付周期看，这应是合同内“飞

---

① 陈悦：《清末海军舰船志》，山东画报出版社，2012 年版，第 116—118 页。

② 陈悦：《清末海军舰船志》，山东画报出版社，2012 年版，第 357 页。

③《“飞鸿”舰变价出售一事请电知驻美夏公使速与该厂主磋商由》，台湾“中央研究院近代史研究所档案馆”藏，档号：03-06-064-02-006。

④《“飞鸿”船案》，台湾“中央研究院近代史研究所档案馆”藏，档号：03-06-064-02-014。

鸿”号的建造时间。

但因陈兆锵提前回国，美方不愿意支付额外8个月的薪水。海军部的解释是陈兆锵“系请假回国”，虽未说明具体原因，但仍然认为美方应该全额支付。①

最后经过多轮沟通，海军部最终同意美方的方案。

1915年1月21日，海军部代表和纽约造船厂的代表在北京签订变卖“飞鸿”号的合同。合同规定：造船厂认还第一批船价3万英镑，合美金145995元；认还三位监造员薪水京足银13280两，合美金7968元；认还监造员赴美川资京足银2650两4钱，合美金1590元6角4分；认还监造员回华川资，美金1353元。共计美金156911元6角4分。

其中，陈兆锵10个月的工资加安家费一共3100两，治装费320两，赴美川资586两1钱9分，回国川资美金450元。

此外，海军部曾委托造船厂购买一批打靶枪架、中式炉灶等设备，一共美金5810元1分2厘5毫，这些由船厂安排送到。扣除这部分钱，纽约船厂一共需退还中方美金151100元6角3分。②

推测拍摄于清末民初时期的陈兆锵照片

① 《“飞鸿”舰已交船价及监造员用费数目清单请转寄驻美夏公使查照由》，台湾“中央研究院近代史研究所档案馆”藏，档号：03-06-064-02-018。

②《海军部呈变售“飞鸿”舰结清账目订立合同暂存还款奉批交外交财政两部查照由》，

作为题外话，这份合同涉及京足银、美元、英镑三种货币的转换，为金融史学者提供了一份 1915 年的货币汇率的兑换案例。

陈兆锵与“飞鸿”号的缘分不止于此。1915 年时任海军总长刘冠雄倡议创办海军航空工业，为培养制造飞机人才，把留学英国的巴玉藻、王助、王孝丰、曾诒经等人派往美国学习飞机制造，[①]国内选拔的航海练习生李世甲等人学习潜艇的相关技术，徐祖善等原 5 名留美学生继续在波士顿学习造船，此时一共有 31 名留美学生，由造舰总监、船政制造班第一届毕业生魏瀚负责管理。这些留美人员的经费，就是从纽约造船厂退还的“飞鸿”号船款中移拨。[②]

这些人中，王助、巴玉藻、曾诒经回国后开创了中国的航空事业，李世甲等人则成为海军名将，他们后来都和陈兆锵有着深度交往。

1912 年 2 月 12 日，农历辛亥年十二月二十五日，清帝宣统退位，时间正是陈兆锵回国前后。

无法确知陈兆锵“请假回国”是因何事，不过当时陈兆锵又当上父亲了。他的长子陈大磬生于宣统辛亥年十月初七（1911 年 11 月 27 日）。[③]陈兆锵回国时，儿子才三个月大。

虽然时局尚处于动荡之际，但家中迎来了新生命，国家也迎来新纪元，陈兆锵也随这个时代即将开启一段新历程。

台湾“中央研究院近代史研究所档案馆”藏，档号：03-06-064-02-032。

① 曾诒经：《旧中国海军马尾船政局制造飞机的回忆》，《马尾首创中国航空业资料集》，福建省音像出版社，2006 年版，第 8 页。

② 韩仲英：《留美学习飞机和潜艇忆述》，《马尾首创中国航空业资料集》，福建省音像出版社，2006 年版，第 30—39 页。

③《螺江陈氏家谱》，1933 年铅印本，第 82—83 页。

第二章　江南造船所所长

一 伦辈推重①

民国轮机少将

1912年1月1日晚上11时，孙中山在南京宣誓就任临时大总统，中华民国诞生。两天后，临时中央政府成立，颁布《中华民国临时政府中央行政各部及其权限》，其中海军部为中央九部之一，由黄钟瑛任海军部总长。

海军部下，设有负责舰船修造等装备建设事务的机构——舰政局，首任局长为蒋拯。②

1912年3月12日，黄钟瑛向孙文呈文，因原烟台海军学校校长郑汝成在光复之初潜踪，校务荒废，因此调蒋拯去担任校长。舰政局局长遗缺，“以前北洋海军军舰总机械员陈兆锵委充”。③陈兆锵就此成为民国海军军官。

当时由于南北和议告成，孙中山履约辞去大总统职务，民国南京临时政府北京政府所取代，海军部等一应机构全部新设，陈兆锵在临时政府海军部舰政局局长任上的时间十分短暂，仅有半个月左右。

1912年3月29日，北京政府建立第一届唐绍仪内阁，刘冠雄出任海

① 此语出自陈宝琛：《族弟铿臣七十寿序》，《爱国海军耆宿陈兆锵将军》，1999年自印本，第54页。

②《临时政府公报》（第19期），1912年2月22日，第13页。蒋拯，福州人，天津水师学堂驾驶班第二届毕业生，曾和陈兆锵在“定远”舰上同事，当时任“定远”舰船械三副。

③ 苏小东：《中华民国海军史事日志》，九州图书出版社，1999年版，第13—14页。

北京政府海军成立海军协会合影，照片中二楼右起第五人为陈兆锵

军总长。海军部整顿制度，决定将位于上海的重要修造船机构江南船坞收归部辖。经刘冠雄呈请大总统同意，陈兆锵与邝国华、朱天奎三人被派接收江南船坞。其中，邝国华是清末时代江南船坞的最后一任总办，曾和陈兆锵有过两次同事经历，邝国华本人是清政府第四批留美幼童，归国后进入天津北洋水师学堂学习，后曾任北洋海军“定远”舰驾驶大副，这是他和陈兆锵的第一次共事。1907 年 11 月，邝国华出任江南船坞总办，此时陈兆锵在船坞担任总监工，这是第二次共事。与陈兆锵同时被派接收江南船坞的朱天奎则是江南水师学堂管轮毕业，1905 年赴奥国学习制造，不久改赴英杜伦大学阿姆斯壮工学院

留学，曾任上海制造局枪炮科主任。[①]

三人前往接收的江南船坞，前身是清代建立的江南机器制造总局，1905年其造船部门分立为江南船坞。辛亥革命上海光复时，革命军接管江南船坞，沪军都督陈其美委任求新机器制造轮船厂创办人朱志尧和曾在英国学习造船技术的胡仁源为船坞正副经理，1911年12月11日，清末时代的总办邝国华将船坞所有产业、物料、档案、合同及往来账目移交朱、胡二人，并在报刊上发布启示。[②]

申報
SHUN PAO
共和建設會會員鑒
中國圖書公司開特別股東大會
江蘇銀行廣告 本行已於五月六號改請張知笙君任上海總行經理之職特此佈告
張知笙啓事
江南船隖啓事
中華民國元年五月七日
舊曆壬子三月廿一日
西曆一千九百十二年五月七號星期二
今天三張售洋三分

1912年5月7日《申报》头版，可见陈兆锵等发布的江南船坞启事

1912年4月，海军总长刘冠雄咨请陈其美仍将江南船坞移归海军部。4月19日，朱志尧、胡仁源两人将一切经办事件造册申报海军部。在5月1日与陈兆锵等三人进行了移交。此后，上海《申报》5月7日至9日连续在头版刊登陈兆锵等署名的“江南船坞启事”，向社会宣布江南船坞已由海军部接管：

“本坞现奉归海军部管辖，今派锵等到坞接收，业于五月初一日，

① 《最近官绅履历汇录》，北京敷文社1920年版，第31—32页。

② 《江南船坞启事》，《申报》，1911年11月24日，第1版。《江南造船所纪要》，1922年版，第28页。

准前经理朱志尧、胡仁源将坞机器、卷簿、报款等造册、移交，即按册逐项点收所有。自初一日起，坞中一切银款出入均由兆锵、国华会同签字为凭，除呈报海军部外，谨登报布闻。海军部特派接收江南船坞。邝国华、陈兆锵、朱天奎谨启。”①

在陈兆锵等接收后的第二天，即1912年5月2日，江南船坞承造的招商局“江华”商轮举行下水仪式。船坞特别准备了一艘拖轮，在上海新关码头将宾客接到船坞观礼。到场的有沪军都督陈其美，为南北议和立下功勋的伍廷芳，时任吴淞商船学校校长的萨镇冰，招商局总办陈辉廷，曾任上海电政局总办的唐元湛，海军总司令黄钟瑛、左司令蓝建枢、右司令吴应科，以及上海各界人士2000余人。下水仪式由陈辉廷的侄女手携扎彩酒瓶，在船头宣读颂词，并将酒瓶抛掷，工程师毛根开动机关放轮下水，中西宾客行脱帽礼，拍手欢呼，所泊浦江各兵船亦放汽笛欢迎。②

“江华”轮的下水，是辛亥革命后江南船坞问世的第一艘军舰，仿佛也是对陈兆锵等的欢迎礼。盛大的下水礼仪，昭示了一个新历史时期的到来。当年5月27日，《申报》上再次刊发布告：“江南船坞现隶海军部，改称江南造船所。”③江南船坞由此改名，进入江南造船所时代。

1912年10月20日，临时大总统袁世凯批准颁行了全新制定的《海军官佐士兵等级表》，军官采取三等九级，轮机、军医、造械、造舰等专业官员称为军佐，等级比照军官。1912年11月至12月，民国海军按照全新的官佐等级制度，对全军官员进行补授官缺。当年12月30日，经刘冠雄呈请，临时大总统下令，陈兆锵被授予海军轮机少将军衔。当

①《江南船坞启事》，《申报》，1912年5月7日第1版。《江南造船所纪要》，1922年版，第28页。

②《“江华”商轮下水》，《申报》，1912年5月3日第1版。

③《布告》，《申报》，1912年5月27日第1版。

天同批授衔的还有陈兆锵的同学、刘冠雄的哥哥刘冠南。[①]两人是民国第一批轮机少将。陈兆锵和刘冠南，不仅是船政学堂管轮毕业生的代表，也是当时海军轮机军官的代表。

1912年末，海军总长刘冠雄鉴于海军造舰、维修事业事关重大，又申请将当时处在地方军政府管辖下船政、大沽船坞收归海军部直辖，分别更名福州船政局、大沽造船所。

1913年2月17日刘冠雄呈报大总统袁世凯，提出各造船机构“亟宜派员经理，从速规划，俾利进行”，计划由“前舰政局局长、轮机少将”陈兆锵出任江南造船所所长，旋于2月20日获得大总统令批准。[②]随后颁发关防，上面刻有“江南造船所所长之关防”，造船所由驻节上海的海军总司令部就近管辖。[③]江南船坞时代的总办邝国华担任副所长。

清末时期，陈兆锵曾在江南船坞做过多年的总监工兼翻译，因此对于船坞工作并不陌生。在陈兆锵接手时，江南船坞大约有600名工人，还有一些大大小小的船舶订单，其中一些舰船已经在船坞上。[④]

履职所长后，陈兆锵雷厉风行，对江南造船所进行整顿。

首先开始清理账目，将船坞开办时所有借款一概清还。[⑤]

前清时代海军内部的账务也得到清理。清末巡洋和长江两舰队，在江南船坞积欠的修船费用，一共为规平银47902两4分。经造船所催取，

①《授刘冠南、陈兆锵军衔令》，《袁世凯全集》第21卷，河南大学出版社，2013年版，第300页。

②《海军总长刘冠雄呈》，《国家图书馆藏民国军事档案文献初编》第1册，国家图书馆出版社，2009年版，第201—203页。

③《江南造船所纪要》，1922年版，第29页。

④ WORK AT THE KINGNAN DOCK .The North-China Herald; Apr 13, 1912;pg.84.

⑤《江南造船所纪要》，1922年版，第30页。

海军部在1912年6月17日提交到国务会议上讨论。经阁议，前清海军舰队欠江南船坞修船各费用，“统归民国政府筹还”，6月26日和28日，国务院分别给海军部和财政部去函，通报处理结果。[①]

同时理清造船所和制造局的关系，将制造局所有旧存物料请该局派人会同点验提回，设法变价。至造船所欠该局已用料价，仍照历年办法分期筹还，以清积累。清代时期，造船所每年应缴制造局坞租1万两，经陈兆锵呈请，截至1912年5月，即海军部接收时止，以后均免缴坞租。此后，造船所完全归海军部管辖，“事权既一，责任乃专，实足为将来振兴至基础”。[②]

二次革命和第一次世界大战中的江南造船所

1913年3月，国民党代理理事长宋教仁遭遇暗杀，孙中山发动二次革命。

7月3日，临时大总统派天津水师学堂驾驶班第一届毕业生、海军中将郑汝成、团长臧致平率领刚刚整编不久的海军警卫队三个营1300余人进驻上海，会同海军总司令李鼎新作战。[③]7月17日，陈其美宣布上海独立，成立讨袁军。

二次革命中，作为军火制造、储藏机构的江南制造局是南北两军争夺的焦点。郑汝成因固守江南制造局，击败陈其美的进攻，此后被任命为上海警备司令、江南制造局总办、上海镇守使，授海军上将衔等，掌握了上海的军政大权。

江南造船所与制造局毗邻，因此战事爆发后，上海的红十字会参与

①《提议前海军舰队欠江南船坞等费应由现政府归还由》，《国家图书馆藏民国军事档案文献初编》第3册，国家图书馆出版社，2009年版，第177—183页。

②《江南造船所纪要》，1922年版，第30页。

③《制造局停战时之防备》，《大公报》，1913年8月4日第5版。

战场伤病官兵的处理工作，造船所也积极参与协助。先是“拟借小轮四艘为红十字小轮，专救浦面及沿码头伤兵”，[①]又准许红十字会的救援人员随带棺材乘坐轮船，在造船所上岸，到至战地收殓、掩埋战士遗骸。[②]

1913年7月23日，郑汝成发出一份通告，当天凌晨3点钟，有3000名南军从三个方向进攻码头，海军警卫队做了有力抵抗，一直坚持到当天8点钟，南军撤退。因为战争开启，暂停上海的水陆交通。[③]

为安全起见，在制造局开战后，陈兆锵就将造船所原有的60余名巡警停止巡查。因巡警中以湘、鄂籍者居多，郑汝成担心他们跟南军勾串，于是和陈兆锵商议在戒严期内，所有巡警暂令离开，待战事结束开工之后，再返回供职。随后，陈兆锵将巡警队全部解散，为了照顾这些人的生计问题，陈兆锵除了给他们发放8月份的薪饷之外，每人还多给两个月的工资，并发给回籍护照。[④]

8月24日，造船所巡警全部离开，巡长路庆祺因办事精细，仍准留下办事，后被聘为海军司令部稽查员。

受战事影响，造船所自当年7月30日开始停工。[⑤]此时造船所还有数百工人，根据当时《申报》的报道，有“千余名”[⑥]、“三百余人”[⑦]、

---

①《申报》，1913年7月25日第1版。

②《申报》，1913年7月28日第7版。

③ THE ATTACK ON THE ARSENAL. The North-China Herald and Supreme Court & Consular Gazette (1870—1941); Jul 26, 1913;pg.287.

④《淞沪停战后种种，各方面报告提要》，《申报》，1913年8月29日第10版；《制造局停战时之防备》，《大公报》，1913年8月4日第5版。

⑤《船坞工人着急》，《申报》，1913年9月21日第7版。

⑥《船坞工人着急》，《申报》，1913年9月21日第7版。

⑦《淞沪停战后种种，各方面报告提要》，《申报》，1913年8月22日第10版。

"五六百人"[①]等几种说法。造船所工人除了有一部分固定的技术工人外，还会根据业务雇佣一些临时工人，多的时候达到数千人。[②]根据光绪三十三年（1907年）的统计表，江南船坞包括13名洋员在内有人员680多名，[③]到了宣统元年，官员、各项夫役等只剩下163人。[④]

因江南造船所应修军舰甚多，而且工期很急。8月战事稍停后，陈兆锵定于8月22日复工。全所工匠300余人，全部由制造局大门进出。

战事虽缓，但上海时闻枪声，街道上不时有警察持械出警，或小队军人开拔执行任务，整个上海依然在戒严期内。当时造船所工人进出大门由海军司令部稽查员路庆祺负责稽查，或由驻防的团长通知防守卫兵准予进出。[⑤]

但因局势未平，复工时间继续延迟，一直拖到9月份。

根据旧例，停工期间，工人均核发一半工资。陈兆锵也曾向工人表示，照章发薪。但由于停工时间过长，陈兆锵表示只能发10天的工资。对此，造船所总工头李国园，连同全体工匠禀称："匠等家道素贫，此次自被战事而受炮火之灾，损失极巨，近日饥不得食，困苦难堪。……今遭乱灾之后，仅给十天，反较前例又减，殊难抚养家室，叩求俯念船坞原属营业性质，悯恤贫难交迫，仍将全半工资迅赐核发。"[⑥]

此次战事中，造船所受到制造局攻防战中的战火波及，"损失亦巨"。[⑦]

---

①《申报》，1914年8月11日第10版。

②《江南造船厂厂史》，江苏人民出版社，1983年版，第145—157页。

③《调查现有海军船坞表》，《光绪三十三年海军调查表》，国家图书馆藏。

④《海军、水师第一次统计表》，海军部主计处编，国家图书馆藏。

⑤《淞沪停战后种种，各方面报告提要》，《申报》，1913年8月22日，第10版。

⑥《船坞工人着急》，《申报》，1913年9月21日，第7版。

⑦《制造局停战时之防备》，《大公报》，1913年8月4日，第5版。

一方是等待工资养家糊口的工人，一方是已经停工近两个月的工厂，陈兆锵殊为难办。

平息二次革命后，袁世凯被选举为正式大总统，并将就任日期定在1913年10月10日，也是中华民国的国庆日。

此前，海军总长刘冠雄电令驻沪各舰，当天一律升旗、悬灯以伸庆贺而志盛典。10月8日，海军总司令李鼎新除通令驻泊浦江各军舰于10日当天一体升旗悬灯庆贺外，还在海军司令部大门口扎冬柏牌楼一座，上面挂着海军旗及五色国旗，晚上一律悬灯。在司令部内设宴，邀集各军长、官佐饮宴，并放假一天。

陈兆锵也给造船所的工人放假一天，而且工匠当天的工资照发。①

战争对造船所的影响，一直持续到第二年，"如要恢复造船所，须次第整理开工"。②

1914年3月10日，位于上海的《申报》报道，因上年战事，江南造船所发生秩序紊乱，因而停办。上海镇守使郑汝成"以江南船坞关于船政，极为紧要，自应开办。惟现在财政困极，颇难措手"为由，与造船所英籍工程师毛根商议，拟由郑以个人名义向美方资本家借银50万两开办。报道还称："业经郑汝成君电达中央批准照办，闻此项借款系郑君个人负责，利息极轻，并无抵押品物，已磋商就绪日内即须签押交款云。"③

一个月之后的4月30日，《申报》再次报道江南造船所"营业之萧索"，文中称因福州船政局经刘冠雄整顿后，颇为发达，"今年海军之'应瑞''肇

①《各界对于国庆节之预备种种》，《申报》，1913年10月9日，第10版。

②《制造局停战时之防备》，《大公报》，1913年8月4日，第5版。

③《借款开办江南船坞》，《申报》，1914年3月10日，第10版。

和’及‘海圻’‘海筹’‘海琛’‘海容’各巡洋舰，暨‘通济’练船等俱由闽省船坞承修，以致江南船坞修造工程相形见绌。”报道中还写道：“兹闻江南船坞洋总管毛根，以上海船坞自太古等行外洋商船改归香港条葺后，修理者只有招商局等之长江各商船，所得修资为数有限，因此近年来亏蚀甚巨，若再将海军各舰尽归闽省修理，则上海船坞断难久持。爰将为难情形缕陈海军部，要求以后修理兵舰沪闽两坞匀派承修，俾可久持。现闻刘总长已允照办矣。”①

看到《申报》的报道，江南造船所认为“殊为失实”，当天就发去函件：“查敝所系国家营业，开办迄今从无亏蚀，更无要求闽沪两厂分认承修军舰之事。至敝所工程司马根君（即毛根），其职务专管工程，向不与闻他务。此事赐系甚重，切恳即予更正。”②

事实上，媒体报道是有一定根据的。

1914 年 6 月 18 日，为承揽一艘商船的订单，陈兆锵和邝国华联名给盛宣怀写信。作为招商局的创办者之一，此时盛宣怀任招商局董事会副会长。

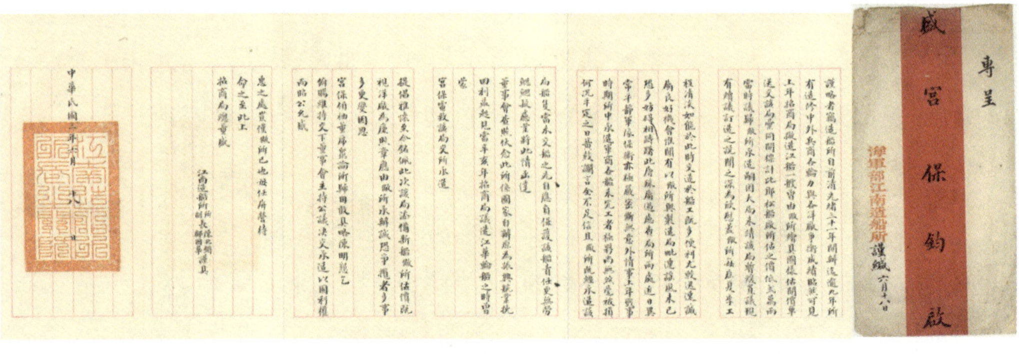

1914 年 6 月 18 日陈兆锵、邝国华寄呈盛宣怀节略

① 《上海船坞营业之萧索》，《申报》，1914 年 4 月 30 日，第 10 版。

② 《江南造船所来函》，《申报》，1914 年 5 月 1 日，第 11 版。

在这封信中，陈、邝两人表达了两层意思：一是，前一年（1913年）议定由江南造船所承造的一艘江船，因战事暂缓。此时传出招商局准备续造该船，陈兆锵希望招商局能将该订单继续交由造船所完成，并表示造船所“每年夏季工程清淡，如能于此时交造，于船工既多便利，尤较迅速，诚属良好机会”。二是，解释一些对造船所的传闻，“有以敝所与制造局毗连，谣风未已，恐多妨碍相踌躇，此层殊属过滤。查局、所两处，近日异常平静，军队保卫亦极严密，断无意外事情”。信中还表示，上年战事期间，造船所内承造的军商各轮，“无丝毫被损”，以此打消招商局的担心。

此外，在信中还提到了与盛宣怀的交情。辛亥年间，江南船坞为拿到“江华”轮船的订单，时任总办邝国华几次给时任邮传部尚书盛宣怀去信，最后盛宣怀指示招商局放弃标价更低的香港船坞，以支持国家企业为名，将订单给了江南船坞，因此信中说，“提倡雅怀，至今铭佩”。此次新造轮船，江南造船所的开价比英商耶松船厂还低，恳请盛宣怀能让“董事会主持公义，决交承造”。

这封信的信封，印有“海军部江南造船所”，信尾署有陈、邝二人的名字，盖着江南造船所所长的关防，文中依然用前清的荣誉官衔“宫保”称呼盛宣怀。[①]

为争取一艘江船的订单，陈兆锵致信盛宣怀，从侧面可以看出当时江南造船所的窘境，另一方面也可以看出陈兆锵的责任心。

根据造船所的规定，“以每年营业盈余之数分作十二成，以一为在事出力华、洋各员司奖励金，以十一成留充本所基本金，备作陆续扩充、

---

①《陈兆锵、邝国华致盛宣怀节略》，上海图书馆藏盛宣怀档案，档号SD060631。

购置之用，不得另行请款及请求补助经费。”[①]所以，在自负盈亏的经营中，只有能够承接到更多的修造业务，才能产生利润，工人也才能发出工资。

而报道中提到造船所洋员工程师毛根的一些小动作，这似乎显示了这位洋员与造船所或陈兆锵之间存在的矛盾。

二次革命之后，紧跟着是第一次世界大战。

1914 年 7 月 28 日，奥匈帝国在德国的支持下，以萨拉热窝事件为借口，向塞尔维亚宣战。第一次世界大战正式爆发，战争余波很快传导到上海滩。

欧战爆发，上海各洋行均停止买卖，如需购办物料，均须现银。以致造船所中款项周转不灵。从 8 月 10 号开始，造船所只能将工匠稍事裁减，等战事和平之后，再行全厂开工。[②]

在《江南造船厂纪要》里，曾记载了一段欧战期间江南造船所的维持经过：欧战初兴，邻邦乘此时机，藉此共同军事计划，谋租江南造船所甚力，实则欲图独占营业上之权利。某国深恐我国中其诡计，亦出其最恳挚之真情，向我国商让租借一时，颇难对付。幸赖刘总长竭力维持，设词拒却，其议始寝。[③]

企图独占的“邻邦”是日本。就在欧战正式爆发的前三天（7 月25 日）的下午，有 48 名日本旅沪人士参观制造局枪炮、炮弹等各厂，并顺道参观了江南造船所，参观耗时近一个小时。[④]

准备“商让租借一时”的则是美国。

---

①《江南造船所纪要》，1922 年版，第 61 页。

②《申报》，1914 年 8 月 11 日第 10 版。

③《江南造船所纪要》，1922 年版，第 34 页。

④《日人参观军械厂》，《申报》，1914 年 7 月 26 日第 10 版。

当时美国常把舰船送到江南造船所维修。1914年8月31日，驻泊上海保护租界的美国鱼雷艇，因为机器、锅炉等设备“稍有损坏”，经美国驻上海领事馆和陈兆锵协商，允为代修。因美海军人员进出船坞，均需经过制造局大门，上海镇守使郑汝成以“中美交谊素深”为由，要求驻局官兵对美方人员妥为保护。[①] 两个月后，美舰修理告竣。[②] 几天之后，美国一艘往来于长江上的浅水兵轮，因“舰身、机器稍有损坏”，在12月初进入江南造船所维修。[③]

修理军舰，本为常事。但此时美国连续把军舰送入江南造船所维修，其中或许有拉拢之意。此后在1915年6月，法国军舰“西台”号（音译）申请到江南船坞维修，入坞前已卸除武装。[④]

中外两场战事，对江南造船所造成不小的困扰。陈兆锵只能尽力维持，周旋于各国之间。

正是在这种国际时局的大背景下，江南造船所在陈兆锵任期内，技术上实现了一定的革新，管理上也尽可能地减少了辛亥革命以及之后多次战事、政局的不利影响，逐步走上正轨。

---

① 《海军造船所代修美舰》，《申报》，1914年9月1日第10版。

② 《美舰修理告竣》，《申报》，1914年12月3日，第10版。

③ 《美舰来沪修理》，《申报》，1914年12月6日，第10版。

④ 《法舰来沪修理》，《申报》，1915年6月24日，第10版。

二　江南十年

军舰兴造

作为海军部直辖的机构，江南造船所的核心工作是服务海军，首先便对前清时代的军舰“遗腹子”完成续修、续造工作。

甲午战争后重建海军时，清廷曾在德国的克虏伯日耳曼船厂和伏尔铿造船厂订造两艘川江炮舰，分别被海军部大臣载洵命名为“新璧”和“新珍”，这两艘炮舰属于内河船型，无法远洋航行，也无法像鱼雷艇那样通过大船整船搭载回国。因此先在德厂建造完成，而后分段拆解，以散件形式搭附货船运输到中国，在江南船坞完成组装。“新珍”舰在

在德国竣工试航时的“新璧”号

“江鲲”号

1911年8月25日下水，“新璧”在同年的10月17日下水。[①]

两舰组装完成时，正好赶上辛亥革命爆发，便滞留在船坞之中。

进入民国后，海军部筹议启用两舰，并将两舰更名为“江犀”和“江鲲”。1912年12月11日，借校阅海军兵舰集中停沪之际，海军总司李鼎新会同海军总司令处轮机长刘冠南、洋员巴斯分头带人对军舰进行调查，“逐一考察所置炮械是否完美，锅炉机器有无损坏，军士、水手操法如何，详加查验，藉资整顿”。[②]

对于“江鲲”“江犀”两艘炮舰，调查发现尚有配件亟须添配。经

①《海军部在各国所造舰艇一览表》，《国家图书馆藏民国军事档案文献初编》第3册，国家图书馆出版社，2009年版，第203—205页。

②《阅海军兵舰》，《申报》，1919年12月12日，第7版。

江南造船所核实估价，“江犀”舱面应配各项需银3300余两，料件约1700余两；机舱应配各项约需银300两，料件约600两。“江鲲”舱面应配各项约需银1400两，料件约1800两；机舱应配各项需银200两，料件约600两。合计两船共需银1万两。李鼎新在呈交的调查报告上强调：“两船应配各件不配，则碍难应用。”1912年12月22日，海军部将此情况呈文给大总统。12月25日，袁世凯批示，令财政部查核筹拨。[①]

此后，二舰得以顺利完成剩余工程。1913年1月30日，海军部报告，两舰舰长已将舱面枪炮、军火等物件接收清楚；[②]到了4月，两舰已开始开航执行军事任务。[③]

“江犀”和“江鲲”两舰，是江南造船所交付的第一批军舰，海军部接收后将其编入第二舰队。

紧接着续造“永健”“永绩”两艘航海炮舰。

两舰原为清王朝时代海军大臣载洵安排建造，以当时在日本订造的航海炮舰“永丰”“永翔”为母型，进行了改良设计，于1911年7月23日开工。仅两个多月后，武昌起义爆发，造舰工程随之停止。此后直到1914年11月，才由海军总长刘冠雄安排江南造船所重启工程，继造两舰。接到命令后，经陈兆锵呈请，海军部每月筹拨3万两造船经费，用以支付人工、物料。[④]

不过从当时的新闻报道来看，这两艘炮舰可能在1912年夏天就已

---

①《收回“江犀”“江鲲”二舰应行添配各件需银万两请饬照拨由》，《国家图书馆藏民国军事档案文献初编》第3册，国家图书馆出版社，2009年版，第281—287页。

②《海军部来函》，《国家图书馆藏民国军事档案文献初编》第4册，国家图书馆出版社，2009年版，第11—12页。

③《海军总司令报告驻浦军舰》，《申报》，1913年4月13日，第10版。报道中提到：“江犀……已奉命豫备即日驶往汉口防护，昨已呈报海军部查核矣。”

④《江南造船所纪要》，1922年版，第32页。

“永绩”号航海炮舰

有开工动议，而且“机器锅炉均已置备”。等到1913年6月25日《申报》在报道时还发生了讹误，称“由造船所呈奉海军部核定，一名‘飞龙’，一名‘飞虎’”，并已令工匠“照刊”。[①] 见报当天，江南造船所就发函给媒体澄清：“敝所承造海军部炮舰二艘，船名前奉部定，饬知在案，并非敝所呈请，亦非‘飞龙’‘飞虎’名称。”[②]1913年底，十分关注这两艘军舰工程的《申报》又报道：“海军部去年商请沪南造船所陈所长订造军舰二艘，兹将竣工下水。所有该二舰之名，业由李总司令拟定，一名‘永健’，一名‘永绩’。”[③]《申报》报道两艘炮舰的名称是准确的，但命名方式不对。之前造船所的澄清启示函汇中已经表示，舰名由海军

①《海军部核定新舰名称》，《申报》，1913年6月25日，第10版。

②《启示》，《申报》，1913年6月26日，第10版。

③《海军部添造新军舰》，《申报》，1913年12月13日，第10版。

部拟定。在两舰下水前，《申报》再次报道："陈总办（陈兆锵）已饬工程师绘成图样，督匠造成其船身各长英尺一百五十尺、阔二十七尺，呈奉刘总长拟定名称一曰'永健'、一曰'永绩'。"①

自造船拨款获准后，一共30万两的造船经费，从1914年12月开始分拨，到1915年10月，共10个月，每月3万两。到1915年，两舰船身工程已经竣工。陈兆锵向海军部汇报，拟于在当年4月中旬的大潮汛先为"永绩"舰举行下水仪式，5月中旬再为"永健"举行下水礼。②

与"永绩"同型的"永健"号航海炮舰

经海军部批准，"永绩"定于1915年4月16日举行下水仪式。

当时中国海军大小军舰只有45艘，且大多不适于航海作战，对于这两艘新造的航海炮舰，海军总长刘冠雄十分重视。早在1915年初，

---

①《海军部拟定新舰名称》，《申报》，1915年2月9日，第10版。

② 陈兆锵：《呈请永绩下水时间由》，1915年，台湾"国军档案"。

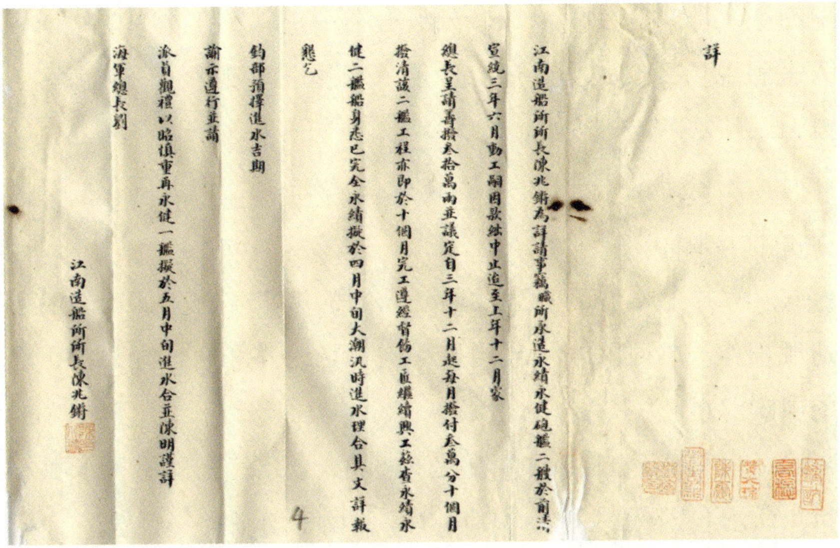
詳

江南造船所所長陳兆鏘為詳請事竊職所承造永績永健砲艦二艘於前清

宣統三年六月動工嗣因款絀中止迨至上年十二月蒙

總長呈請再撥叁拾萬兩並議定自三年十二月起每月撥付叁萬分十個月

撥清該二艦工程亦即於十個月完工遵經督飭工匠賡續興工茲查永績永

健二艦船身悉已完全永績擬於四月中旬大潮汛時進水理合具文詳報

憲乞

鈞部預擇進水吉期

諭示遵行並請

派員觀禮以昭慎重再永健一艦擬於五月中旬進水合並陳明謹詳

海軍總長劉

江南造船所所長陳兆鏘

陈兆锵向海军总长刘冠雄呈报“永绩”“永健”工程将竣
希望海军部指定下水日期的公文

就传出刘冠雄要出京巡视长江防务，但一直未能成行。延期的原因，据说是他在等两舰的准确下水日期，亲自参加下水仪式。①

刘冠雄最终没能来到现场。陈兆锵代表造船所邀请各界人士前来观礼。在 4 月 14 日，陈兆锵和邝国华给上海耆宿郑观应发出一封邀请信，文中写道：“敝厂所承造海军部‘永绩’航海炮舰，兹奉电饬，准与四月十六日午后二时，行进水礼，仅备茶点，恭请惠临观礼，不胜忻幸。”信件写在“江南造船所用笺”上。②

“永绩”下水一个月后，5 月 15 日“永健”举行下水仪式，“兆锵、国华二君预备一切，并邀军政各界届时前往观礼。”③

仪式在 5 月 15 号午后一点举行。此次进水礼场面盛大，海军总司

①《刘总长延未出京之原因》，《大公报》，1915 年 2 月 19 日，第 5 版。

②《郑观应档案名人手札》，上海古籍出版社，2008 年版，第 22 页。

③《“永健”舰亦将进水》，《申报》，1915 年 5 月 14 日，第 10 版。

令李鼎新、上海镇守使郑汝成、沪海道杨小川以及在上海的中西各国舰长等人来到现场。仪式上，还准备了一班军乐队奏乐，一队海军士兵站立浦滩，以壮观瞻。

此时在船台上的“永健”挂满旗帜，李鼎新在海军同仁的簇拥下，在舰前留下一张合影。

仪式开始后，李鼎新首先发表了简短的演讲，祝贺江南造船所完成这项造舰工作，同时又用恰当的措辞向在场来宾和媒体介绍了正在逐步发展的中国海军。

随后，李鼎新亲自摇铃，接着按下按钮，“永绩”随即滑入水中。此时，海军军乐队奏起国歌，来宾们高声欢呼，摘下帽子挥舞致敬。

情起之处，李鼎新也为中国海军的这位新成员，由衷地高呼三声。

下水仪式结束后，宾客来到造船所的办公区，这里也被布置一新，还准备了一些小点心供宾客享用。

作为造舰工程的主持者，从活动现场氛围、安排，可知陈兆锵的尽心尽力以及对海军的情感。①

这两艘炮舰虽然在前清时已经动工，但仅仅施工两个多月。陈兆锵接手续造，几乎等于是从头开始。为了能够让两舰尽快完工，“造船所陈所长会同洋工程师英员毛根，督匠依照奉发图式，日夜赶造”。②

按照工期，两舰下水后，本来再有五个月左右就可完工，但因之后“经济困难，拨款无定”，导致工程延至1918年4月才完全告竣。③此时陈

① 最终有关“永绩”舰下水细节综合：《新炮舰举行下水礼》，《大公报》，1915年5月29日，第5版；New Chinese Gunboat.Peking Daily News (1914—1917); May 20, 1915;pg.5.

② 《“永健”舰亦已下水》，《申报》，1915年5月16日，第10版。

③ 《江南造船所纪要》，1922年版，第33页。

兆锵已经离开江南造船所。不过，这两艘炮舰，历经清末、民国，最终在陈兆锵的任内得以建成舰体，为最终完成打下了坚实基础。

舰船维修

军舰的日常保养、维修，仍然是江南造船所的主要工作之一。

1912 年底，"镜清""通济"两艘练习舰进坞修理，[①] 经造船所核估两舰修费需银 10 万两左右。[②] 此后，清末在国外定造的军舰，在民国初年也陆续完工。回国后，一般也都要先到江南造船所进行维护。

1913 年 3 月 14 日，清末在英国订造，由民国政府接收的"肇和"舰从英国纽卡斯尔抵达上海，进入江南造船所入坞刮洗船底，实施维护。

清末订造、民国接收的"应瑞"号巡洋舰

① 《"镜清""通济"两舰回沪修理》，《申报》，1912 年 12 月 5 日，第 7 版。

② 《申报》，1913 年 1 月 12 日，第 7 版。

此后，“肇和”同级姊妹舰“应瑞”号抵达上海后，海军总司令李鼎新认为船身油漆不够鲜亮，令江南造船所重新涂漆，造船所在1913年5月4日完成油漆工程，媒体用了“新军舰之新气象”这一标题，来表达对新海军的期望。①

1913年10月，前清在德国希肖船厂订造的“长风”“伏波”“飞云”三艘驱逐舰由德方送抵上海交付。因来华途中屡经风浪，舰外部油漆均已脱落，舱面装修亦无完备，到沪后即被送入江南船坞维修。②

“长风”号驱逐舰

1914年6月，归属江苏省使用的老旧炮艇“钧和”号，因“机器、锅炉均有损坏，船底亦已锈烂”，经舰长董仲发禀请，也驶入江南造船所，由陈兆锵派员详细勘修。③

① 《新军舰之新气象》，《申报》，1913年5月5日，第7版。

② 苏小东：《中华民国海军史事日志》，九州图书出版社，1999年版，第68—69页。

③ 《“钧和”舰从事修理》，《申报》，1914年6月15日，第10版。

1914年7月11日夜里，海军练习舰“通济”号，停泊制造局前的黄浦江面时，发生了严重的炮药爆炸事故，这是民国时期海军非战争情况下遭遇最严重的一次伤亡事故，海军上下对此极为重视。

7月13号上午10点，上海镇守使郑汝成会同海军总司令李鼎新、造船所所长陈兆锵以及造船所洋员毛根等人上舰查勘，查清事故原因和舰只受损情况。

“通济”号练习舰

根据调查，当时“通济”舰上共有王铿成等37名学生，均为广东黄埔水师学堂五年级毕业生。① 从名单看，应为黄埔水师学堂驾驶班第十三届毕业生。②1913年秋，这些学生先上“镜清”练习舰，1914年“镜清”停止派调后，学生们调至“通济”舰。有说法称，这些学生都是粤省的富家子弟，“学问品格颇为优尚，此次惨遭奇祸殊为可悯”。③

① 《“通济”舰炮药爆发三志》，《申报》，1914年7月15日，第10版。

② 《广东黄埔水师学堂历届毕业生》，《清末海军史料》，海洋出版社，2001年版，第444页。

③ 《“通济”舰炮药爆发三志》，《申报》，1914年7月15日，第10版。

最后陈兆锵等查明，发生爆炸原因是因为舰上炮药储存未按条例操作所致。

7月11日白天，“通济”舰上查验火药，发现有三箱无烟火药还可以用，就储放在舰上的军火舱门口，但舱门没有闭紧。按照当时各国海军的常例，储存军火之处必须谨慎，“闭塞，不使透光，凡遇检取药弹时，只用极厚之玻璃灯一盏，安于军火舱门首之高处，俾使亮光远射，免有他虞。且无烟药之性较别项药性尤为猛烈，凡遇天时干燥或潮湿，均须格外慎重，如在炎热时，其热度高至一百度以外，亟应加扇冷气”。陈兆锵等调查发现，当天中午气温已高至华氏107度（约摄氏41.6度），而军火舱管理员未按法处置，导致热气聚集舱内，不幸在夜晚11点15分骤然爆炸。因事发在深夜，各学生均在舱内就寝，爆炸冲击学生卧室，当场有14人遇难，12日又有10人重伤不治去世，调查当天（13日）又有4人去世，此后又有6名学生去世。共造成王铿成等34名学生遇难。从此外还有录事蔡馨、叶可铭2名闽籍员司，以及2名当差者遇难。[①]

调查还发现，伤亡较大也与军舰舱室的布局有关。学生卧室的隔壁，就是军火舱，爆炸点就在军火舱的门口。军火舱内原有大小炮弹1500余颗，而且均已装配完齐，置于木架之上，另有枪弹6万余粒也在舱内。爆炸时，因火势向外喷发，位于舱里的炮弹木箱均被烧焦，所幸没有引爆更多弹药。

根据调查，舰上的学生卧室已经被焚毁无存，“五分厚之钢板、四寸厚之柚木舱面，均为药炸穿”，经过统计，“康济”舰上下两层有四五个舱室须要进坞修理。

调查清楚后，李鼎新汇集遇难学生姓名、籍贯，电告广东都督龙济光，

① 关于死难名单，也有记录为：伤毙见习生三十二人、书记录事二人，又投水淹毙见习生二人。《海军大事记》，福建省政协文史资料办公室翻印，1965年版，第30页。

通知家属到上海领棺归葬。郑汝成将调查报告汇报给海陆两部，并饬令该舰速即入坞修理。勘验的当天下午，李鼎新召集驻沪各舰舰长到司令部开会，要求各舰引以为戒，并发布三条规则。

此事也引起南京方面的关注，“江宁将军府特派稽查员马文伯等人，乘沪宁特别快车莅沪，谒见李司令查询一切”。①

一个月后的8月15日，李鼎新为遇难学生及舰上人员开追悼会，包括陈兆锵在内，上海各界300余人前往致祭。②

“通济”舰出事时，正值一战爆发。当时北洋政府未决参战，守以中立。海军总长刘冠雄命令各舰驶往烟台听候派遣，并要求“通济”舰入坞兴修，限日竣工驶赴烟台候调。

当时“镜清”舰也在坞中维修。李鼎新在8月17日专门致函造船所，“饬匠加作夜工，务令赶紧完工，以便调派”。③8月下旬，“因年久失修，机器、锅炉皆已损坏”的“飞鹰”舰修竣完成。④

1915年3月，海军第二舰队司令徐振鹏的座驾“楚泰”炮舰，因机器略有损坏、船身亦须油漆，入江南造船所维修。⑤

1915年5月，清代时由江南制造局造的巡洋舰“保民”号，因年久失修，海军部批准将“保民”改为海军运输船，并不列入舰队。此项拆改工作也由江南造船所负责。⑥

1915年6月底，“肇和”练习舰因蒸汽机汽缸损坏，入江南船坞

---

①《“通济”舰炮药爆发三志》，《申报》，1914年7月15日，第10版。

②《“通济”练习舰被炸学生追悼会纪事》，《申报》，1914年8月16日，第10版。

③《修理兵舰之催促》，《申报》，1914年8月19日，第10版。

④《“飞鹰”鱼雷艇修理竣工》，《申报》，1914年8月18日，第10版。

⑤《“楚泰”舰入坞修理》，《申报》，1914年3月2日，第10版。

⑥《拆改“保民”兵轮》，《申报》，1915年5月22日，第10版。

维修。[1]原定维修时间为三个月，后因北方洋面海盗出没，急需派舰游弋。刘冠雄致电陈兆锵加速修理，以便调往北洋查缉海盗。[2]

……

不过造船所在为海军提供舰船修造业务时，依然按照清代南洋大臣周馥提出的“按照实用工料，收回工价”方式进行。到民国时期，成本费用也是记账了事，造船所收不到钱。不止江南造船所，大沽造船所、福州船政局当时维修军舰的款项，都遭遇欠发。因此到1915年6月，有消息说，陈兆锵因修造军舰工程款的事情，须进京面见海军总长协商。[3]

商业造船探索创新

民国后，江南造船所仍然延续清代自负盈亏的商办经营方式，商业造船业务和造船技术在陈兆锵时期有了突破性发展，探索制造了新的船舶种类。

1913年5月9日，一艘名为“开凌”的破冰船，在江南造船所下水。这是为天津海河工程局[4]建造的。

天津海河，每年十二月至翌年二月封冻，为了解决天津港的终年通航问题，海河工程局向江南造船所提出了建造破冰船的需求。

“开凌”号是由江南造船所设计，在洋员工程师毛根等人指导下建造的。当时上海的英文媒体注意到，船上最特殊的设计是船头的破冰撞

①《修理兵舰类志》，《申报》，1915年6月13日，第10版。

②《“肇和”军舰亟须出差》，《申报》，1915年9月6日，第10版。

③《造船所长晋京》，《申报》，1915年6月28日，第10版。

④ 1897年3月，直隶总督兼北洋大臣王文韶鉴于海河水旱灾害给航运业及海河沿岸居民造成的严重损失，成立了海河工程局，这是中国最早的专业疏浚机构。中华人民共和国成立后，海河工程局和随后组建的疏浚公司成为政府直接经营的国营企业，后几经演变为现在的“中交天津航道局有限公司”。

角，能够在穿过冰层时，通过船身重力，在前进中将冰破碎，“人们满怀信心地期待破冰试验会取得成功”。下水仪式由法国驻上海总领事的夫人 Kahn 女士（她的丈夫是海河工程局的董事长）主持。陈兆锵、邝国华则在仪式过后招待客人举办了一个小型酒会。报道还称，“开凌”号的下水仪式，是自江南船坞独立以来的第 164 次，[①] 这与江南造船所的记录一致。[②]

1913 年 10 月份，江南造船所又向天津海河工程局交付了比“开凌”更大的破冰船“通凌”号。“同型船一共有两艘[③]，另一艘在第二年交付。

在 1913 年底到 1914 年初的冬季，“开凌”和“通凌”两船进入到海河，首次进行破冰试航作业。试航结果非常好。截至 1914 年 1 月份，这两艘船已经成功保证了海河的畅通，解决了天津冬天开航的难题。天津当局以及航行于海河的轮船公司都对此大为满意。

“开凌”和“通凌”的成功，为江南造船所带去了极高声誉。江南造船所因此获得了多个重要的商业订单。

首先是开滦煤矿，向江南造船所下了一艘破冰船的订单，以解决煤炭运输港口秦皇岛港的冰冻问题。同时还在造船所订购一艘挖泥船和疏浚设备，以便把港口水深加深到 30 英尺。俄国政府也为在远东的海参崴港（符拉迪沃斯托克）订造了两艘强力破冰船。

国内英文媒体《北华捷报》评论：“江南造船所制造天津破冰船的

---

① ICE-BREAKER FOR TIENTSIN: LAUNCH AT KIANGNAN. The North-China Herald and Supreme Court & Consular Gazette (1870—1941); May 17, 1913,pg. 469.

②《江南造船厂造船一览表（1905—1949）》，《江南造船厂厂史》，江苏人民出版社，1983 年版，第 338—346 页。

③ ANOTHER ICE-BREAKER FOR TIENTSIN. The North-China Herald and Supreme Court & Consular Gazette (1870-1941); Oct 4, 1913;Pg.67.

成功是值得庆祝的。”①

在此基础上，江南造船所后来又造成了吃水更浅更适合海河条件的“没凌”号等双螺旋桨破冰船。

“没凌”在1914年6月订造，江南造船所仅用六个半月就完成“这项值得称道的工作”。“没凌”的排水量大约为550吨，接近900马力。交船后，于当年的12月份，在天津和大沽口两地进行了试航，航速接近12节。这些破冰船保证了天津的海河在整个冬天都可以开放。②

江南造船所建造的这些破冰船，构造虽和其他国家的破冰船大体相同，但其他国家的破冰船，吃水一般较深，而天津海河需要的浅水破冰船，船体不能过重，而且要采用高转速的机器，这就影响到船的重量，同船的破冰性能有矛盾。江南造船所设计和制造的破冰船，适当地解决了上述矛盾，既能适应海河的条件，又能顺利执行破冰任务，在海河上一直工作了几十年。除“通凌”号于抗日战争期间在渤海沉没外，其余几艘于中华人民共和国成立后仍在使用。③

1914年，江南造船所为川江轮船公司组装“蜀亨”号川江轮船。“蜀亨”轮由英国设计并制造主要部件，江南造船负责组装，组装费30万元。1914年4月24日完成试航，5月30号开回重庆。④

江南造船所在组装“蜀亨”轮的过程中，获得了国外制造川江轮船的初步经验，由此开辟出一条商业造船领域的新业务。此后，江南造船

① SHIP-BUILDING CONTRACTS FOR SHANGHAI. The North-China Herald and Supreme Court & Consular Gazette (1870—1941); Jan 17, 1914;pg.163.

② NEW ICE-BREAKER FOR TIENTSIN. The North-China Herald and Supreme Court & Consular Gazette (1870—1941); Dec 19, 1914;pg.903.

③《江南造船厂厂史》，江苏人民出版社，1983年版，第103、120页。

④《“蜀亨”兵轮下水》，《申报》，1914年4月25日，第10版；《“蜀亨”商轮西驶》，《申报》，1914年5月8日，第1版。

所的工程技术人员叶在馥等赴川江航道进行实地考察，参考中外各种浅水轮船样式，设计出更加适合在长江中上游航行的船型。[①]

此外，江南造船所还承接国内外机构的船只修造业务。

其中在 1915 年 3 月，与招商局之间发生一段小插曲。当时，招商局修理轮船有两种办法，一是登报公示投标，二是召集各厂家进行开账比价，以价廉工坚者承修，并有专人负责考核比较修理之事。

当时招商局需要对“广利”“江宽”等船修理，采取的即开账比价模式，参与比价的江南造船所报价因比求新厂（承修“广利”轮）、耶松厂（承修“江宽”轮）高，最终落选。造船所因此去函询问，并认为招商局“有失公道”。媒体获知后，以“招商局卖泄造船价单”进行报道，直指招商局修理轮船存在腐败行为，报道引发京沪商界、政界关注。此后，招商局董事会专门向陈兆锵、邝国华做了解释，二人也代表江南造船所发去一封函件。3 月 12 日，招商局刊登“辨污广告”，将造船所的函件也一并刊出。

陈、邝在去函中说：“查中西文字本不能一一吻合，一经转译时有畸重畸轻之弊，此传译者所以有函询与查办两字之误会也。……彼此同属公家，昨经解释分明，敝所何敢固执前云。有失公道一节，自应取销更正，所有彼此营业往来仍照向例。”[②]

这次事件只是正常商业往来中的一段误会，经媒体报道后，有所放大。

牵挂乡梓

陈兆锵等在上海的福建人，大都加入了有着数十年历史的“旅沪福建同乡会”，此时因海军总司令部和江南造船所关系，同乡会中也以海军及

---

① 《江南造船厂厂史》，江苏人民出版社，1983 年版，第 103、123 页。

② 《招商局董事会辨诬广告》，《申报》，1915 年 3 月 12 日，第 1 版。

相关人士居多。会址在上海的三山会馆内，会长高而谦，副会长蓝建枢。

同乡会诸人时刻关注乡梓。民国初始，各省筹办议会，但乱象频现，福建也不例外。时任福建省议会的总参议彭寿松是湖南长沙人，同盟会员，曾任福建保甲局总办。福州光复，成立福建军政府，彭寿松身兼数职。彭寿松自视革命有功，在福建省议会选举中，擅准湘籍旅闽人士特定议员专额十名的要求，引起闽籍人士反对。福州同盟会会员蒋筠反对尤烈，遭遇暗杀。

面对家乡的情况，旅沪福建同乡会十分关注。

1912 年 5 月 15 日，同乡会诸人致电时任福建都督孙道仁。17 日，同乡会诸人将电文登报，公开喊话："旅闽专额议员大背法理，闽人决不承认。前经中央政府电令取销，已否遵行？蒋筠白昼被戕，事隔多日，已否拿获凶犯，究出根由？统祈迅速电示，以释众情。"[①]

联署的人有 75 人：

黄钟瑛、蓝建枢、沈瑜庆、魏瀚、高而谦、蒋超英、杜锡珪、毛仲方、杜逢时、陈兆锵、沈璘庆、郑礼融、沈琬庆、江畬经、甘联璈、卓孝复、沈继芳、高凤谦、高庄凯、张斌元、吴光宗、魏子浩、魏子京、王寿昌、沈成拭、郑孝柽、林孝恂、董元亮、黄大琮、李宣、龚周还、柯遇春、林玉铭、许世芳、王齐辰、薛启华、张起桓、萨景颜、蓝希雍、陈长龄、林国赓、杨树庄、王君秀、邬宝祥、魏子荣、许建廷、高鲁、彭瀛、吴寿宗、吴敏仁、张豫春、林大任、林建章、林焕铭、饶涵昌、林镜寰、孟琇椿、饶秉钧、王起、郑嶹纲、陈天经、蒋斌、林承启、林廷亮、李孟衍、祁暄、邱醒旦、林兰岑、杨养浩、吴恺元、林允、陈硕贶、张佚华、陈莜和、郑孝斋。

① 《申报》，1912 年 5 月 17 日，第 2 版。

这份名单中，几乎囊括了上海的海军将领。

六天之后，同乡会没有收到回电，反而在报纸上看到孙道仁 17 日发给大总统的辞职电文，旅沪闽人“读全文虽无一语及咸日电询之事，而言外之意似以闽人不谅，当局为难情形，并含有省界意见”。为此，同乡会于 5 月 21 日在三山会馆开会讨论此事，并以正副会长等人的名义给在北京的大总统袁世凯、总理唐绍仪、武昌的副总统黎元洪、南京留守黄兴以及参议院去电，阐明初衷。

电文中称：“福建自光复后，闾井尚称安谧，旅沪闽人曾何敢摭拾道路，种种传言，遽兴责问，实因专额议员不合法理，蒋筠事尤可骇，电询各节毫无成心，应请大总统电饬孙都督、参议院议决案，将专额议员基行取消，并将省议会迅速成立，蒋筠事切实根究，公恳设法维持，勿任糜烂，不胜迫切待命之至。”

同日，这封电报的主要内通也发给福州方面，请他们“将近日情形详细见示，并请克日派人来沪指导一切，无任企盼”。[①]

5 月 23 日，北京以国务院的名义就此事给旅沪福建同乡会发来回电。就在当天下午，强烈反对“专额议员”一事的《民心报》经理黄家宸又被刺杀。

同乡会诸人听闻十分愤慨，又见媒体报道称，法庭不受理此案。5 月 26 日，他们再次给总统等处去电：“（黄案）显有指使劫制，全省惶骇，无可告愬，惟有仰恳大总统速派明正专员赴闽，切实严究，以重法权而维秩序，事机危急，不胜迫切待命之至。”[②]

接连有蒋筠和黄家宸两位革命者被暗杀，彭寿松遭到多方反对，再

① 《福建同乡电请维持省议会》，《申报》，1912 年 5 月 22 日，第 7 版。

② 《旅沪福建同乡会电》，《申报》，1912 年 5 月 28 日，第 2 版。

加上旅沪闽人同乡会在海军届和政界的影响力，袁世凯撤去彭寿松原兼各职，命岑春煊为福建镇抚使，彭寿松离闽，避居汉口租界。

此后，在陈兆锵离开上海后，旅沪福建同乡会依然对福建局势中发挥着特殊作用。作为题外话，民国时期以海军人员居多（甚至为主）的旅沪福建同乡会，目前未见到相关研究。这对于研究外省团体组织与本省的政治互动和影响，是个有趣的案例。

主持造船所期间，陈兆锵还多有怜恤下属以及支持爱国运动的事迹。

1914年9月，陈兆锵致电海军部，报称全所人员统购国内公债券5100元。①

此后，因中日交涉"二十一条"，1915年4月1日，有爱国志士在《申报》上倡议开办救国捐，并自愿捐献财产十分之一。此议一披露，应者纷纷，上海士绅虞洽卿等人在沪成立救国储金团临时通讯处。宣布该团以中华国民协力保卫国家为宗旨，预定筹集储金5000万元，专备国家添设武备之用，通电号召"各省各埠，请商会发起，冀达人人爱国、人人输金之目的"，史称"救国储金运动"。

陈兆锵认为，救国储金系人民应尽之义务，因此倡议造船所的全体员工各捐一个月的工资，从当年6月份开始起扣，每月提扣五分之一，以五个月扣清。②

1914年9月9日，造船所一名叫赵大亦的挑煤小工，因挑运煤炭失足跌入轮船舱底遇难，陈兆锵给予抚恤，并备棺收殓。③

---

①《大公报》，1914年9月6日，第5版。

②《救国储金纪要》，《申报》，1915年6月2日，第10版。

③《工人跌入舱底》，《申报》，1915年9月11日，第10版。

未竟事业

自1912年5月海军部接管江南造船后，海军总长刘冠雄认识到各国海军建有国有船厂专营军舰造修业务，江南造船所则是以官办军事工业而兼对外营业，殊非慎重军备之道。因此在1915年1月，刘冠雄令请所长陈兆锵将江南造船所的营业损益状况进行详细调查，研究改良方针和办法。

此后，陈兆锵提出了一整套办法，共有四条。第一，专修军舰养厂费。如果专修军舰，养厂费每年至少23万余元。海军舰艇的日常修理皆无须另筹费用，但遇有大修工程或订造新船、扩充厂坞等，需额外拨款。第二，附设实地练习处。罗致造船专业留学生毕业回国后，派所实地练习，为预储人才。预计开办费1200元，日常经费年约5000元。第三，筹设船机专门学校。招收具有一定学历程度的学生五六十人，免费教练，毕业后效用海军，但要严定章程。预计开办费1万余元，日常经费每年需要2万7千元左右。第四，附设艺徒学校。这是因造船所中现用工匠仅有手艺而无学识，艺徒学校采取半日读书半日工作的模式，使工人具备工业常识。预计开办费6千余元，经费每年1万6千元左右。①

陈兆锵所提的四条意见，几乎是船政模式的翻版。由此可见船政教育对陈兆锵影响深刻。对于这一套模式，同为船政毕业生的刘冠雄也不陌生。

民国初年，海军老人池仲祐在编撰《海军实纪》中，也提到此事："厂中聘雇洋员，则有总工程师毛根，管理洋账员戴吉士，绘图师麦根赫兰生、罗柏生，机器匠泰来、马疏，锅炉匠谷利福，皆英国人。……惟船工重要，假手外人终非根本计划。曩者所长陈兆锵拟请设立制造专门及艺徒两学校，附于所中。招生延师授以功课，并令入厂实习手作工程，期于后日

① 《江南造船所纪要》，1922年版，第30—31页。

可接洋工师之手。”[①]

联系上文提到的毛根参与郑汝成的“借款”之议，可窥洋员在造船所内的势力与作为。陈兆锵设校之议，是一项长远打算，最终目的是工程技术能够自主。

这项计划上报后，刘冠雄做出批示：“所陈各节莫不切中机宜，但现在中央财政异常支绌，所开各项经费均属过巨，殊非一时所能措办，应统俟财力稽舒再行筹议，惟艺徒一项不厌其多，且经费亦属有限，尚可准行。”于是筹设艺徒学校预算案于1916年列入国家财政预算。但最终因财政部无款可拨，学校未能开设。[②]

池仲祐感叹：“此举若成，数年之后，所中可以专用华工师，亦收回权利之一道也。”[③]

“困于经济,限于人材”,江南造船所这次改革筹议最终无疾而终。[④]

陈兆锵主持造船所期间末期，海军部曾令扩充船坞。陈兆锵认为，扩充船坞需先行添造打铁车间、车床车间以及中西绘图员办公室房屋，同时机器各件均需添配，原有房屋不敷应用。经海军部核准，可添建厂房十余间，并已绘成图样。[⑤]这一建设项目，在陈兆锵任内未及展开。

1915年，在陈兆锵离开江南造船所前，[⑥]还准备扩充轴机厂发展营

---

① 池仲祐:《造舰篇下·江南造船所纪略》,《清末海军史料》,海洋出版社,2001年版,第216页。

② 《江南造船所纪要》，1922年版，第33页。

③ 池仲祐:《造舰篇下·江南造船所纪略》,《清末海军史料》,海洋出版社,2001年版,第216—217页。

④ 《江南造船所纪要》，1922年版，第30页。

⑤ 《造船所之扩充》，《新闻报》，1915年8月22日，第9版。

⑥ 原文为“民国四年冬”，即1915年冬，《江南造船所纪要》，1922年版，第56页。陈兆锵的调令在1915年9月25日下达，不久后完成交卸。因此陈兆锵与制造局商让地块应发生在他离开江南造船所前不久。

业，属于兵工厂（制造局）的“静”字库挡在前面，必须拆让。按照局、坞划分原案，该库本属造船所，因当时库内制造局的储料无处移置，一直未能实行移交。陈兆锵以厂、所比邻，顾全公益，仍向兵工厂商定，将该库拆建，一切手续均由造船所担任。议定之后，兵工厂又以迁库地点未决，因此在陈兆锵任内未能完成地块商让工程。一直到1917年冬，造船所在筹交万余两银价后，才取得“静”字库地块。①

江南十年，首位轮机中将

自1912年5月1日，接手主持江南造船所后，在将近三年半的时间里，陈兆锵“认真整顿，营业骎骎日上”。②

经刘冠雄呈请，陈兆锵于任职半年后的1913年8月20日晋升轮机中将，获得民国海军轮机专业军官的最高军衔，陈兆锵也是民国时代第一位轮机中将。

事出意外的是，8月20日国务院印铸局公报这一任命时，竟误将陈兆锵的名字错印为陈兆昌。旋经海军部发现，8月21日致函印铸局，③8月22日在《政府公报》上刊登更正说明。④

同在1913年8月21日这一天，陈兆锵获大总统令颁发三等文虎勋章一座，是为所获得的第一座民国政府颁发的勋章。此后在1914年5月25日，陈兆锵又获颁二等文虎章。⑤

①《江南造船所纪要》，1922年版，第56—57页。

②《海军江南造船所民国二十二年工作报告书》，第4页。

③《致印铸局公函》，《国家图书馆藏民国军事档案文献初编》第1册，国家图书馆出版社，2009年6月，第393页。

④《袁世凯全集》第23卷，河南大学出版社，2013年版，第348页。

⑤《袁世凯全集》第26卷，河南大学出版社，2013年版，第449页。

1915 年 9 月，海军总长刘冠雄鉴于当年海军直辖的三座制造机构的考核结果，陈兆锵管理的江南造船所名列第一，福州船政局最末，因此呈文拟将陈兆锵担任福州船政局局长，“俾资整顿”。

呈文中写道：“制造船械关系至巨，拟诺将各所局长更调，以策进行事：此次派员前往江南造船所、福州马江船政局、大沽造船所等处考察，据报告，考绩以江南造船所为冠，大沽次之，福州马江船致局又次之。查江南造船所所长陈兆锵办事认真，能任劳怨；福州马江船政局局长郑清濂于制造素具专长，惟年事略高，精力虑有不及。兹拟请将江南造船所所长陈兆锵暂行调任福州马江船政局局长，俾资整顿。福州马江船政局局长郑清濂，拟清调部任用。其江南造船所所长，拟暂以现任第一舰队轮机长王齐辰署理。惟所长、局长均系简任人员，以上所拟办法，是否有当？敬请钧夺。谨呈。”①

细看这篇呈文，既是海军对修造机构的重视，更是对陈兆锵江南造船所任期的评价。

陈兆锵主持时期，为江南造船所此后的发展，特别是在 1918 年获得 4 艘美国万吨轮的订单，奠定了技术基础和运营基础。

根据造船记录，陈兆锵任内有近 90 艘的舰船造成或开工。进坞修理船只，1912 年 117 艘，1913 年 135 艘，1914 年 96 艘，1915 年 115 艘，总船次达 463 艘。②

考虑到陈兆锵任内民国初年的动荡局势，这与各时代基本持平的成

①《中华民国史档案资料汇编》第三辑·军事（一）（下），江苏古籍出版社，1991 年版，第 1367—1368 页。

② 《江南造船厂厂史》，江苏人民出版社，1983 年版，第 103、107 页。原注资料来源：这是管理船坞的老技工黄容个人保存下来的逐年进坞修理的船名录，不包括修理而不入坞的船，有些船只也不止进坞一次，故不完全。

绩来之不易。[①]

此外，造船所的营业额和利润也逐年增加，1911 年前每年营业额仅为 80 万—90 万元。从 1912 年 5 月陈兆锵接手造船所开始，到当年底营业额为银元 984708.42 元，盈余 213026.21 元。1913 年度的营业额为 958314.77 元，盈余额 93226.83 元。1914 年度，营业额首次突破百万大关，达到 1197571.81 元，盈余额 143277.08 元。在 1915 年 1 月到 10 月最后一个任期内，营业额仍然达到了 1168420.10 元，盈余额 241983.99 元。

正是基于这样的管理成绩，在收到海军部的调员呈文后，1915 年 9 月 25 日，大总统批准这一任命。[②] 对于福州船政局的整顿工作，海军部对陈兆锵满怀厚望。

接到调任命令后，1915 年 10 月 13 日，陈兆锵赶赴福州马尾，交接了船政局的工作，[③] 接着又返回上海，在 11 月 1 日上午和新任署理江南造船所所长王齐辰进行了工作交接。陈兆锵将厂坞、机器、银款、印信，并华洋员司、警役等账册交到王齐辰手中，两人分别将卸任、接任日期呈报海军部备案。[④]

陈、王两人并不陌生，他们是船政后学堂管轮班第二期的同班同学，清代都曾在北洋海军共事。这一天的中午，江南造船所副所长邝国华率领全所员匠以及洋工程师毛根，在海军军械所设宴为陈兆锵饯行，同时

① 《江南造船厂厂史》，江苏人民出版社，1983 年版，第 103、107 页。

② 《中华民国史档案资料汇编》第三辑·军事（一）（下），江苏古籍出版社，1991 年版，第 1367—1368 页。

③ 《陈兆锵就任局长后的呈文》，《爱国海军耆宿陈兆锵将军》，1999 年自印本，第 10 页。

④ 《江南造船所纪要》，第 33 页；《海军造船所新旧交替记》，《申报》，1915 年 11 月 2 日，第 10 版。

欢迎新所长。宴会邀请了海军总司令李鼎新，海军司令处的参谋长吴光宗、军衡长何品璋，以及其他海军同仁近百人。

在宴会厅中，摆放着造船所诸公赠陈兆锵的纪念品以及联额等物件。席间，先由邝国华发言，表述全体饯送及欢迎之忱，然后陈兆锵致答谢词。陈兆锵说："在造船所服务前后共十年，深赖诸君群策群力，今奉调任，承诸君过爱厚，颁纪念多品，深为惭感，谨当铭志不忘。"

陈兆锵所说的"十年"，是从1905年清朝时到江南船坞担任总监工算起。

接着王齐辰发言。他说："此所由陈局长整顿以来，成绩昭著，今鄙人承乏此间，辱荷欢迎，曷胜荣幸。惟有遵循旧规，力求进行，仍望诸君共同襄助。"

工程师毛根也在席间发表了演说。

发言完毕，全体参宴人员摄影留念。等到下午陈兆锵动身起程时，"各厂工匠均出，恭送本所，巡警则由路管带督率，排班欢送，并燃放鞭炮至一时之久，以表敬意"。①

陈兆锵嫡孙陈胤回忆，祖父晚年曾跟他说，因为工人们燃放欢送鞭炮的声响之大，甚至还惊动了附近炮台的守军，误以为是兵变的枪声。②

欢送的场面盛大而温情，这也从侧面可以看出陈兆锵在江南造船所的工作成绩，以及员工们对他的爱戴之情。

---

①《海军造船所新旧交替记》，《申报》，1915年11月2日，第10版。

②《追思祖父的教诲》，《爱国海军耆宿陈兆锵将军》，1999年自印本，第123页。原文称，是陈兆锵回忆第二次出任造船所所长辞官时工人所放鞭炮。因陈兆锵第二次担任所长时间很短，且为"夜里"离开，故本文推断放鞭炮时间应为陈第一次离任时。

第三章　福州船政局时代

一 第八任局长

汰冗振疲[①]

1915 年 9 月 25 日，经海军总长刘冠雄呈请，大总统袁世凯批准调任陈兆锵为福州船政局局长。

海军总长刘冠雄上呈的理由是，陈兆锵“办事认真、能任劳怨”，希望能借此使得船政局“俾资整顿”。

不过从当时的舆论看，船政局更换局长或许还有其他原因：“船政局长郑清濂氏因经费支绌未能设施，又与副局长意见不洽，迭次辞职。经刘总长极力慰留，此次晋京磋商局务，复因经费难筹，决意辞职。”[②]

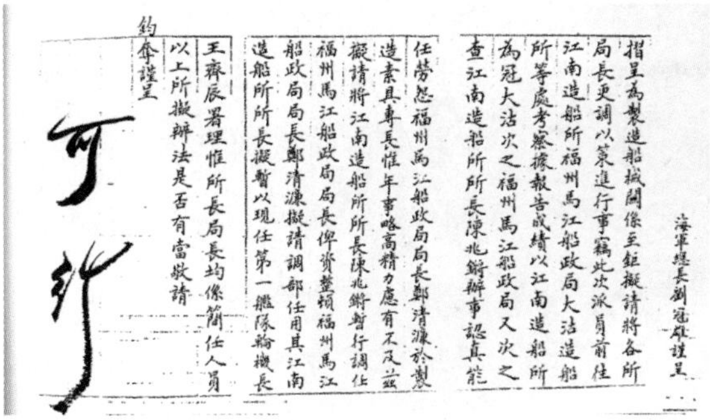
海軍總長劉冠雄謹呈
指呈為製造船械關係至鉅擬請將各所
局長更調以策進行事竊此次派員前往
江南造船所福州馬江船政局大沽造船
所等處考察據報告成績以江南造船所
為冠大沽次之福州馬江船政局又次之
查江南造船所所長陳兆鏘辦事認真能
任勞怨福州馬江船政局局長鄭清濂於製
造素具專長惟年事略高精力應有不及茲
擬請將江南造船所所長陳兆鏘暫行調任
福州馬江船政局局長俾資整頓福州馬江
船政局局長鄭清濂擬請調部任用其江南
造船所所長擬暫以現任第一艦隊輪機長
王齊辰署理惟所長局長均係簡任人員
以上所擬辦法是否有當敬請
鈞奪謹呈
可行

刘冠雄呈请调任陈兆锵为福州船政局局长的呈文

经费问题，从清末开始就是困扰着船政的最大症结所在。民国成立后，从 1912 年到 1915 年，短短的三年时间，福州船政局先后更换了七任主官，大都是因为经费问题，对局长一职望而却步。

从 1912 年至 1913 年，经刘冠雄斡旋，船政局经费渐有保障，然而

① 此语出自陈宝琛：《族弟铿臣七十寿序》，《爱国海军耆宿陈兆锵将军》，1999 年自印本，第 54 页。

② 《闽省船政局长之更调》，《大公报》，1915 年 11 月 15 日，第 10 版。

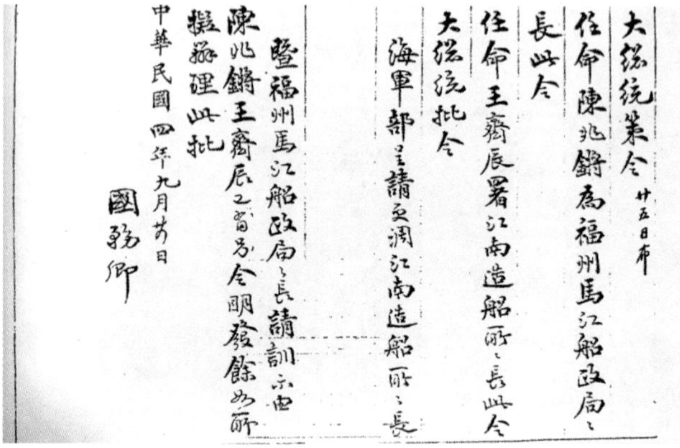

大總統策令 廿五日布
任命陳兆鏘為福州馬江船政局〻長此令
任命王齋辰署江南造船所〻長此令
大總統批令
海軍部呈請交調江南造船所〻長暨福州馬江船政局〻長請訓示由
陳兆鏘王齋辰已當另令明發餘如所擬辦理此批
中華民國四年九月廿日
國務卿

大总统批准调陈兆锵为福州船政局局长的大总统令

第七任船政局局长郑清濂仍然在1915年9月提出了辞职。除经费问题外，郑氏去职还因为与副局长刘懋勋意见不合。刘懋勋，船政艺徒出身，因学业优异，和郑清濂同为清政府首批派往法国留学，是艺徒中仅有的数人之一。辛亥革命后，任船政局总监工，后改总监工为副局长。同时，他还有一个特殊的身份——刘冠雄的长兄。

郑清濂，字景溪，福建闽县人，是船政前学堂制造班第一届毕业生，和陈兆锵的族兄陈兆翱是同班同学。从法国留学后，与魏瀚等人设计了“平远”号等军舰，是清末民初著名的造舰技术专家。

正副局长都是技术专家，一人是元老，一人弟弟是总长，或许龃龉就从中发生。

接到新的任命后，陈兆锵赶到北京。1915年10月4日，在海军部官员的带领下，觐见了大总统袁世凯，谈话中，袁世凯专门问了陈兆锵有关船政局工作的意见。陈兆锵着重强调了经费保障问题，提出“无米不能为炊，无充足经费亦将毫无建树”的意见。袁世凯则答应，每月由财政部拨付船政局经费三万元。①

随后，陈兆锵在10月12日到达福州马尾，13日即收到郑清濂派员送来的交接各项材料。除了各项文卷册籍外，还有“船政局木质关

① 周日升：《马尾船政局之始末》排印稿，1980年10月10日，第73—74页。周日升写作此文时，曾专门对陈兆锵进行过访谈，文中诸多细节应为陈兆锵所述。

1866 年创设的船政，曾是亚洲规模最大的造船机构，也是近代中国海军的摇篮

防一颗”。[①]

木质关防的交接，在船政历史上有着特殊的传承意义。自沈葆桢首任船政大臣后，历任船政大臣在接任视事的汇报奏折中，都会提到接到“木质关防一颗”。虽然关防印文随着朝代更迭而有所改变，但背后却是几代船政人传递的一种船政精神。

接过关防，福州船政局由此进入“陈兆锵时代”。“方其主船政也，承前弊后，汰冗振疲，一切与为更始”。[②]“首缮机器，察呰窳者皆完之，以次节虚廪，汰冗滥，修倾圮，平道路，日巡厂坞有程，偷惰一振。”[③]其在职任内是民国时代船政历史上最卓有成效的时期。

---

① 《陈兆锵就任局长后的呈文》，《爱国海军耆宿陈兆锵将军》，1999 年自印本，第 10 页。

② 陈宝琛：《族弟铿臣七十寿序》，《爱国海军耆宿陈兆锵将军》，1999 年自印本，第 54 页。

③ 蓝建枢：《铿臣公六十寿言》，《爱国海军耆宿陈兆锵将军》，1999 年自印本，第 56 页。

福州船政局，前身就是1866年左宗棠创建的船政，船政所辖的后学堂更是陈兆锵的母校。对船政，陈兆锵显然有着很不一样的感情。

辛亥革命后，前清的船政被福建军政府接管，更名为船政局，“民国初建，省自为政，闽则都督专权，改称船政为局”。[①]从此之后，“船政”一词便在官方的档案、行文中逐渐淡出，船政的历史由此进入福州船政局时期。[②]

正式担任福州船政局局长后，陈兆锵对船政建设大加整顿，“勤于为政办事，兴致勃勃”。[③]由于袁世凯、刘冠雄的支持，船政局经费较有保障，再加之副局长刘懋勋和刘冠雄的特殊关系，也对船政局的经费保障产生过积极影响。“其时子英（刘冠雄）之胞兄弟，皆据船政局要津……虽各机关若何欠饷，而船政局仍裕如也。”[④]

1916年6月6日袁世凯去世，民国北京政府政局发生巨变，此后海军总长刘冠雄也去职。当年11月1日，经时任海军总长程璧光呈请，以“船政局经费支绌”为由，裁去福州船政局副局长一缺，原副局长刘懋勋另有任用。船政局的编制中就此没有了副局长职位，各项工作完全由局长陈兆锵领导。

此后，因时局、人事等多种原因，经费问题重新成为船政局最大的困难，陈兆锵开始面临巨大挑战。

事实上，陈兆锵就任船政局局长后不久，1915年11月12日，海军部获准颁布了《海军舰艇修理规则》，明确了海军舰艇必须在海军所

①《海军年报（1939年）》，《国家图书馆藏民国军事档案文献初编》第9册，国家图书馆出版社，2009年版，第297页。

② 陈悦：《船政史》，福建人民出版社，2016年版，第590页。

③《船政局困难现状》，《大公报》，1919年11月7日，第7版。

④《船政局困难现状》，《大公报》，1919年11月7日，第7版。

属的修造机构（局、所）维修，并制定维护频率，明确由海军部承担修理费用，如此保证了福州船政局、江南造船所以及大沽造船所的基本业务来源。①

海军部也一度通过变卖老旧军舰以暂解纾困。

建成于清末的“南琛”号巡洋舰

1918 年 5 月，因“南琛”号年久朽坏，停在马江，无法修复，经海军部允准，招商拍卖，估价仅为 18 万元。此后，船政局把该舰的机器、零件以及旧料等拆散，分别出售，共得款 45 万元。这笔钱本来备存为新建一艘海军测量船之用。但海军部将其中的 15 元万拨解在上海静安寺路上购买土地，筹设海军联欢社，其余 30 万元作为船政局的经费，新建测量舰的工程也因此停止。②

① 《海军舰艇修理规则》，《中华民国海军史料》，海洋出版社，1986 年版，第 200—202 页。

② 韩仲英：《福建船政始末记》，《清末海军史料》，海洋出版社，2001 年版，第 764 页。

1919 年海军总司令蓝建枢呈报海军部，将第二舰队的老朽军舰“甘泉”号交陈兆锵招商拍卖，定价“洋二十万元”，准备以此填补 1917 年福州海军制造学校的 10 万元建造费。①

1919 年以后，民国政局日益动荡，整个海军时常欠饷，船政局的经济困难更称为常态，以致“几经停顿”，陈兆锵多次去电请款，下拨款项只是杯水车薪。②

雪上加霜的是，1919 年 8 月 25 日，一场“甚烈”的台风从福州呼啸而过，船政局遭遇了一场损失巨大的天灾。

当时船政局的西考工所（工人宿舍）发生崩倒，数十名工人被掩压。陈兆锵“冒风雨泥泞，恭督拯援”，③后救出十余人，“其余肢缺体残呻吟之声不绝于耳”。④见此情形，陈兆锵潸然泪下。

幸好各车间的受灾情况稍轻，机器损坏尚少，但局中储藏的料损失很多，如从美国购买造船所用木材，价值 10 余万元；船上及局中机器所用之油料，价值数万元，均付诸东流。其余零星物件漂没者更不胜计。总计损失额在 20 万元以上，“修葺各部厂所之隙漏，亦须数万元”。

最后统计，这场风灾造成福州船政局 75 人死伤，陈兆锵对“伤者疗之，毙者瘗之，各加优恤”。当时媒体对此评论：“该局自南北军兴后，海军部所给之款既不能照常拨付，又被本省积欠五十余万元，平时支持

---

①《“甘泉”舰招人竞买》，《申报》，1919 年 4 月 16 日，第 11 版。

②《船政局困难现状》，《大公报》，1919 年 11 月 7 日，第 7 版。

③ 蓝建枢：《铿臣公六十寿言》，《爱国海军耆宿陈兆锵将军》，1999 年自印本，第 56 页。

④ 陈公远：《马尾船政局对地方的贡献》，《马尾文史资料》（一），1991 年 9 月，第 33 页。《福建大风灾损失志详》，《大公报》，1919 年 9 月 20 日，第 7 版。蓝建枢：《铿臣公六十寿言》，《爱国海军耆宿陈兆锵将军》，1999 年自印本，第 56—57 页。

本甚困难，何堪更遭此大风摧残。”[①]

“风灾海啸，是欲使船政局益陷于悲观之地位”，也让陈兆锵“束手无策，徒唤奈何矣”。[②]

风灾过后，1919 年 9 月 18 日，陈兆琛（字献臣，陈兆锵弟弟，时在船政局做书记工作）代表陈兆锵，召集局中职员及工人开会，陈述风灾后支绌情形，“自下只能发给半数薪俸，如不能从，只得暂行停工，俟有的款再行开局。”工人们深知局中困难情形，均无异议。[③]

陈兆锵无奈，只能采取“减工节饷之法……各厂工匠皆轮班工作”，但这又让工匠们难以养活家小，技术好或者有些人脉背景的工匠，则想要另谋出路。

因难以支撑船政局，陈兆锵一度上书请辞。海军部再三慰留，“并嘱将船政局受灾之情形，关于倒屋壤墙及添置料件、赈恤死伤工匠应需费若干，切实报告”。陈兆锵将报告递上，海军部两次拨解款项总计不到 3 万元。巧妇难为无米之炊，“故陈局长欲去既不能去，欲留又不愿留，真教人左右为难也”。[④]

最终，陈兆锵还是坚守船政局。

到 1920 年 6 月，因海军经费支绌，无力造舰，船政局难以获得海军的修造任务，原有各车间只有半数可以开工。当月发工资之时，因已近端午，照例应多发数日工资，以示体恤工人。可船政局无款，不说奖金，

---

① 陈公远：《马尾船政局对地方的贡献》，《马尾文史资料》（一），1991 年，第 33 页。《福建大风灾损失志详》，《大公报》，1919 年 9 月 20 日，第 7 版。

②《船政局困难现状》，《大公报》，1919 年 11 月 7 日，第 7 版。

③《福建大风灾损失志详》，《大公报》，1919 年 9 月 20 日，第 7 版。

④《船政局困难现状》，《大公报》，1919 年 11 月 7 日，第 7 版。

工资也无法支付，工匠哗然。[1]

1920年10月21日的国务会议上，讨论多个提案均有明确表决，只有船政局拨给经费案，表决为“交由财政、海军两部酌量拨给”。[2]

海军部解款不到，福建省答应给船政局的协款经费更遭拖欠。到1920年10月，福建省积欠船政各费已达88万5千元。[3]

1920年底，年关将近。各员司工匠等以卒岁无资，群聚陈兆锵家中，恳请设法维持。无奈之下，陈兆锵将海军部订造测量舰的材料等抵押于日商某洋行，勉强敷衍让局中人员过了一个年。此后，陈兆锵又亲自到北京交涉，财政部只能拿出40万元的国库券。因国库券一时难以卖出，陈兆锵以国库券向美商慎昌洋行押借30万元，利息二分，以济眉急。[4]

相较于陆军，各地军阀拥兵在辖区内就地筹饷，中央财政却库空如洗，海军作为当时事实上唯一的“中央军”，经费无法得到保证。作为海军部的下辖机构，船政局的情况可想而知。

因船政局平时承修军舰，全部依赖海军部拨款，相较于江南造船所的商业运营，船政局缺乏其他盈利方式。和江南造船所时期一样，船政局的修船经费，海军部也常常是记账。1921年3月，陈兆锵在船政局已近“山穷水尽”之时[5]，给海军总司令蓝建枢致电，请拨费维持。“蓝总司令据函后查得，该局承修本年各舰甚多现，因煤价增涨开支浩大，原定经费不敷开支，自应筹拨的款以资维持。”蓝建枢呈请海军部，希望在第一次世界大战中缴获罚没的德、奥商船的对外租金项下每月酌提

---

① 《马尾船政局近状》，《大公报》，1920年6月23日，第7版。

② 《昨日之国务会议详志》，《大公报》，1920年10月22日。

③ 《闽中央财政现状》，《大公报》，1920年10月6日，第7版。

④ 《闽事要闻》，《大公报》，1921年3月18日。

⑤ 《悲观之福建海军》，《大公报》，1921年4月22日。

洋3万元汇交船政局作为补助之费，[①] 但蓝建枢的提议未能实现。

1921年4月，因饷费已欠发四个多月。海军在福州船政局召开海军财政会议，商讨解决经费问题，与会的除陈兆锵外，还有海军总司令蓝建枢、第一舰队司令蒋拯以及第一舰队各位舰长。

蓝建枢在会上表示："虽经迭次入京催索，奈中央财政山穷水尽，非自辟新源不可。"蓝建枢提出，拟征收沿海渔税以资补助，具体办法为造巡船十艘，上载两尊格林炮，专在各渔区巡弋搜捕海盗，保护渔船，每月令渔户纳税若干，"以为海军经费开办之始，所入虽微，犹愈于坐待部款"，并拟先在东南沿海入手办理。[②]

由于造船又需要费用，蓝建枢这项提议也没能施行，但想法却在此后一度被采用。

至1921年底，"海军部欠饷达13个月，机关、舰队欠饷也达7个月之久"。[③] 船政局工事只能暂停；因修理军舰需要帆布一方，价仅4元，因无款项，只能缓修；飞潜学校教员杨某因葬亲，需从局中借款20元，竟然无法照发。[④]

1922年初，海军出动7艘军舰前往扬州等处，截留盐税以充军饷。这件事虽被平息，但海军经费的保障问题仍在。致使当时的海军总长、总司令等职成为高危职官。"两年之中，萨镇冰上下总长职位凡三次，总司令蓝建枢、蒋拯等，亦因舰队闹饷，感到棘手，不安于位，相继去职"。[⑤]

---

①《福建船政局请拨补助费》，《申报》，1921年3月8日，第11版。

②《海军财政两会议之重要问题》，《申报》，1921年4月7日，第7版。

③ 李世甲：《我在旧海军亲历记》，《福建文史资料》第一辑，1964年，第45页。

④《海军界恐慌中之马江船政局》，《晨报》，1921年12月30日，第6版。

⑤ 李世甲：《我在旧海军亲历记》，《福建文史资料》第一辑，1964年，第45页。

1922 年 3 月 21 日，陈兆锵又亲自去上海海军总司令公署寻求解决经费办法。

“迩来因海军经费异常支绌，所有本局经常各费及修理军舰之修费，历年未曾结清，被欠甚巨，请部拨款亦无以应。目下局中欠人之款催索甚急，长此以往势难支持，若因款绌停闭，恐海军造舰基础随之而亡。”陈兆锵见到时任海军总司令蒋拯，面陈一切，并请于海军饷款内按月抽拨若干汇闽协济，是船政局免于停闭。蒋拯答应电请海军部迅速拨款，并允每月筹款汇济。①

到 1922 年，福建省答应给船政局的协款经费还欠 30 余万元，虽然几经交涉，但不得要领。②等到 1922 年底，因粤军入闽，李厚基败退闽垣，时局紊乱，船政局无法维持，只得停工。隶属于船政局的飞机制造工程处，也因经费完全断绝，停工达八个多月。③

因为饷费问题长期无法解决，以致后来发生海军“分裂”事件，依附各军阀。

1922 年 6 月，依附直系军阀的第二舰队司令李鼎新担任海军总司令，驻节南京。此后，原第一舰队司令林建章率“沪队”独立，并得到皖系军阀的支持。

为笼络海军，权倾一时的直鲁豫巡阅使吴佩孚牵头，联合直系各省督军按月凑拨了 36 万元，以“协饷”名义交给海军。

1923 年 6 月，杜锡珪在南京召集海军财政会议，直接目的是分配这 36 万元的“协饷”，“以期财政公开后各机关经费得以支配公允”。

---

①《马尾船政局长来沪请款》，《申报》，1922 年 3 月 23 日，第 15 版。

② 韩仲英：《福建船政始末记》，《清末海军史料》，海洋出版社，2001 年版，第 764 页。

③《海军飞机制造处工作报告》，《航空会议汇编》，全国航空会议秘书处编，1931 年，第 50 页。

最终，舰队约得30万元，海军部及其附属机关约得6万元。如此船政局等海军机构又维持了一年。会议结束后，陈兆锵和时任海军学校校长张斌元从南京返闽时途经上海，两人特地去与林建章会见，林建章也特在沪北海军联欢社设宴饯行，以敦寅谊。①

1923年9月，因海军部欠薪已达一年之久，索薪不成。9月25日，自海军次长徐振鹏以下发出通电，全体辞职。时任海军总长李鼎新无力维持，也提出辞职。

同时，福建军阀为筹措军费，也不时要打船政局的注意。

1920年底，福建督军李厚基私自欲将船政局向日商三井洋行抵借洋50万元（一说300万元），以此购买军火。此事关系海军命脉，陈兆锵闻讯立即电告海军总司令公署。后在海军部的过问下，李厚基打消这一念头。②

1924年11月，因福建军阀柄政，饷源断绝，船政局经费无着，一度被勒令停办，派员前往接收厂屋材料。对此，陈兆锵上报海军部，海军部以船政局为造船机关，未容忍军阀摧残，据理力争，才将船政局保存下来。③

最终在1924年，海军部核定船政局经费，每月由部拨给3万元，修造费另行计算，这才一定程度上解决了船政局的经费问题。此时已是陈兆锵再次调任的前夕。

经过统计，自1915年到1925年，陈兆锵的任内10年，船政局经

---

①陈嘉镔：《北洋军阀海军筹饷片段》，《中华民国海军史料》，海洋出版社，1987年版，第901页；《海军财政会议终了之沪讯》，《申报》，1923年7月26日，第14版。

②《海军反对马尾船政局抵款》，《申报》，1921年1月1日，第10版。《闽省要闻汇志》，《大公报》，1921年2月4日，第6版。

③《海军年报（1939年）》，《国家图书馆藏民国军事档案文献初编》第9册，国家图书馆出版社，2009年版，第297页。

费共被积欠170余万元。[①]1925年9月，陈兆锵调任江南造船所所长。1926年，福州船政局改组为马尾造船所，机构缩小，每月经费简为2万元。1927年，经费又缩减为1万4千元。[②]

竭力支撑，努力建设

在这种局面下，陈兆锵艰难维持、筹划船政局的运转，并有所建设。

清除船坞淤沙之患

位于罗星山麓的青洲石船坞，始建于清末，是福州船政局最大和最主要的干船坞，是用于实施舰船维修工作的重要硬件设施。该石坞上游有江沙淤积成滩，引港商人据而“筑楼其上，近坞之水被阻，不得直下，致坞前常有淤沙停积，时患浅滞”，严重影响船坞的作业。1915年冬，陈兆锵上任伊始，便立即“请于(海军)总长，购其地而去其淤，前患顿息”。[③]陈兆锵晚年曾回忆说：“起先建造船坞设计用水槽式，船横托上槽，甚为费事，后改用水闸式。马尾附近各地多位浮洲性质，时涨时没，一坞非经数年试验不能确定其地方是否可用。屡次变迁，结果迄未造成一良好船坞，其间购买地基亦多纠纷。”[④]

接管望楼

前清光绪年间，德国人在船政的后山山顶建造洋楼一座，开窗即可俯视船政全区。后因这位德国人积欠英国某银行欠款，洋楼辗转抵押与英领事馆。在福州的日本人得知此事，准备高价购买。1917年，时任

① 周日升：《马尾船政局之始末》(排印稿)，1980年10月10日，第74页。

② 韩仲英：《福建船政始末记》，《清末海军史料》，海洋出版社，2001年版，第751页。

③ 池仲祐：《造舰篇下·福州船政纪略》，《清末海军史料》，海洋出版社，2001年版，第213页。

④ 周日升：《马尾船政局之始末》(排印稿)，1980年10月10日，第75页。

船政青洲船坞

福建省长胡瑞霖得知，派员堪视，“知该屋与船政局颇有利害关系”，于是令财政厅拨款1万元，从英领事馆收买，并将洋楼划交船政局管辖。[①]

增设电灯厂

1922年，船政局从英国引进150千瓦和100千瓦电机和发电机各一台。[②]

在引进机器时，海军部专门向财政部咨文，要求免征过境厘税。1922年4月，其中一副电机分三箱从英国运送到北京，随后由火车运到天津，由天津装轮船转赴马尾。财政部指示，沿途经过各关局卡，在验明数目后，免征税厘，即予放行。[③]

随着新机器的到来，船政局对原轮机车间配套的大锅炉房进行改造，

① 《闽江近讯》，《大公报》，1917年5月31日，第6版。

② 陈公远：《马尾船政局对地方的贡献》，《马尾文史资料》（一），1991年版，第32页。

③ 《免征过境之电机》，《大公报》，1922年4月7日，第10版。

并成立电灯厂。[①]

由此，船政局原有的蒸汽动力系统逐渐被取代，车间的机器设备都改以电机驱动。“各厂停用马力机，系由电机供给动力，不足时再采用原有汽机动力”，船政局的生产模式就此进入电力时代。[②]

发电机产生的电力，不仅可以满足船政局本身的照明和各厂车间生产所用，还可以为马尾地区的商民提供照明用电，“准许当地马江区商民按一定规章那费使用”。[③]船政局每月按盏收费，规定照度“十五枝光”的电灯每盏收大洋一元，加上电灯是个新鲜事物，第一批安装不到100盏。当电灯点亮，居民知道它的好处后，有更多人要求安装。此后，船政局在马尾大街小巷竖起电杆，安装路灯，方面夜间行人来往。白天电力用于船政局各车间、工厂，晚上6时到第二天早上6时，电力则传输到各商民家中和路灯。一昼夜消耗煤炭12吨，发电3600度。[④]

船政局的电灯厂一直使用到1939年，电机设备因抗战疏散到后方，该厂停办。[⑤]

重修船政天后宫

1868年，首任总理船政大臣沈葆桢组织在船政衙署后的莺脰山上专门修建了一座天后宫，作为船政专门祭祀妈祖的场所。在天后宫落成时，沈葆桢上书请求赐匾，御赐“德施功溥”四字。沈葆桢本人也为船

① 陈公远：《马尾船政局对地方的贡献》，《马尾文史资料》（一），1991年版，第32页。

② 韩仲英：《福建船政始末记》，《清末海军史料》，海洋出版社，2001年版，第748页；陈悦：《船政史》，福建人民出版社，2016年版，第606页。

③ 韩仲英：《福建船政始末记》，《清末海军史料》，海洋出版社，2001年版，第748页。

④ 陈公远：《马尾船政局对地方的贡献》，《马尾文史资料》（一），1991年版，第32—33页。

⑤ 韩仲英：《福建船政始末记》，《清末海军史料》，海洋出版社2001年版，第748页。

政天后宫题写了多幅楹联。

天后宫建成后，船政的舰船开工、下水都要到此祭拜。这是传统的民间信仰与船政文化的有趣结合。到清末和民国初年，由于船政局造船工程几乎停止，天后宫也随之衰败。

陈兆锵在船政局局长任内，发起重修工程，恢复天后宫往日的风貌。重修完成后，陈兆锵特请一位相熟的和尚住宫主持，伙食费用皆由船政局供给。[1]

这位和尚俗名长志，是八旗遗老。清末时曾被抽选加入福州的八旗精锐部队捷胜营，并担任管带。辛亥革命时，长志投井自杀，获救，数

民国时代重修后的船政天后宫

① 蔡仁清:《海军飞潜学校始末》,《马尾首创中国航空业资料集》,福建省音像出版社,2003 年版,第 48 页。

日后即入寺为僧。此后，接受陈兆锵的邀请主持天后宫，直至圆寂。[①]

历经战争后，天后宫内文物散失严重，1971 年天后宫建筑拆除。2006 年 10 月，马尾区政府在原址重建船政天后宫，于 2008 年初竣工。船政天后宫恢复旧观：殿厅中高悬“德施功溥”御匾及“天上圣母”匾；前殿有沈葆桢书联：“惟神天亶聪明，愿千秋灵爽式凭，俾倕巧班工同成宝筏；此地海疆门户，看万顷沧波不动，有冰夷洛女虔拜云旗。”正殿也有沈葆桢书联：“地控制瓯吴，看大江东去滔滔，与诸君涤虑洗心，有如此水；神起家孝友，贯万古元精耿耿，望后世立身行道，无愧斯人。”有北洋老将叶祖珪在甲午战后的书联：“莲花倘忆十年读；竹院还寻半日谈。”在天后牌位左右，设两扇大围屏，上面刻有陈兆锵书写的妈祖生平事迹。

建筑钟楼

在陈兆锵于船政局局长任职末期，在船政厂区内主持修建一座白色钟楼，在陈兆锵离任后的 1927 年建成。这是船政历史上的第三座钟楼，样式由陈兆锵亲自绘图设计。直到抗战前，它都是马尾地区人们作息的指导[②]，成为一代马尾人的时代记忆。

这座钟楼为白色塔状单体式建筑，位于船政局总务处的入门口，同时充当了门厅的作用。楼高 18.7 米，上下共计 5 层。最初上面安装的是自鸣钟，带有 4 面圆形表盘，全厂员工的作息都依这座钟楼的时间进行。

如今这座钟楼依然还矗立在原址。上面的自鸣钟早已不在，但是曾经安装表盘的 4 个圆形孔位还清晰可见。在钟楼的底层正面的楣额上可以看到“总务处”三个字，民国时代的总务处实际就相当于清代船政的办公所，

① 陈公远：《辛亥革命前后的船政局》，《马尾文史资料》（一），1991 年，第 42 页。原文标注“据其子释维明口述”。

② 陈公远：《马尾船政局对地方的贡献》，《马尾文史资料》（一），1991 年，第 33 页。

这也是陈兆锵的办公之处。而这座钟楼实际上还充当了船政办公室门廊的作用。在钟楼的侧面楣额上有不同寻常的装饰图案，两翼的卷草纹饰衬托中，是民国时期的海军军徽纹饰：环绕在嘉禾之中，带有海军锚图案的宝鼎。这说明着当时福州船政局直属于海军部的特殊地位，这也是我国现存唯一的带有民国初期海军徽志的历史建筑。[①]

陈兆锵担任船政局局长时设计、建造的船政钟楼

因管理船政局的劳绩，陈兆锵多次受到褒奖。

1916 年 10 月 9 日，陈兆锵获颁三等嘉禾章。[②]1918 年 1 月 7 日，大总统令授予陈兆锵四等宝光嘉禾章。[③]1919 年 10 月 14 日，又被授予二等嘉禾勋章。[④]1920 年 1 月 1 日，获三等宝光嘉禾勋章。[⑤]

1921 年 10 月 17 日，大总统令对陈兆锵因功叙勋，授予勋五位（民

① 陈悦：《时间，从马尾这个地方开始》，https://new.qq.com/omn/20200319/20200319A0LWUJ00.html.

② 《命令》，《大公报》，1916 年 10 月 12 日，第六版。

③ 《命令专电》，《大公报》，1918 年 1 月 8 日，第 2 版。

④ 《命令补录》，《大公报》，1919 年 10 月 17 日，第 6 版。

⑤ 《大总统令》，《大公报》，1920 年 1 月 5 日，第 6 版。

国北京政府时期的勋位，类似于前清的爵位，勋五位类似男爵）。[①] 第二年，海军专门派员为陈兆锵举行了授勋礼，海军总司令李鼎新将情况做了汇报。[②]

1923 年 2 月 7 日，陈兆锵晋给二等宝光嘉禾勋章。[③]1924 年 2 月 12 日，陈兆锵又因功获得入列将军府的军职荣誉。[④] 这是陈兆锵在北洋政府时期，获得的最后一个勋奖。

马尾罗星塔今景

作为海军在福州常驻的最高军衔将领，陈兆锵以个人声望参与福州当地的社会活动，也在一定程度上担任福州海军主持人的角色。

在 1919 年 8 月 25 日的特大台风中，马尾地区的标志性建筑罗星塔受到损伤，塔刹（塔顶的装饰）被风刮走，乡里老人认为这是不祥之兆。一个多月后，马尾周边发生瘟疫，数百人感染去世，更加重了乡人的猜测，纷纷主张用铁器“镇邪”。最后各乡代表请求陈兆锵在罗星塔顶端造铁球，获允。因不久之后，陈兆锵承担重修昭忠祠的任务，直到 1923 年和工务长马骥德讨论铁球尺寸、设计图纸，安排锅炉厂匠

① 《政府公报》，总第 2028 期，第 2 页。

② 《政府公报》，总第 2383 期，第 4 页。

③ 《大总统令》，《大公报》，1923 年 2 月 9 日，第 2 版。

④ 《政府公报》，总 2837 期，第 2 页。

首王天送，按蓝图选用2.5毫米铁板轧成6瓣（分为12半瓣），钻孔后运到塔上。工人们搭好脚手架，在塔顶施工，用444枚铆钉冷接而成。铁球直径2.16米，中间贯以铁杵，兼作避雷针。最后，陈兆锵又在当年冬天安排工人给铁球涂上防锈漆，“远望红光闪耀”。[①]陈兆锵通过一颗铁球，安抚了乡民。如今罗星塔上的红色铁球，依然熠熠生辉。

1920年，福州发生特大水灾，林则徐曾孙、闽海关监督林炳璋和陈兆锵出任福州水灾筹赈会的正、副会长，协调政府、商会、粮店等各方，努力平抑米价，服务灾民。[②]

这一年的4月，福州还发生了“台湾籍民”枪伤“江贞”军舰三等兵刘镇庆一事。

凭借领事裁判权和日领署的保护，“台湾籍民”在福州从事不法营业和社会犯罪肆无忌惮，并由此在民国初年产生所谓的“台湾籍民问题”。[③]

当时“海筹”军舰也在船政局维修。两舰官兵听闻肇事者已交日领署，深抱不平，准备整队登岸，逮捕籍民，为刘镇庆报仇。

因福建当局无权交涉此案。“江贞”舰长沈继芳、“海筹”舰长邓家骅会同陈兆锵，以及时任福州海军制造学校校长曾宗巩等，将该案详细情形呈请第一舰队司令蒋拯转呈海军总司令，要求据情转电海军部及国务院、外交部，迅向驻京日使严重交涉。[④]在海军将领的要求下，刘

① 陈公远：《马尾船政局对地方的贡献》，《马尾文史资料》（一），1991年，第33—34页。

②《福建省长公署批第六百八十八号：原具呈人福州水灾筹赈会正会长林炳章、副会长陈兆锵：呈一件目下放赈急须照案运足米石到地接济并乞拨赈款由》，《福建公报》第990期，1920年8月6日，第10页。

③ 罗桂林：《国民政府初期福州的台湾籍民问题》，《台湾研究集刊》2006年第2期，第66页。

④《福州籍民枪伤海舰员续闻》，《大公报》，1920年4月21日，第6版。

镇庆案移交北京办理。①

1921 年 5 月，“海筹”舰邓家骅在马江防次病故，由陈兆锵呈报上海海军总司令公署核办。②

另外，在陈兆锵担任船政局局长时期，局中一些骨干官员多是长期在船政服务的元老，与陈兆锵相互配合，得益良多。

陈兆锵接任时，沈希南因病去世，改以曾宗瀛为工务长，即主管生产、技术的负责人，此后担任过该职务的此后还有马德骥，后来他成为陈兆锵的接班人。③

还有沈觐宸，首任船政大臣沈葆桢曾孙，曾担任过福州海军制造学校、福州海军学校校长。

黄聚华，在船政局服务达四十五年之久（1904—1949 年），曾留下诸多宝贵的私人文件。

阙凤彤，在船政局服务三十五年（1913—1948 年），抗战胜利后没有局长主持，他出任保管主任。

陈大龄，在船政局服务三十八年（1911—1949 年），前学堂毕业，历充铸铁长及帆缆厂工务员。④

民国时代唯一的造船历史

陈兆锵在就任局长不久，海军部为解决当时江盗横行，急需舰船绥靖治安的问题，向船政局、江南造船所以及大沽造船所订造小型炮艇。

① 《刘镇庆案移京交涉》，《道南报》，1920 年第 6 期，第 7 页。

② 《各舰长调任之令知》，《申报》，1921 年 5 月 31 日，第 10 版。

③ 韩仲英：《福建船政始末记》，《清末海军史料》，海洋出版社，2001 年版，第 751 页。

④ 周日升：《马尾船政局之始末》排印稿，1980 年 10 月 10 日，第 4—5 页。以上诸人均生活到中华人民共和国成立后，并接受过周日升的访问。

根据刘冠雄的设想，浅水炮舰共需添制 30 艘，分三年匀制。其中第一年制成 10 艘，每艘制费 37600 两，每船配炮大约需要 18800 两。10 艘炮艇一共需要 564000 两。经刘冠雄呈请，“添制第一年浅水炮舰”的 10 艘计划，于 1915 年 10 月 1 日批准列入 1916 年度财政预算。[①]

1916 年初，福州船政局、江南造船所、大沽造船所，分别获得两艘炮舰订单。

自 1907 年船政停止造船之后，时隔 9 年，机器的轰鸣再次在马江岸畔响起。

海军部拨款向船政局订造的两艘炮艇为同型，定名为“海鸿”和“海鹄”，舰名取意“鸿鹄之志”，以此可见刘冠雄、陈兆锵对海军、对船政局的期待。

首舰被称为“海鸿”级，该型舰属于浅水炮艇，排水量 190 吨，艇长 31.39 米（“海鸿”艇长 34.13 米），宽 5.48 米，舱深 2.92 米，艇首吃水 1.82 米，艇尾吃水 2.59 米，装备一座双缸蒸汽机，配套一座

“海鸿”号炮艇

① 《海军总长刘冠雄为添制浅水炮舰及炮价应如何拨发致大总统袁世凯呈》，《北洋政府档案·陆海军大元帅统率办事处》，中国档案出版社 2010 年版，第 727—730 页。

火管锅炉，主机功率300马力，常行航速7节，最大航速9节，武器装备为两门37毫米口径哈乞开斯单管机关炮以及两门7.92毫米口径的马克沁机枪。[1]从留存的照片上可以发现，“海鸿”级采用长首楼船型，单桅杆，单烟囱。

“海鸿”级在技术以及战斗力等方面，并无突出之处，对于曾经制造“平远”号铁甲舰的船政局来说也无技术难度，但因为是民国时代船政局造舰零的突破，同时又是船政局造舰的绝唱，因此在船政造舰历史上有着颇为特别的位置。[2]

首舰“海鸿”在1916年开工，并于当年冬天下水。下水当天，陈兆锵像他的船政前辈们一样，于当天早晨到天后宫举行了祭拜妈祖的仪式。上午8时，船政局人员和海军各校学生都到船坞集合，参加“海鸿”

“海鹄”号炮艇

① 《国家图书馆藏民国军事档案文献初编》6，国家图书馆出版社，2009年版，第569页。

② 陈悦：《船政史》，福建人民出版社，2016年版，第605页。

下水典礼。①

1917 年，“海鸿”号完工。“海鹄”号随即开工，并于 1918 年 9 月 7 日下水②，当年 11 月建成。这两艘排水量不到 200 吨的小艇，船政局的单艇建造工期长达一年。一方面暴露此时船政局组织施工能力薄弱的问题，出现了技术退化。③更主要的原因是，造船经费缺乏保障。

在海军部的造舰计划被批准后，财政部即因“库款之绌”，表示要等到 1916 年下半年公债收入稍可周转后，再为筹付。在此之前，需要暂由海军部自行垫付。为此，海军部先行垫付了 1 万元。④

但随着三家造船机构均已开工，所需材料也与洋商订立合同，应付现款，但财政部账下无款。刘冠雄表示，合同已立，制舰工程万难中辍。只好在 1916 年 4 月 4 日，将此事呈报大总统。⑤

大总统将此件转财政部商议。10 天后，财政部回复，“部库竭蹶异常，实难再筹”，包括海军部垫付的 1 万元在内，都要等到下半年公债收入后，才能筹付。⑥

缺乏有效的财政保证，严重拖延了工期。不过船政局仍然保证了造

① 蔡仁清：《海军飞潜学校始末》，《马尾首创中国航空业资料集》，福建省音像出版社，2003 年版，第 48 页。

② 《“海鹄”举行进水式》，《大公报》，1918 年 9 月 20 日，第 7 版。

③ 陈悦：《船政史》，福建人民出版社，2016 年版，第 605—606 页。

④ 《财政部为添制浅水炮舰并炮价案由贵部先行筹垫一万元余缓至下半年筹济致统率办事处函》，《北洋政府档案·陆海军大元帅统率办事处》，中国档案出版社 2010 年版，第 723—736 页。

⑤ 《海军总长刘冠雄为添制浅水炮舰及炮价应如何拨发致大总统袁世凯呈》，《北洋政府档案·陆海军大元帅统率办事处》，中国档案出版社，2010 年版，第 727—730 页。

⑥ 《财政部为添制浅水炮舰并炮价案由贵部先行筹垫一万元余缓至下半年筹济致统率办事处函》，《北洋政府档案·陆海军大元帅统率办事处》，中国档案出版社，2010 年版，第 723—736 页。

船质量。两艇建成后，试航成绩尚佳。①

值得一提的是，参与建造“海鸿”级两艘炮艇的人中，还有陈兆锵的大女婿沈觐宜。

沈觐宜（1895—1969年），字来秋，为沈巘清第三子，沈巘清为首任船政大臣沈葆桢长子沈玮庆次子。也就是说，沈来秋是沈葆桢的曾孙。

沈觐宜1916年毕业于上海同济大学后，到船政局工作过一段时间，担任过造舰少监、制机主任、军需主任等职，1920年到德国留学。虽然在船政局时间不长，但为“厂里制造两艘浅水炮艇贡献了聪明才智”②。沈觐宜的参与，让船政局此次建造军舰，更增添了一份传承的意味。

1918年，海军部又决定向船政局等3处造船机构各订造一艘专用武装测量艇，用于中国江海水文调查。由于船政局承造的“海鹄”号炮艇在1918年11月才建成，因此在开造新艇时，时间已经很晚。虽然已经安放龙骨，并准备开始建造船身，但此时再次遭遇海军部经费紧张以及造船款被挪占等情况，测量艇建造工程只能暂停，一直迁延到1922年，因没有造船经费，测量艇工程彻底停止了。③

“海鸿”和“海鹄”，因此成为船政局在民国时代唯一的一次造船历史。

此前有记载称，对于船政局的造船工作，陈兆锵曾有过很大的设想。“初议造炮艇十，测量舰一，甫成两艇，而费绌工随以辍”。④在建造

① 韩仲英：《福建船政始末记》，《清末海军史料》，海洋出版社，2001年版，第760页。

② 林樱尧：《纪念船政前辈沈来秋教授》，《纪念与回忆沈来秋教授》，2002年自印本，第32页。

③ 韩仲英：《福建船政始末记》，《清末海军史料》，海洋出版社，2001年版，第760页。

④ 陈宝琛：《族弟铿臣七十寿序》，《爱国海军耆宿陈兆锵将军》，1999年自印本，第54页。

两艘炮舰期间，还有“船政局近计划制造战船四艘”的说法。[1]

显然，大规模建造炮艇的计划均来源于海军总长刘冠雄。如果经费充裕，按照规划，船政局确实要承担30艘炮舰中的10艘造船任务。

由于军阀混战、海军分裂等动荡局势，船政局的运营日益艰难，舰船建造业务在此之后，已为绝唱。

但因马尾成为海军军港，有军舰驻泊，再加上1918年到1921年江南造船所承造美国4艘万吨运输货轮的庞大工程，海军军舰的修造任务较多转移到船政局。

1919年2月6日的《申报》，关于这一问题曾有过记载：“江南造船所现因承造美国运输舰多至十二艘[2]，以致工作甚忙，且招商局之各商轮，凡需修理者亦均由该所承修，故嗣后修葺海军各舰，实无暇寻，深恐或有延误，爰由刘所长呈明海军部，以后如有海军军舰应行修理者，暂请令饬驶往福建马尾江，改归闽省船坞代修，免致延误云。”

---

① 《“海鸥”举行进水式》，《大公报》，1918年9月20日，第7版。

② 签订合同时曾有先造4艘再造8艘之说。

二 重修昭忠祠与合祀甲午英烈[1]

重修昭忠祠

陈兆锵担任船政局长期间，对马江昭忠祠的重建和修缮以及推动甲午死难将士的入祀，为中国海军历史和传统的保存，留下一份丰厚的历史遗产。

位于马尾的马江昭忠祠，始建于中法马江之战后。1885 年 1 月 31 日，时任署理船政大臣张佩纶上奏，申请为马江之战忠勇殉国的将士建立专祠，旋即获准。此后由继任船政大臣裴荫森主持营建，1886 年落成，成为中国第一座专门纪念海军烈士的国家祭祀场所。

进入民国后，马江昭忠祠由于年久失修，日渐破败。1918 年，海军总司令蓝建枢校阅舰队时就到达马尾，专门拜谒马江昭忠祠，发现祠堂规模狭隘，“上雨旁风”，因此和船政局局长陈兆锵等商议“展拓修葺”，因需款较巨，便广为募集。对于海军烈士，陈兆锵显得极为动情，捐出自己的俸给“首捐俸钱”，各界听闻，也捐款踊跃，“响赴一旬，万金其不殚者，由我军中人集赀益之”。[2]

蓝建枢希望，待修建完成时希望大总统能颁给匾额，以昭郑重，又于 1920 年 2 月 18 日，向大总统呈文恳请为马江昭忠祠题写匾额，以光忠烈。就在这封呈文后的半个月，马江昭忠祠的修建工作开始之前，蓝

① 陈宝琛：《族弟铿臣七十寿序》，《爱国海军耆宿陈兆锵将军》，1999 年自印本，第 54 页。

② 陈兆锵：《重建马江昭忠祠碑记》，《马尾文物题刻诠释》，福州市马尾开发区文物管理委员会、文体广播电视局，1994 年编印，第 53 页。

建枢又联名陈兆锵等 8 位海军重要主官，提出了一项重要的申请，即希望将甲午战争中殉国的海军将士在马江昭忠祠合祀。

蓝建枢与陈兆锵一样，都曾是船政后学堂的毕业生，清季也同在北洋海军服役，都亲历了甲午海战。在 1920 年的 3 月 2 日和 3 日，蓝建枢将这一想法分别致电陈兆锵和几位海军主要官员后，作为近 30 年前甲午之败历史的亲历者，大家对于这一提议均表赞同。

现存的档案资料保存了当时的几份回电。练习舰队司令兼摄第一舰队司令蒋拯（甲午时任“定远”舰船械三副）回电称：“极表赞同，恳即挈衔呈请。”南京海军枪炮鱼雷学校校长郑纶（甲午时任“致远”舰船械三副）回电：“请祀甲午海军阵亡将士本为纶朝夕所祷盼者，只以人微言轻未便发起。兹承提倡，适称下怀，祈将贱衔附末。”吴淞海军学校校长郑祖彝（甲午时任“靖远”舰船械三副）回电：“深表赞同。”①

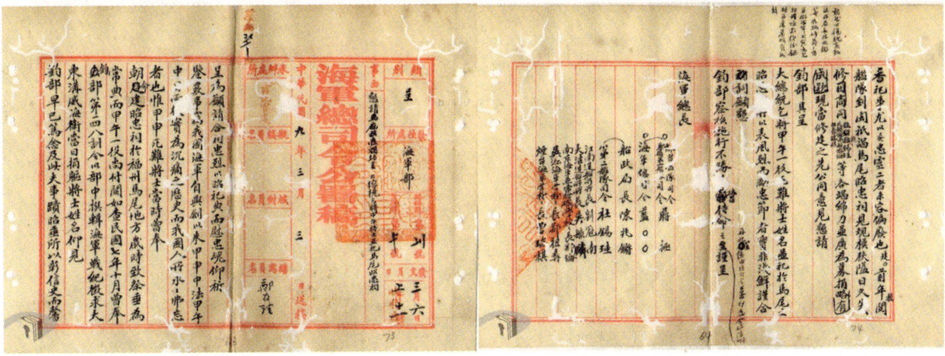

1920 年 3 月 6 日，蓝建枢、蒋拯、陈兆锵等呈文

3 月 6 日，蓝建枢、蒋拯、第二舰队司令杜锡珪、福州船政局局长陈兆锵、江南造船所所长刘冠南（甲午时任“镇远”舰二管轮）、大沽

①《蒋司令支电》，《宁技支电》，《吴淞学校函》，“国军档案”，1910/382.3/7132/1，《马江海军昭忠祠案》。

造船所所长吴毓麟（曾在北洋海军系统任职）、郑纶、郑祖彝、烟台海军学校校长曾瑞琪（甲午时任“扬威”舰枪炮二副）9位海军高级将领联名呈请海军总长萨镇冰（甲午时任“康济”舰管带）转呈大总统徐世昌，恳请“将甲午将士并祀马尾昭忠祠”。

目前虽尚未查找到蓝建枢和陈兆锵当时来往的函稿，但两人此前一定讨论过此事，而且陈兆锵还应该是最初的发起者之一。实际上3月6日的这封呈文早在3月3日就已经写好，如今稿纸上保留了当时的修改痕迹。最初蓝建枢在文中写的是“商同兆锵、锡珪”，落款也仅仅只是蓝建枢、陈兆锵、杜锡珪三人。但在得到上述其他高级军官的回电之后，才另根据上述排名在稿纸上直接进行了修改。[①] 显然，在此之前，蓝建枢已经首先和陈兆锵、杜锡珪就甲午死难将士入祀一事达成一致，并开始了推动工作。

当时常驻马尾的“海筹”巡洋舰的舰长邓家骅（甲午时任“康济”舰二副）也接到了电报，从回电看，他与同在马尾的几位舰长一致同意，最后以邓家骅、甘联璈、沈继芳、曾以鼎等5人的名义回电。因总司令公署迟至3月10日才收到回电，他们的名字也就没有出现在3月6日发出的联名呈文中。[②]

在蓝建枢、陈兆锵等9名将领联名于3月6日提交的呈文中写道：“我国海军自兴创以来，甲申中法、甲午中日两役，实为沉痛之历史，而我国人所永永弗忘者也。”甲申之役后，因朝廷敕建马尾昭忠祠，死难人员得以“岁时致祭，垂危常典，而甲午一役尚付阙如”。呈文中提到，

---

①《呈为吁请合祀忠烈以昭祀典而慰忠魂》，“国军档案”1910/382.3/7132/1，《马江海军昭忠祠案》。

②《马尾“海筹”邓舰长等公电》，“国军档案”1910/382.3/7132/1，《马江海军昭忠祠案》。

1918年10月海军部为编撰《海军战纪》征求甲午捐躯将士姓名，9位海军将领相信海军部早已笃念及此，“夫事迹昭垂所以彰信使，而馨祀事尤以妥忠灵，二者未容偏废也”。因此“恳请大总统乞将甲午一役死难将士姓名并祀于马尾之昭忠祠”，“以表风烈而励忠节”。[①]

蓝建枢、陈兆锵等人的联名呈文递交后，海军内部人士想起，前清时曾在天津建有一所北洋海军昭忠祠。1920年4月6日，蓝建枢、陈兆锵等9人再次呈请海军部咨行直隶长官收回基地，以便奉祀。[②]因海军部在推动对天津海军昭忠祠的调查和回收工作，联名呈文提出的甲午英烈合祀马江昭忠祠的设想“因作罢议”。[③]

不过，已经募捐而来的善款，仍然用于对马江昭忠祠的修葺。此项工程具体由陈兆锵亲自主持，本着对烈士的崇敬，他对昭忠祠的修缮做了极为细致全面的规划，此后的施工几乎相当于重新修建。“岩然崇堂，蜿然修廊，重门屹墉，顿易旧观”，重制祠中楹联，用黑漆金字木板雕刻，有萨镇冰、严复、林纾等名人题写；[④]还在东侧加盖一座二层小楼，“以供游眺，有所延恋，则可慰荒寂”；“更拓地植果木，储为祠产”。[⑤]

除祠堂建筑本身外，陈兆锵还组织对马江边的海军烈士墓进行了重

---

①《呈为吁请合祀忠烈以昭祀典而慰忠魂》，“国军档案”1910/382.3/7132/1，《马江海军昭忠祠案》。

②《蓝建枢等呈海军部（1920年4月6日）》，“国军档案”1910/382.3/7132/1，《马江海军昭忠祠案》。

③《陈兆锵咨蓝建枢（1921年4月25日）》，“国军档案”1910/382.3/7132/1，《马江海军昭忠祠案》。

④陈道章:《马尾文物题刻诠释》，福州市马尾开发区文物管理委员会、文体广播电视局，1994年编印，第74—75页。

⑤陈兆锵：《重修马江昭忠祠墓记》，“国军档案”1910/382.3/7132/1，《马江海军昭忠祠案》。

修。1884 年马江之战后，闽江沿岸军民自发组织打捞阵亡的将士遗体，除被家属认领的，剩下的500多具遗体沿江分九冢掩埋，冢前各立“忠冢”石碑。陈兆锵此次重修昭忠祠，将分散 9 处的马江之战无名烈士墓，合并重修为一座大型合葬墓，“昔分九垄，今聚一邱”，[1]墓内忠骸分前、中、后三排，每排又分上、中、下三层。在墓前立近两米高，半米多宽的花岗岩墓碑，上面刻着“光绪十年七月初三日马江诸战士埋骨之处”。陈兆锵另安排船政局用舰船铁板制成一座碑亭，以此为英烈碑遮风挡雨。[2]

昭忠祠以及烈士墓的重修工程历时近五个月，至 1920 年 8 月完成，陈兆锵提笔写下了《重修马江昭忠祠、墓记》。

陈兆锵《重修马江昭忠祠、墓记》

全文的开篇，陈兆锵从汉高祖为战死者衾葬具祠堂讲起，指出“为国效死者，必使其千秋万岁后，仍立于不朽之地”。但马江昭忠祠在辛

---

① 陈兆锵：《重修马江昭忠祠、墓记》，“国军档案”1910/382.3/7132/1，《马江海军昭忠祠案》。

② 陈道章：《马尾文物题刻诠释》，福州市马尾开发区文物管理委员会、文体广播电视局，1994 年编印，第 74—75 页。

亥后，却“此礼（致祭之礼）遂废，瓣香未爇，坏土不封，行路伤之”。陈兆锵回忆到自己履任船政局局长时，所看到的昭忠祠景象是一片荒凉，院内“狐兔为穴，牛羊以刍”。当 1918 年蓝建枢祭拜昭忠祠时，陈兆锵陪同左右，面对此景，两人十分感慨，于是有了重修昭忠祠的想法，并在 1920 年付诸行动。

陈兆锵最后写道：“中法之役，以对内而言，则为一姓效力；以对外而言，则为一国效力。夫使身履行间，一挫其锋，而恇挠脆怯，颠踬窜蹿，乞为囚虏之不暇，则负于一姓其罪小，负于一国其最大，国家何贵有此人哉！而诸先烈只知有国，不知有身，虽捐糜顶踵，在所不恤。浩然正气，如日星河岳，历劫不磨，然则万古纲常，岂与一姓同兴废耶。”[①]

这一段话，慷慨昂扬，立意深远，将甲申烈士的奋战置于国家、民族之中，陈兆锵希望后人能以此之心纪念海战烈士。陈兆锵在碑记的落款上写着“长船政事后学陈兆锵谨识”，这是陈兆锵表达对船政事业的传承之念，也是在前辈面前的谦虚之情。

甲午烈士合祀

马江昭忠祠的修建工作完成之际，有关甲午烈士祭祀，以及恢复天津海军昭忠祠的交涉仍在继续。

原本海军界希望在马江昭忠祠合祀甲午海军烈士，因为天津已有甲午海军烈士昭忠祠一事而生出波折，但当时天津的海军昭忠祠实际上早已被他方占用，要收回天津海军昭忠祠手续复杂，牵涉到的方面颇多。

---

① 陈兆锵：《重修马江昭忠祠、墓记》，“国军档案”1910/382.3/7132/1，《马江海军昭忠祠案》。这篇碑文，原本刻石两块镶嵌在昭忠祠中的墙壁上，可惜第一块已佚失，只存第二块碑，后世留存的文字也只有第二块内容。本次借着撰写陈兆锵传述的机会，在海峡对岸找到了这篇记的全文，这对石碑终于得以“完璧”。

关于天津海军昭忠祠的记载，台湾海军史学者沈天羽先生曾有专门研究。

1895年甲午战败后，北洋海军长期被视作战争失败的责任者，幸存者们对往事缄默再三，而牺牲者更是无人提及。时至1904年，时任参谋水陆军务处、广东水师提督叶祖珪向直隶总督袁世凯呈请在天津建设一座海军昭忠祠，主祀邓世昌，附祀其他北洋海军烈士。此事后来在1908年正式启动，在天津河北丈买土地，于1910年10月6日经批定设计方案后，正式开始建造。

天津海军昭忠祠开工一年后，辛亥革命爆发。此后，这座昭忠祠在文献中失去了记载，直到1920年，因为蓝建枢、陈兆锵等人呈请在马尾合祀甲午烈士，这才有人重提旧事，由此海军部开始了关于天津海军昭忠祠的调查。

当时海军部请大沽造船所所长吴毓麟就近详查，吴毓麟则通过天津县行政公署协助，该公署于1920年3月29日回复称祠堂已经被私立觉民学校占用。[①]4月5日收到大沽造船所转来的调查结果后，蓝建枢、陈兆锵等9人在第二天就呈文呈请海军部咨行直隶长官收回该祠堂。最终，海军部虽然对天津海军昭忠祠的情况已经查明，但占用该处的觉民学校态度强硬，最终海军未能收回天津的这座甲午烈士祠堂。

1921年3月，时任第二舰队司令杜锡珪给陈兆锵转来一封函件。原北洋海军“经远”舰枪炮二副韩锦在黄海海战中力战殉国，与舰同沉。他的儿子韩和宠请求将其父入祀马江昭忠祠，并附了一份韩锦的履历事略。[②]韩和宠的做法代表了大多数甲午海将遗属的心声。有感于“凡阵亡、

---

①《大沽造船所函》，“国军档案”1910/382.3/7132/1，《马江海军昭忠祠案》。

②《船政局咨》，“国军档案”1910/382.3/7132/1，《马江海军昭忠祠案》。

殉难之家属，无不欲表彰其先世，大有迫不及待之情”。

鉴于天津昭忠祠收回无望，1921 年 4 月 25 日，陈兆锵主动致函蓝建枢，希望能再次推动甲午烈士入祀马江昭忠祠一事：“仍照前议，以甲申、甲午两役合祀马江，俾免偏毗。”①

当时虽然重修马江昭忠祠的募款尚有剩余，但合祀需要对祠堂再次进行拓展，经费不敷。“际此库款支绌，土木之费亦复不赀，以筹措之艰难，致旷时日，何以敦世道而为忠魂？”陈兆锵提出，“应由中央拨帑五千元，庶无竭蹶之虑，费小而事大，国家当不惜此区区也。”或许觉得语气、态度表达的不够，陈兆锵将“惜”字划掉，改为“靳”字，“国家当不靳此区区也。”②

4 月 29 日，蓝建枢收到陈兆锵的公文，深以为是。7 月 16 日，蓝建枢再以海军界联衔的方式，请海军部转呈大总统，呈文中套用了陈兆锵的话：“费微而事举，国家当不靳此区区也。”因当时南北海军分裂，而且海军军费欠发严重，收到呈文后，海军总长仅批一“阅”字，并无后续。③直到 1922 年 3 月 27 日，时任海军总长李鼎新将蓝建枢、陈兆锵等人合祀甲午海军死难人员的建议呈文大总统徐世昌。

在引述之前蓝建枢等人的建议后，李鼎新也有一段论述：“查甲午一役，实为海军史上一大纪念，死难将士言之痛心。承楼船横海之名，同仇敌忾；矢猿鹤虫沙之誓，取义成仁。情近于蹈海而亡，壮气与波涛俱涌；事出于普天共愤，精心偕日月常昭。合常祀以劝忠，媲前贤而竞美。该总司令等所陈不无为见。”同时，李鼎新表示，还将督同海军总司令

---

①《船政局咨》，“国军档案”1910/382.3/7132/1，《马江海军昭忠祠案》。

②《船政局咨》，“国军档案”1910/382.3/7132/1，《马江海军昭忠祠案》。

③《仍请合祀昭忠祠并拨款修建》，“国军档案”1910/382.3/7132/1，《马江海军昭忠祠案》。

继续寻查甲午之役海军死难人员名单。[①]

李鼎新，船政学堂后学堂驾驶班第四期毕业生，与刘冠雄是同学，和陈兆锵是北洋海军同一艘军舰上的战友，甲午时任“定远”舰副管驾。

4月3日，徐世昌下达第七百二十一号指令：“令海军总长李鼎新：呈请将甲午中日一役海军死难人员合祀昭忠祠，并请发帑五千圆辅助修葺由。呈悉准，如所拟办理，交内务、财政两部查照。此令。”[②]4月7日，海军部将大总统指令咨行内务、财政两部。[③]由于局势纷乱、政坛更迭频繁，这5000元的拨款，遭遇拖延。1922年6月7日，海军部通知时任海军总司令蒋拯，国库支绌，一时恐难照发。[④]

1922年6月11日，黎元洪继任大总统后，陈兆锵旧事重提，此时，陈兆锵成为甲午烈士合祀一事的主要推动者。当年7月，陈兆锵向海军部呈文，追讨与甲午烈士合祀相关的两笔款项，一笔是前大总统徐世昌曾指令财政拨款的5000元，另一笔钱则与现任大总统黎元洪有关，1920年重建昭忠祠时，黎元洪答应捐款3000元，这笔钱当时已登记在捐助册上，但捐款始终没有兑现。作为工程的主持者，陈兆锵从工程急需和刻碑留名两个方面提出，恳请海军部转呈黎元洪饬财政部迅速拨发5000元，同时希望黎元洪自己认捐的3000元也一并发下。同时，昭忠祠预定在农历八月十八甲午黄海海战纪念日奉甲午烈士神主入祠，陈兆锵另请大总统“书锡匾额，用志光荣，诸先烈地下有知且亦衔感

①《海军部呈大总统》，“国军档案”1910/382.3/7132/1，《甲午战役海军死难人员入祀案》。

②《大总统令》，《政府公报》，1922年4月4日第2187号，第187册，第57页。

③《海军部咨内务部、财政部》，“国军档案”1910/382.3/7132/1，《甲午战役海军死难人员入祀案》。

④《海军部训令》，“国军档案”1910/382.3/7132/1，《甲午战役海军死难人员入祀案》。

不朽也”。[①]

7月31日，海军部转呈大总统。8月11日，大总统指令颁给匾额，同时要求财政将相关款项如数下发。[②]借助中央的5000元拨款和黎元洪的3000元“捐款”，昭忠祠改缮的工作得以完成。[③]

1922年8月25日，国务院秘书厅向海军部转发了大总统府颁给的匾额一方。[④]海军部于9月1日转到福州船政局局长陈兆锵，令其“敬谨悬挂”。[⑤]

陈兆锵《甲申、甲午两役合祀马江昭忠祠记》

①《福州船政局呈》，“国军档案”1910/382.3/7132/1，《甲午战役海军死难人员入祀案》。

②《海军部呈大总统》，“国军档案”1910/382.3/7132/1，《甲午战役海军死难人员入祀案》。《大总统令：大总统指令第二千六百十六号》，《政府公报》，1922年8月12日第2314号，第190册，第170页。

③陈兆锵：《甲申、甲午两役合祀马江昭忠祠记》，《马尾文物题刻诠释》，福州市马尾开发区文物管理委员会、文体广播电视局，1994年编印，第61页。

④《国务院秘书厅函》，“国军档案”1910/382.3/7132/1，《甲午战役海军死难人员入祀案》。

⑤《海军部训令》，“国军档案”1910/382.3/7132/1，《甲午战役海军死难人员入祀案》。关于这款匾额上的文字内容未见记载。

也就在1922年9月前后，陈兆锵完成了祠堂合祀的拓改工程。8至9月份（农历壬戌七月），陈兆锵把募捐以及重建、修缮马江昭忠祠两项工程的支出明细进行了公开，并刻成石碑置于昭忠祠内。

马江昭忠祠今景

从碑文可知，捐款者包含了当时海军总部、舰队、修造、教育等各大海军单位，这应该是民国海军参与人数最多的一次公益活动。这从一个侧面证明，马江昭忠祠在海军及各界人士心中的神圣地位。碑文中，还将重建昭忠祠的募捐和支出进行了详细公示，特别是在支出项中，精确到“厘”。陈兆锵以此种方式向捐款者致敬，同时也是接受世人和历史的检验。

此外，在接收捐款时，陈兆锵也做了严谨的登记工作。从黎元洪的捐款情况可知，当时陈兆锵制作了专门的捐册登记；当时大沽造船所所长吴毓麟通过第二舰队司令杜锡珪寄送捐款500元，陈兆锵收到后，将收据寄给吴毓麟，并写信通报杜锡珪。①

1922年9至10月份（农历壬戌八月），为合祀甲午烈士进行的修缮工作彻底竣工后，陈兆锵又挥笔写下《甲申、甲午两役合祀马江昭忠祠记》。作为甲午战争的亲历者，对于当年战死的同袍被长期遗忘，陈兆锵耿耿于怀：“以日星河岳之灵，而无俎豆馨香之报垂三十载，未闻

① 《陈兆锵致杜锡珪信》，“国军档案”1910/382.3/7132/1，《马江海军昭忠祠案》。

有议之及者。”决定在 1922 年农历八月十八（公历 10 月 8 日），即甲午黄海海战农历纪念日当天，“奉栗主以进”。[①]

纪念日当天下午，修缮一新昭忠祠，肃穆庄重，合祀仪式隆重举行，根据海军部此前整理的烈士名单，包括北洋海军提督丁汝昌在内的一共 244 位甲午海军烈士入祀。大总统黎元洪特派海军宿将萨镇冰代表中央政府前往致祭。[②] 从此，马江昭忠祠内供奉甲申、甲午殉国将士的神主和牌位。历经清朝和民国政府批准，成为同时祭祀甲申、甲午海军英烈的唯一专祠。

马江之战烈士合葬墓今景

① 陈兆锵：《甲申、甲午两役合祀马江昭忠祠记》，《马尾文物题刻诠释》，福州市马尾开发区文物管理委员会、文体广播电视局，1994 年编印，第 61 页。

② 《大总统令：大总统指令第二千七百八十三号》，《政府公报》，1922 年 9 月 8 日第 2341 号，第 192 册，第 133 页。

在当时，这一方土地是海军军人纪念先烈、感怀时局之处，先后有多位海军名将在此留下题刻。1921年秋天，完成昭忠祠的重建工作后，陈兆锵题词“蒋山青处”，寓意英烈精神不死。同年，福州海军学校校长张斌元题词“仰止”。两方题词勒石铭刻在甲申烈士合葬墓后方的马限山东侧半山处。1922年8月份，时任海军总长李鼎新来到马尾，在马限山上留下题刻“铁石同心”。当时中国局势处于南北分裂的状态，海军内部也有分歧，作为海军总长，李鼎新借颂扬甲申、甲午海军将士同仇敌忾的精神，希望当时的海军同人能够同心协力，一致行动；在马限山南侧上还有一幅陈兆锵同学刘冠南的题刻“渊渟岳峙”，曾是马尾地区最大的摩崖石刻，每字高达1米，后在20世纪60年代因修路、风化等原因崩塌无存。①

时光流转。1933年2月13日，南京政府海军部部长陈绍宽批准颁布训令，将每年的8月23日（甲申中法海战公历纪念日）及9月17日（甲午中日大东沟海战公历纪念日）定为海军纪念日，规定当天由在闽海军最高长官率领海军人员到马江昭忠祠致祭。②

1936年7月，马尾要港司令李世甲电请海军部颁定马江昭忠祠甲申、甲午两纪念日的祭典仪序。7月28日，海军部颁定《马尾昭忠祠甲申、甲午海军阵亡将士祭典仪序》，“以昭重典，而兹遵守”。③马江昭忠祠的祭典，首次有了法定的祭祀仪轨。

在陈兆锵等的努力下，马江昭忠祠正式成为中国近代海军的英烈纪念地和精神圣地。

---

①陈道章：《马尾文物题刻诠释》，福州市马尾开发区文物管理委员会、文体广播电视局，1994年编印，第75—79页。

②《海军部训令：第九六九号》，《海军公报》，1933年第45期，第106—107页。

③《海军部训令：第四八九三号》，《海军公报》，1936年第86期，第251—252页。

附：

重修马江昭忠祠、墓记

汉高祖令从军死者为归其县，给衣衾葬具，祠以少牢，长史视葬，重国殇也。宋高宗建炎，从丞相李纲请，褒恤仗节死义者，赠官加一等，立庙于其地，式臣节也。有清一代，旌忠之典隃于古昔，其施于死事诸臣则尤恩，事不论成败，官不校崇卑，其为国效死者，必使其千秋万岁后仍立于不朽之地，而为之酬报亦云厚矣。

甲申七月，法舰袭闽，我军失利，谁尸其咎？公论自在。阵亡将士，朝廷嘉其忠勇，予建马江昭忠祠，是年冬，裴樾岑使者来主船政，既相地瘗忠骨，乃于江浒立祠，以妥忠魂，岁时致祭，用志景仰。改革以后，此礼遂废，瓣香未爇，坏土不封，行路伤之。乙卯，兆锵被命归闽，长船政事，亟修废祭，朔望行展谒礼，过墓侧，榛莽覭髦，缭垣颓圮，狐兔为穴，牛羊以刍，使人不可忍视。入其祠，一堂两庑，高不及五雉，无盥沐之室、游宴之所，又为之局贫瘠久之，屡图修葺，以力棉讫不能举。己未十月，海军中将季北蓝公执总司令节，巡阅过闽，既哀先烈，又念同学，乃庀桉盘，衣冠肃拜。时兆锵与之偕，蓝公频复而言曰：伍相之庙，至唐而神宇增张，展李之墓，于秦而樵□有禁，一夫怀道，且犹见礼异世，取贵邻邦，况甲申死事者，凡八百四十有四人，余辈生同时、居同里，一任其旧宇丛隘，荒坟崩坍，曾唐人、秦人之视伍相、展季之不若，其何说辞？于是首捐奉钱，稍稍与津沪工商各家相劝募，输者响赴，一匃万金，其不赡者，由我军中人集赀益之。土木之役命兆锵，阅五月而蒇事。其为墓也，昔分九垄，今聚一邱，涂塈砖巩，护以短垣，取其守卫校易耳。其为祠也，岩然崇堂，蜿然修廊，重门屹墉，顿易旧观，东偏筑层楼以供游眺，有所延恋，则可慰荒寂。更拓地植果木，储为祠产。此固诸先烈在天之灵所默为感召，抑非蓝公提倡之功，乌克臻此哉！

顾或者谓要离烈士，有墓谁除；中山功臣，其鬼已馁。从来忠于一姓未有享于千祀者。斯举也，不邻于迂，即病于娇。嗟夫！吾国自唐虞以后，化官天下而家天下者久矣，相延三千余年，至今日国体始为一变。自商迄清，其间不知几经战事，为国捐躯之士，论古者不得目为枉死。中法之役，以对内言，则为一姓效力，以对外言，则为一国效力。夫使身履行间，一挫其锋，而恇挠脆怯，颠踬窜踣，乞为囚虏之不暇，则负于一姓其罪小，负于一国其罪大，国家何贵有此人哉！而诸先烈只知有国，不知有身，虽捐糜顶踵，在所不恤。浩然正气，如日星河岳，历劫不磨，然则万古纲常，岂与一姓同兴废耶！

兆锵深愿后之人，皆能本蓝公之心以为心，则相垂不朽矣。

民国九年庚申七月，长船政事后学陈兆锵谨识

甲申、甲午两役合祀马江昭忠祠记

昔韩昌黎尝至睢阳，亲祭于其所谓双庙者。及观李翰所为《张巡传》，称卿详密，而以不为许远立传为恨。庙并立，而传独阙，识者且不平。

若夫同仇敌忾，其死事之烈，前后如合涂轨，前者堂庑恢闳，鼓钟裸荐；其后者烟销雾灭，曾不得香火一龛。如长老诗人犹为湖山生色，此其不平孰甚耶！

清光绪甲申中法之役，裴樾岑使者既为立祠泐石矣。越十年，甲午又有中日战事，则尤痛苦而不忍言者也。北洋海军创于合肥李文忠公。公深谋远虑，亟以添船置械请于朝，部臣梗之，日人乘我之懈，岁增余皇，假助韩剿乱为名，窥伺我藩属，侵夺我主权，截击我兵舰。于是军心愤激，而有大东沟之战。

夫以舰炮之众寡坚脆论，我军万无幸胜之理，既已臣力告竭，国殇累累，犹能指挥却敌，收合余烬者，盖士气之勇，与阵法之变，足以寒敌人之心也。诏令退守威海，威海所恃而守者，南北岸炮台耳。台为他军所守，而龙庙台先入于日人之手，我军三面受敌，又牵掣于朝旨，不能越雷池一步。出而横海再战，敌攻愈急，我守愈力，相持三月，屡挫敌锋。卒以外援不至，坐困重围，其统兵者则多深明大义，见危受命。此其志节校之甲申诸先烈，顾何如耶！乃以日星河岳之灵，而无俎豆馨香之报，垂三十载，未闻有议及之者。今蓝季北将军役同兆锵，募修马江昭忠祠。因念兹事，联名以两役合祀，请诸政府，奉令报可。其改缮之事，乃令兆锵董之，以今岁夏历八月十八死难之日，奉栗主以进，其时忧愤自殉暨夫庚子拒敌被难者皆传之，昭公道，重同气也。

夫人生遭际迟速有命，而身后之显晦，则亦有数存焉。浸假马江旧址荒顿犹昔，举者且废，遑问其他，而展转相乘，卒使后先辉映，为吾党光，冥冥之中，殆有主宰欤！

民国十一年壬戌八月，长船政事闽县陈兆锵谨识

重建马江昭忠祠捐款列左

徐大总统令饬发帑辅助修葺费洋五千元。

黎大总统捐洋三千元。

海军总长刘冠雄、海军总长萨镇冰，各捐洋一百元。

海军部次长刘传绶、海军总长李鼎新、海军部次长徐振鹏，各捐洋二十元。

海军总司令蓝建枢捐洋一百五十元。

海军部秘书、司长王兼知、沈璿庆、陈恩焘、林葆纶、吴纫礼、李景曦、郑宝菁，各捐洋五元。

海军部技正、参事、秘书、科长何启椿、刘华式、徐兴仓、吴振南、谢葆璋、高稔、陈保棠、陈琦、唐文源、杨征祥、郑诚、薛昌南、王锐、郑友益、丁士芬，各捐洋五元。

海军部科长、副官、科员哈汉仪、余燮梅、池仲祐、周光祖、陈灿、罗之彦、刘勋名、唐伯勋、林鉴般、谭其濂，各捐洋三元。

海军部科长、副官、科员方阜鸣、杨梦熊、汤文城、罗璟、荣志、陈复、马家麟、吕富永、黄健元、林继荫、刘靳、魏丰、郭则涑、博顺、林文彧、刘永谦、施廷干、林敬烺、杨逾、周为桢，各捐洋二元。

海军部科长、副官、科员刘俊杰、常森、陶均、林大良、常书诚、张承愈、尹祚乾、沈奎、萧宝珩、魏春泉、姜鸿澜、徐祖善、林振华、孟慕超、施金璋、刘镇藩、曾光亨、陈昉、戴锡瑀、李毓麟、宋建勋、吴龙图、严以瀛、王庆璋、从文田、丁祖庚、郑颖孚、陈君涛、叶可松、蓝道生、郑贞来、许文贞、翁斌衡、王正辉、吴煊，各捐洋一元。

海军舰队捐洋三千元。

海军第一舰队司令林建章捐台二百元。

海军吉黑舰队司令王崇文捐洋一千元。

“靖安”军舰全舰官佐士兵捐台三百元。

大沽造船所所长吴毓麟捐洋五百元。

江南造船所捐洋二千元。

福州船政局捐台一千元。

福州海军学校捐洋一百元。

福州海军制造学校捐洋一百元。

福州海军飞潜学校捐台二百元。

韩参将锦家属和宠捐洋一百元。

林守坚捐洋一千元。

谢蘅牕捐洋一千元。

柯鸿年捐洋四百元。

黄奕住捐台三百元。

陈振家捐台二百元。

黄仲训捐台二百元。

李宣韩捐洋二百元。

施光铭捐台一百元。

黄秀烺捐台一百元。

上海招商总局捐洋一千元。

上海中国银行总管理处捐洋一千元。

上海交通银行总管理处捐洋一千元。

上海盐业银行总管理处捐洋五百元。

上海同新和五金号捐洋五百元。

上海福安号捐洋五百元。

福州商船总工会捐台五百元。

马江裕昌钱庄捐台四百元。

上海陈宝瀛号捐洋三百元。

上海申茂号捐洋三百元。

福州福建银行捐台三百元。

上海周福典号捐洋二百元。

上海福源泰号捐洋二百元。

上海朱同森号捐洋二百元。

上海朱东记号捐洋二百元。

厦门福建银行捐台一百元。

厦门电灯公司捐台一百元。

厦门鼎美洋行捐台一百元。

福州王协泰号捐台一百元。

以上共捐洋三万三千一百七十一元、台伏四千二百元。

重建马江昭忠祠并配制各项实用价目列左

重建正座全座，土木石油漆各工料共九千三。

新盖西边重楼花厅一座，浚面祠园丁住宅一所，土木石油漆各工料共三千八百九十五元九角四分。

新盖东边楼屋并厨房、戏房及厕所共一座，土木石油漆各工料共二千五百七十五元。

砌造洋灰缝石忠坟一台并围墙、铁门及坟前石牌亭等项，共二千五百一十一元八角七分。

配造甲申、甲午诸先烈及士兵玻璃神龛并土座及神主、神牌等，土木石油漆各工料共一千三百三十元零零一分五厘。

坟前栽种果木并造肥料斛及培树土料一百一十六元五角。

新盖坟边果殖仓一所，土木石各工料共一百二十二元。

砌造祠前大石路并砌石水膣码头工料四百三十九元。

将乐石牌记并镌工、榻工共四百七十五元七角三分。

新购点铜锡祭具一副，大小二十八件，的价一百一十元。

添置并修整陈设各器具椅桌等件，的价一千一百二十四元八角一分。

以上各项统并合共的价二万二千零一十二元六角一分五厘。①

民国十一年七月泐石

① 《重建马江昭忠祠捐款碑》，现藏马江海战纪念馆。

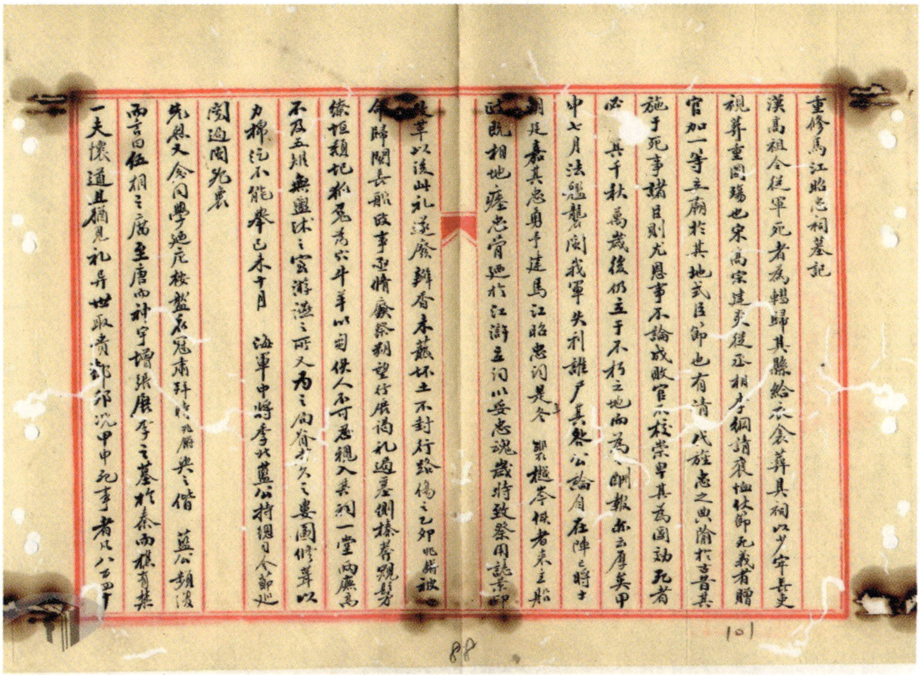

重修馬江昭忠祠墓記

漢高祖令從軍死者為槥歸其縣給衣衾葬具祠以少牢長吏
視葬重國殤也宋高宗建炎從丞相李綱請褒恤死節死義者贈
官加一等立廟於其地式臣節也有清一代旌忠之典踰於古昔其
施于死事諸臣則尤恩事不論成敗官不校崇卑其為國効死者
必共千秋萬歲後仍立于不朽之地而為之酬報亦云厚矣甲
申七月法艦襲閩我軍失利誰尸其咎公論自在陣亡將士
朝廷嘉其忠勇予建馬江昭忠祠是冬[illegible]來主船
政既相地瘞忠骨建於江滸立祠以妥忠魂歲將致祭用誌[illegible]
鼎革以後此禮遂廢雖香木蘸坏土不封行路傷之己卯兆鏘被
命歸閩長船政事[illegible]
[illegible]
[illegible]
力綿[illegible]不能舉己未十月　海軍中將李[illegible]薩公[illegible]
閩過閩[illegible]
[illegible]
而言曰伍相之廟至唐而[illegible]
一夫懷道且猶見禮異世[illegible]況甲申死事者凡八百四十

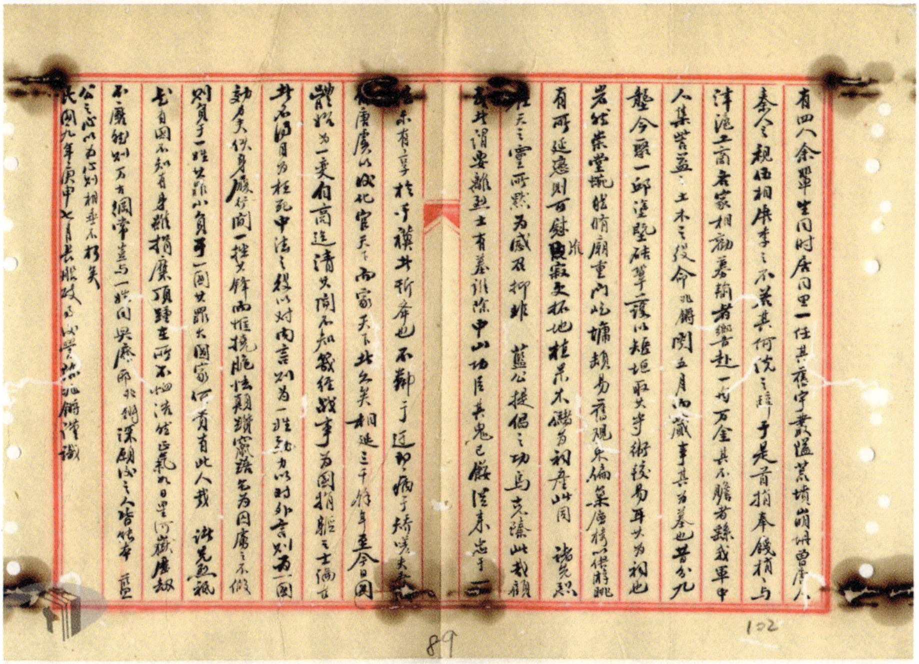

有四人余畢生同時居同里一任其[illegible]荒墳崩[illegible]
奉之祀[illegible]不若其何[illegible]于是首捐奉錢[illegible]
[illegible]萬金[illegible]我軍中
人集資益之土木之役命兆鏘[illegible]閩五月而蔵事其為墓也昔分九
[illegible]
[illegible]
有所延[illegible]　諸先烈
在天之靈所默為感[illegible]　薩公提倡之功烏克臻此哉顧
[illegible]
[illegible]
[illegible]
[illegible]
[illegible]
[illegible]
[illegible]
[illegible]
[illegible]
民國九年庚申七月長船政[illegible]識

陈兆锵《重修马江昭忠祠、墓记》存稿

三 开创海军航空

1914年，第一次世界大战爆发，飞机、潜艇开始崭露头角。时任海军总长刘冠雄敏锐地注意到这种些新兴兵器的价值所在，于是计划向美国新伦敦电船公司订造一批潜水艇，同时选派轮机军官魏子浩、韩玉衡等12人，以海军造舰总监魏瀚为监督，前往美国该厂实习，并与该公司议定合同。同时将前清时代派遣到英国学习船械工程的海军留学生陈藻藩、巴玉藻、王助、王孝丰、曾诒经等13人，在留英海军学生施作霖的率领下，转往美国留学，其中陈藻藩、曾诒经等人与国内前来的留学生在美厂实习潜水艇和发动机构造以及鱼雷、驾驶等技术。

不久，因国内政局动荡，向美国订购潜艇之事作罢，学习潜艇专业的军官大都先后回国，另有4人留在美国学习航空。曾诒经被派到美国寇蒂斯飞机制造厂实习航空发动机，[①]巴玉藻、王助、王孝丰3人先进入寇蒂斯航空学校学习飞行，后考入美国麻省理工学院航空工程系第二期。[②]这是中国发展此类兵器的肇始。

曾诒经回忆，当时航空事业正处在萌芽阶段，制造飞机更多依靠经验来设计，直到麻省理工学院航空工程系毕业两期学生后，才有了科学理论的设计，而巴玉藻、王助、王孝丰3人都取得该校航空工程硕士学位。

除曾诒经有美国飞机工厂的实践经验外，其余3人毕业后都被美国

---

① 曾诒经：《旧中国海军马尾船政局制造飞机的回忆》；巴昑轩、巴钟奇《巴玉藻生平事迹简介》，《马尾首创中国航空业资料集》，福建省音像出版社2006年版。

②《海军飞机制造处工作报告》，《航空会议汇编》，全国航空会议秘书处，1931年版，第47页。

各飞机公司聘请担任工程师，[①] 其中王助曾担任美国波音公司前身B&W公司的首任工程师。

在回国之前，他们已经有了很好的学术基础和实际经验，“都抱着为国开厂造机的理想，要与欧美并驾齐驱”。[②]

1917年末，巴玉藻、王孝丰、王助、曾诒经等人学成回国，海军总长刘冠雄亲自接见了这批习有尖端技术的科技人才，并对他们谈了一段肺腑感言。曾诒经曾生动记录下这一情节：“当我们1917年底回国时，袁世凯已死，刘冠雄二次上台，我们晋见他时，他痛哭流涕地谈国事，说尽鼓励我们为国效劳的好话。……在第一次世界大战正在进行之际，他能看到飞机对于海军复兴的意义，飞机制造与海军有密切关系，还算是有一点远见的。”[③]

刘冠雄将飞机视为“国防军备上不可缺少之利器”[④]，嘱令这些留学生开展飞机制造工作。

巴玉藻等人向海军部提交了一份计划，先“以小规模之场所、低微之经费试造教练飞机，俟有成后，再行逐渐扩充厂所、增加经费，续制各种军用飞机以及发动机，以期达到完全自制航空之目的”。[⑤]

---

①《海军飞机制造处工作报告》，《航空会议汇编》，全国航空会议秘书处，1931年版，第47页。

②曾诒经：《旧中国海军马尾船政局制造飞机的回忆》，《马尾首创中国航空业资料集》，福建省音像出版社，2006年版，第11页。

③曾诒经：《旧中国海军马尾船政局制造飞机的回忆》，《马尾首创中国航空业资料集》，福建省音像出版社，2006年版，第11页。

④《海军飞机制造处工作报告》，《航空会议汇编》，全国航空会议秘书处，1931年版，第46页。

⑤《海军飞机制造处工作报告》，《航空会议汇编》，全国航空会议秘书处，1931年版，第47页。

在对比飞机和潜水艇的制造后，海军部也决定优先发展飞机，刘冠雄将福州船政局定为飞机制造的基地，陈兆锵就此参与到开创海军航空事业的工作中。

1918 年 1 月，巴玉藻、王助、曾诒经、王孝丰 4 人被派遣到福州船政局，举办海军飞潜工程。[①] 经短期筹备，当年 3 月，福州船政局飞机制造工程处成立，[②] 由巴玉藻担任主任，王助、曾诒经、王孝丰 3 人任副主任。

设在船政局内的飞机制造工程处

对于前所未见的飞机制造工程，陈兆锵极为重视，在福州船政局自身的运转已是勉力维持的情况下，仍对飞机制造工程全力支持，将船政

①《海军部为试制水上飞机请准报销经费呈》，《中华民国史档案资料汇编》第 3 辑军事（一）下，江苏古籍出版社，1991 年版，第 1383 页。

②《海军飞机制造处工作报告》，《航空会议汇编》，全国航空会议秘书处编，1931 年，第 47 页。

局总务处旁边的原工程处办公楼挪出，作为飞机制造处的办公楼，又为飞机制造工程提供了资金和人力、技术装备保障。正是在陈兆锵的支持下，中国的航空工业事业艰难起步。

解决日常经费

海军制造飞机的经费来源，最初动议是将在美国订造的军舰“飞鸿”号转卖后，在剩余款项中拨一部分为飞机制造基金，在此之前拟由经营状况较好的江南造船所筹拨，但此议被江南造船所拒绝，最后只能由福州船政局从自身本就捉襟见肘的经费中腾挪。起初飞机制造处职工每月薪费 1500 元左右，后因人员增多，增至每月 2000 元左右。这是陈兆锵在本局经费十分紧张的情况下，划拨给飞机制造处的，但这些也只能“为（飞机）试造提供最低限度的经费”。[①]

解决开办经费

在试造初期，所需的发动机等部分材料、部件需向国外采购，由海军部拨付。在国内购买的木材、油漆和零星材料的费用，前期由船政局负担。为制造飞机所需，在福州船政局内加建了一座飞机棚厂，花费 5000 元，改建一座飞机装配厂，花费 8000 元，修建两条飞机入水滑道，花费 6000 元，[②] 总共 19000 元，也都是由福州船政局拨付。[③]

---

① 曾诒经：《旧中国海军马尾船政局制造飞机的回忆》，《马尾首创中国航空业资料集》，福建省音像出版社，2006 年版，第 12 页。

② 曾诒经在另一篇回忆文章《海军制造飞机处》中，将飞机入水滑道记载为一条。《马尾首创中国航空业资料集》，福建省音像出版社，2006 年版，第 15 页。

③ 曾诒经：《旧中国海军马尾船政局制造飞机的回忆》，《马尾首创中国航空业资料集》，福建省音像出版社，2006 年版，第 13 页。

人力支持

开办初期，由巴玉藻等人作为骨干，从船政局原有工人中挑选四五十名技工，“这就是制造飞机的基本人才”。因为当时所造飞机的工程绝大部分是木材加工，因此这些人大部分是木工，还有机工、钳工和油漆工。巴玉藻等人再针对飞机的制造要求，对这些工人进行分门别类的训练，“首先教以通俗的飞行原理与发动机原理，以及各组成部分和构造的认识。又教以关于重要部分的工作应该怎么样注意精确性，怎样小心加工和怎样选择材料……”此后又招收学徒二三十人，“交易机械常识、初级算术、使用工具和量具等过程，并加以手工和机工的训练”。采取边学边做的办法，使工人们的技术逐渐趋于熟练。[①] 由此船政局的技术工人，转变为中国第一代飞机制造工人。

制造飞机使用的机器工具，在初期使用船政局的现成设备。[②]

经费、工人、场地都有了保证，1918 年 2 月，船政局飞机制造工程处试造飞机工作开始启动。[③]

首款飞机的方案，设计上参考了王助在美国设计的波音第一型量产飞机——波音 C 型水上飞机，以及寇蒂斯公司著名的“珍妮”机（Curtiss JN Jenny），属于双翼、双浮筒的水上飞机，起飞、降落较为容易，对飞机场要求低，适合海军使用。

虽然当时飞机的结构和制造都较为简单，但对中国来说仍然是一项新生事物，寻找配套材料有一定困难。由于缺乏配套的工业体系，飞机

---

① 曾诒经：《旧中国海军马尾船政局制造飞机的回忆》，《海军飞机制造处》，《马尾首创中国航空业资料集》，福建省音像出版社，2006 年版，第 12—15 页。

② 曾诒经:《旧中国海军马尾船政局制造飞机的回忆》,《马尾首创中国航空业资料集》,福建省音像出版社，2006 年版，第 12—13 页。

③《海军部为试制水上飞机请准报销经费呈》，《中华民国史档案资料汇编》第 3 辑军事（一）下，江苏古籍出版社，1991 年版，第 1383 页。

制造工程师和技术人员进行了艰辛的试验和努力。

飞机的主要结构由木材制成，当时选出容易采办的软硬木料十余种，通过船政局的法国机器检验了诸如拉力、顺纹理压力、横纹理压力等机械性能；由船政局的理化实验所，检验了密度、比重等物理性质。有些试验船政局现有的机器无法完成，飞机制造工程处便自制检验机器。最终选用福建本地生长的杉木、白梨木、榆木以及樟木。白梨木可制作飞机的翼梁等骨干部分；榆木可制作飞机的浮筒部分；樟木因其纹细质韧，各用作机身各框架的边角材料。

木材之外，另一项材料就是飞机的机翼蒙皮和包裹机身的纺织品。前后共搜集各种布料二十余种，“经过精富之科学试验，验得力量与重量相称者二种”，即产自山东的茧绸和江西的夏布。

茧绸，是用野生的柞蚕丝为原料织造的茧绸，有着“耐用”的特点；夏布是江西一种传统的手工织麻布，有着良好的韧性和强度。但这两种国产布料，在福州梅雨时节，部分性能会有所衰减。后因欧美通用的一种“爱尔兰麻布”价格更为低廉，因此工程处也多采用该种进口布料。

此外，经过不断地研究比较，巴玉藻等人发现国产的生漆和桐油是制造浮筒的好材料，两种油料配合使用比欧美使用的油漆效果还好。

国内无法制造的航空发动机、金属材料（钢丝绳、钢线、钢管、铝材等），部分特种油、胶，则从国外采购。①

这一段从无到有的开创历程，陈兆锵在向海军部汇报时，曾有细致的回忆：

“惟制器须先求材料，我国制造素未发达，应用之钢铜、木料、丝质、

① 《海军飞机制造处工作报告》，《航空会议汇编》，全国航空会议秘书处，1931 年版，第 47—48 页。曾诒经：《海军飞机制造处》，《马尾首创中国航空业资料集》，福建省音像出版社，2006 年版，第 16 页。

棉质各织品，胶漆、油类等件，其重量、劲力如何，向未研究发明，无从采取。故特多方搜集国产材料，加以种种试验、调和，以适于用。除验明钢铜两件不足以制发动机，不得不先取自欧西外，其余如木料、丝质、棉质、胶漆、油类等品，均可取求于国产之内。但船政局原有制船机器，以之制造飞机，多嫌笨钝不宜，一时既少相当机器，为节省经费起见，又不得不以手工代之。而工人及绘图员生等，又素无飞机知识。经每事指教，阅时数月，始有端倪。”①

第一架飞机研制过程中，机体本身的建造工序，诸如制作骨架、安装内部钢丝线缆和管路，以及包覆机身蒙皮等，对于船政局的技术工程人员而言，并无特别的难度。

由于受到一战影响，在美国订购的发动机，一直到1919年才运到。②同年8月，船政局遭遇大风海啸的天灾，制造飞机的“材料、工程两遭损失”。③

1919年12月④，船政局飞机制造工程处制造的第一架水上飞机完成，这是中国自己飞机制造机构生产的首架飞机。创造了中国舰船制造诸多第一的船政局，再次完成中国航空事业零的突破。

这架飞机取名为“甲型一号”，“拖式双翼双桴水上教练飞机，配

①《海军部为试制水上飞机请准报销经费呈》，《中华民国史档案资料汇编》第3辑军事（一）下，江苏古籍出版社，1991年版，第1383—1384页。《闽省试制飞机之成绩，船政局长呈报海军部文》，《天津益世报》，1921年10月20日，第二张。

②《海军飞机制造处工作报告》，《航空会议汇编》，全国航空会议秘书处，1931年版，第48页。

③《海军部为试制水上飞机请准报销经费呈》，《中华民国史档案资料汇编》第3辑军事（一）下，江苏古籍出版社，1991年版，第1383—1384页。

④《海军部为试制水上飞机请准报销经费呈》，《中华民国史档案资料汇编》第3辑军事（一）下，江苏古籍出版社，1991年版，第1384页。曾诒经回忆为“8月”，见曾诒经：《海军飞机制造处》，《马尾首创中国航空业资料集》，福建省音像出版社，2006年版，第16页。

"甲型一号"飞机下水

有一百马力之寇蒂斯发动机"。[①]

"甲型一号"的测试工作，也是参照当时通行的国际方法进行，其中包括"根据美国国立航空所最新之风洞试验"。[②]

第一架飞机诞生后，面临缺乏飞行人才、无人试飞的难题，搁置许久。最终试飞试验的完成，则颇有戏剧性。

曾诒经回忆，当时"有檀香山华侨杨仙逸来马尾访问，承他介绍华侨蔡司度来试飞"，[③]不过这段回忆稍有不确之处。

杨仙逸是一位美籍华侨飞行专家，孙中山的忠实追随者。1918 年，孙中山组织援闽粤军，讨伐盘踞在福建的北洋系军阀、福建都督李厚基。

①《海军飞机制造处工作报告》，《航空会议汇编》，全国航空会议秘书处，1931 年版，第 48 页。

②《海军飞机制造处工作报告》，《航空会议汇编》，全国航空会议秘书处 1931 年版，第 49 页。

③ 曾诒经：《海军飞机制造处》，《马尾首创中国航空业资料集》，福建省音像出版社，2006 年版，第 16 页。

而福州船政局则是北洋政府海军部的下辖机构，二者本属于对立关系。1919年4月，杨仙逸来到前线福建漳州，组建“援闽粤军飞机队”。不过很快，李厚基和援闽粤军达成短暂的和议。

闽、粤双方和议后，李厚基得知杨仙逸熟悉航空学识和飞机技术，想要罗致，密令陈兆锵聘请杨为船政局飞行主任。由于杨仙逸决意追随孙中山，未受礼聘。不过得知船政局制造的首架飞机乏人试飞，在征得孙中山先生的同意后，杨仙逸欣然前往马尾。① 由于当时南北双方的军事状态，杨仙逸以“友谊”的名义前去演飞。②

试飞工作在1920年春天进行，这项新奇事物，引来“观者云集”③。但很遗憾，杨仙逸因不熟马尾的港汊、沙滩，当在水上滑行时，机桴触沙，倒插入水，致全机毁坏。④

试飞过后，杨仙逸发现“（飞机）高不能过千尺，难就范，爰指示绳尺，较之改良”。⑤ 也有新闻报道称，“该机甫离地三五尺，实时坠落，杨及巴玉藻均跌伤甚重”。⑥

飞机毁坏，幸好发动机从水中捞起后，经过洗刷修理尚可应用，于是1920年夏间⑦ 又造成“甲型二号”同式飞机，“复由杨仙逸君转荐其

---

① 涛叔渊：《一九三〇年之中国航空》，飞报社，1931年版，第86—87页。

② 《海军飞机制造处工作报告》，《航空会议汇编》，全国航空会议秘书处，1931年版，第49页。

③ 《闽峤要讯》，《大公报》，1920年7月26日，第6版。

④ 《海军飞机制造处工作报告》，《航空会议汇编》，全国航空会议秘书处，1931年版，第49页。

⑤ 涛叔渊：《一九三〇年之中国航空》，飞报社，1931年版，第86—87页。

⑥ 《闽峤要讯》，《大公报》，1920年7月26日，第6版。

⑦ 《大公报》报道为“端午日修竣”，即1920年6月20日。见《闽峤要讯》，《大公报》，1920年7月26日，第6版。

在马江上滑行的“甲型二号”水上飞机

航空员陈某以友谊来为试驶。当飞行时，离开水甚速，不料陈君升高太急，转柁又过猛，以致飞机失速，操纵失效，由千余尺之高度翻反而下，落于洲田中，飞机及发动机同时并毁，所幸陈君尚未受伤”。①

这两架飞机，因为使用了同一台发动机，机型一致，因此当时将第二架飞机看成在第一架飞机基础上“修理”而成②，福州船政局和飞机制造工程处也一度将两机视为“一架”飞机。

关于这两次试飞情况，陈兆锵在向海军部汇报时说：“是年十二月，第一架水上飞机方庆告成，而试演乏人，船政局延聘我国飞行专家试演飞行两次，均因驾驶欠灵，转柁太急，摔伤机件，恐难修理。”③因两

① 《海军飞机制造处工作报告》，《航空会议汇编》，全国航空会议秘书处，1931 年版，第 49 页。“陈某”应为“蔡某”，即蔡司度，是杨仙逸的好友，同为孙中山的追随者。

② 《闽峤要讯》，《大公报》，1920 年 7 月 26 日，第 6 版。

③ 《海军部为试制水上飞机请准报销经费呈》，《中华民国史档案资料汇编》第 3 辑《军事》（一）下，江苏古籍出版社，1991 年版，第 1383—1384 页。

次试飞遭遇失败，当时《大公报》报道称，王助等人被陈兆锵“大加训斥”，“王乃归咎于工匠不能修理，以图卸责”。[①]

遭遇两次试飞失败的挫折，“各主任以造飞机均按学理上而定，尚有把握，故虽两经挫折，志犹未馁，仍奋勇前进。以第二具之克提斯发动机于九年底又完成‘甲三’号同式飞机。”1920年底，飞机制造工程处使用第二具发动机，制造了“甲型三号”飞机，但国内缺乏驾驶人才，船政局又无款外聘请人，一直到1921年夏天，福州英国洋行卜内门公司（Brunner Mond & Co. Limited）的经理、退役航空少尉豪克（Hawk）在参观“甲型三号”后，主动请求义务试飞该机，豪克试飞起降三次，均告成功，[②]这架飞机的成功试飞，意味着船政首创国产飞机的真正成功。

这架“甲型三号”，被陈兆锵视为“第二架”飞机。陈兆锵在向海军部的报告中介绍：“至十年五月，第二架飞机复告成功，适有英国退伍航空上尉豪克在闽经商，富有航空经验，仍由船政局约其试演飞行三次，高度达三千余尺，每次历时均有三十分钟之久，机身稳健，速率灵捷，深为该洋员所赞羡。”[③]

因这架飞机的发动机取自原甲型飞机（陈兆锵口中的第二架飞机），但又与首批甲型飞机设计存在部分不同，因而也被研究者称为“新甲型三号”。[④]

随着飞机制造、试飞成功，陈兆锵在1921年9月将试制飞机经过情形呈报海军部，详细汇报了自1918年2月开始兴制飞机的过程：“试

---

① 《马尾船政局近状》，《大公报》，1920年6月23日，第7版。

② 《海军飞机制造处工作报告》，《航空会议汇编》，全国航空会议秘书处，1931年版，第49页。

③ 《海军部为试制水上飞机请准报销经费呈》，《中华民国史档案资料汇编》第3辑军事（一）下，江苏古籍出版社1991年版，第1383—1384页。《闽省试制飞机之成绩，船政局长呈报海军部文》，《天津益世报》，1921年10月20日，第二张。

④ 陈悦：《船政史》，福建人民出版社，2016年版，第617页。

“乙型一号”水上飞机

办以来，于各项人才既形缺乏，于经费支配又极困难，备极艰辛，屡遭顿挫。”材料、技工的缺乏，陈兆锵和飞机制造工程处诸人尚可努力加以克服，但经费的困难，却让陈兆锵束手无策。

“……经费困难，东挪西借，三年仅奉部拨三万元”，而“现在第三架飞机，亦将次告竣，统计实用现洋八万七千零一十八元零四分……”①

这“第三架飞机”即为1922年制成的“乙型一号”飞机。

随附呈文的，还有“八万七千零一十八元零四分”花费的清单，按照陈兆锵的汇报，其中有近5万元为船政局垫付或赊账，以致“已用未付之款，尚在挂欠各商号账中，驻日追呼，迄无以应”。②

① 《海军部为试制水上飞机请准报销经费呈》，《中华民国史档案资料汇编》第3辑《军事》（一）下，江苏古籍出版社，1991年版，第1383—1384页。《闽省试制飞机之成绩，船政局长呈报海军部文》，《天津益世报》，1921年10月20日，第二张。

② 《海军部为试制水上飞机请准报销经费呈》，《中华民国史档案资料汇编》第3辑军事（一）下，江苏古籍出版社，1991年版，第1383—1384页。《闽省试制飞机之成绩，船政局长呈报海军部文》，《天津益世报》，1921年10月20日，第二张。

除了汇报成绩，诉说困难，陈兆锵最大的目的仍是希望海军部能够拨款接济，“请予即日将该制机之款拨发，以资周转”。[①]

陈兆锵在呈文中还写道：“是三年中，由困苦得来制造飞机经验，于国家军用利器前途，裨益实非浅鲜。”

收到陈兆锵的呈文后，海军部一面派员验收，同时在 1921 年 9 月 7 日，向大总统进行了汇报，恳将所需经费准予核销拨发。[②]

曾诒经后来根据制造飞机的情况进行估算，每架飞机的成本在 3 万余元，“这种小型飞机的成本这样高昂是罕有的，这是由于生产率过低的缘故”。[③]但即便如此，“以较购自外洋者，尚称廉省”。[④]

因此在甲型飞机试飞成功后，飞机工程制造处“各主任以为此后可以筹措的款多制飞机，以期养成一部分航空人才”。为此，巴玉藻等人到北京谒见时任海军总长李鼎新，面陈计划，“拟定初步扩充厂场及购置机械之计划，请款六十余万元，以图多制教练飞机，养成多数航空人才，逐渐进行军用飞机，自制发动机，以期达到空军国防之目的”。此项计划获得李鼎新的支持，将扩充制造及训练飞行办法提交国务会议审议通过，总统徐世昌也批准，并饬财政部筹款。但终因国库空虚，财政部未

---

①《闽省试制飞机之成绩，船政局长呈报海军部文》，《天津益世报》，1921 年 10 月 20 日，第二张。

②《海军部为试制水上飞机请准报销经费呈》，《中华民国史档案资料汇编》第 3 辑军事（一）下，江苏古籍出版社，1991 年版，第 1383—1384 页。

③ 曾诒经：《旧中国海军马尾船政局制造飞机的回忆》，福建省音像出版社，2006 年版，第 12 页。

④《海军部为试制水上飞机请准报销经费呈》，《中华民国史档案资料汇编》第 3 辑军事（一）下，江苏古籍出版社，1991 年版，第 1384 页。《闽省试制飞机之成绩，船政局长呈报海军部文》，《天津益世报》，1921 年 10 月 20 日，第二张。

福州船政局设计的水上飞机浮站

能奉行，这项计划也未能施行。[①]

“甲型三号”试飞成功后，1922 年初即被海军第二舰队司令杜锡珪调到江西湖口，以备军用。这是国产飞机首次应用于军务。因湖口地方建筑飞机棚厂不便，飞机制造工程处首创“飞机浮站”，这是一座水上飞机棚，使飞机不致受拘于固定的航站。这座浮站最初计划由福州船政局制造，但因船政局当时所存的料件有限，后改为江南造船所制造。[②]

1922 年 10 月，新一批飞机配件运到，船政局再次通过海军部向财政部申请验免放行。此次船政局应用飞机配件一共分装五箱，由北京装

① 《海军飞机制造处工作报告》，《航空会议汇编》，全国航空会议秘书处，1931 年版，第 49 页。曾诒经：《国产飞机》，《科学画报》，1933 年 12 月上。《海军部为试制水上飞机请准报销经费呈》，《中华民国史档案资料汇编》第 3 辑军事（一）下，江苏古籍出版社，1991 年版，第 1383—1384 页。

② 《海军飞机制造处工作报告》，《航空会议汇编》，全国航空会议秘书处，1931 年版，第 49 页。王助：《飞机浮站之设计及构造》，《制造》第四期第一卷，1928 年 12 月。

火车经天津、南京到上海，再从上海装轮船转运马尾。[1]

1922年底，因粤军入闽，福建军乱，船政局无款维持，只得停工。靠船政局供给的飞机制造工程处经费完全告绝，制机工程停顿达八个月。

在此前后，曾有人进入船政局参观过飞机厂，并留下一些记载："飞机厂在铁胁厂侧，厂址不甚大，机器亦仅十余部。"[2]可见，因长期经费短缺所造成的窘境。

1923年6月，时任海军总司令杜锡珪在南京召开海军财政会议，陈兆锵前去参加。会上议定，由总司令公署每月拨给4千元，作为飞机制造工程处的经费。1923年8月，飞机制造工程处得以复工。[3]

1923年6月，杜锡珪下令聘俄人萨芬诺夫为航空教练官，在飞机制造工程处设立航空教练所，挑选海军毕业学员何健等六人为学员，以"乙一"号作为教练机，由海军闽夏警备司令部月拨700百元作为临时飞行费。[4]

1923年9月，船政局呈请将飞机制造工程处改为独立机关，归属海军总司令部直辖，但未获批准，仍有船政局兼管。[5]最后在陈兆锵离开船政局后的1928年9月，飞机制造工程处转隶海军总司令部公署，改名为"海军制造飞机处"，经费由海军总司令部供应，仍设在船政局内，由巴玉藻担任处长，王助、曾诒经任副处长。1929年巴玉藻去世后，王助继任处长。

---

①《福州船政局由京装运飞机零星配件五箱至福州应准援案验免放行咨复行查照文》，《财政月刊》，1922年第9卷第107期，第10—11页。

②《记福州之船政局（续）》，《工商新闻》，1924年5月17日，第4版。

③《海军飞机制造处工作报告》，《航空会议汇编》，全国航空会议秘书处，1931年版，第50页。

④《海军飞机制造处工作报告》，《航空会议汇编》，全国航空会议秘书处，1931年版，第50页。

⑤《海军大事记》下卷，（民国）海军总司令部，1942年版，第33页。

“丙”型飞船

“丁”型水上飞机

在甲型飞机之后，至1931年迁往江南造船所之前，飞机工程制造处（海军制造飞机处）在船政局的院内有先后造出了“乙”“丙”“丁”“戊”“己”等五种机型，共14架飞机。其中“甲”“乙”“丙”“丁”四型为陈兆锵船政局长任内制成，共8架飞机。

1921年10月17日，以福州船政局试制水上飞机告成，局长陈兆锵“督率有方”，大总统令对陈兆锵授予勋五位，[①] 对巴玉藻等人，分别晋授官资。[②]

1931年中国第一次全国航空会议报告，对于陈兆锵做出的贡献，曾有一段介绍：“飞机处开办伊始，海军部因财政支绌，所经批准之款，从未拨给，以致应添置之机器无从购办，而由船政局让用之机器，除车床及钻机外，又不适用于试造飞机之用，所以工程大半依赖手工。至经常费，海军部亦未照发，幸船政局犹能随时挹注，得以采办日用料件，发给工资，工程藉可勉强继续进行。”[③]

正所谓，“海军之造飞艇，亦自闽厂始也”。[④]

---

①《政府公报》，总2028期，第2页。

②《海军大事记》，福建省政协文史资料办公室翻印，1965年5月，第45页。

③《海军飞机制造处工作报告》，《航空会议汇编》，全国航空会议秘书处1931年版，第48页。

④陈宝琛：《族弟铿臣七十寿序》，《爱国海军耆宿陈兆锵将军》，1999年自印本，第54页。

四 督办海军教育

督办海军、制造两学校

辛亥革命后，原船政所属的各学堂，也迭见沿革。作为福州地区的海军高级将领，陈兆锵不仅参与对船政教育系统的改革、整顿，还身兼数职，创新教育。

1913 年 10 月，时任海军总长刘冠雄在赴闽监督裁军期间，正式将原船政的前、后学堂收归海军部管辖，并供应学校经费，以此减轻福州船政局的经费负担。原前学堂更名为福州海军制造学校，首任校长陈林璋，船政前学堂制造班第一届毕业生，还是陈兆锵的侄孙。[①]后学堂改名为福州海军学校，首任校长为船政后学堂管轮班第三届毕业生王桐。[②]船政局由此演变成一个纯粹的舰船修造机构。

虽然校、厂分离，但由于船政局和两所学校独特的渊源关系，仍对学校有着强大的影响力。

由于福州船政局是当时海军在闽的高级机构，为了确保对同为海军机构的在闽海军部所属学校的统一管理，海军部在 1916 年 5 月 29 日，任命陈兆锵兼任福州海军学校、福州海军制造学校督办[③]，此后，二校的具体教务由校长负责，陈兆锵则负责监督二校的教学、行政，以及协助处理重大事务。

① 张宝骐：《船政教育，薪传不绝——船政学堂及其系列学校》，《福州文史资料》第 22 辑，2003 年 10 月，第 234 页。

②《海军大事记》下卷，（民国）海军总司令部 1942 年版，第 5 页。

③《海军官册》，民国海军部档案。

福州海军学校第十二届轮机班毕业典礼合影，前排右起第十人是时任学校监督陈兆锵

在此期间学校曾发生两次学潮事件，陈兆锵都做了妥善处理。

一次是 1919 年制造学校学生大罢课。制造学校第一届毕业生张宝骐回忆："海军部接管学校后，学制紊乱问题基本解决，但对初、中、专三级如何衔接、配合，缺少协调部署，尤其是中级以后的专业方向不能肯定……以及毕业年限等问题。当时中级三年将要结束，学生们相当焦急。"

为此制造学校的甲班学生 22 人，从年初开始准备发动离校罢课运动，罢课之前向海军部递交呈文，罢课当晚向海军部发电"请求惩办学校恶劣教官，以及善后问题"。当罢课学生走出校门时，校长陈林章已无力处置，只能向船政局报告。接报后，船政局派出一排巡防队赶赴码头，但学生已经乘船离开。

海军部当天接到控诉书后，来电指示制止学生罢课，并斥责学校，"因此局长、校长以及全校教职员均感棘手与惊惶"。陈兆锵派出船政前学堂第七届毕业马翊昌、韩孟杰两人作中间联系人，劝说学生返校复课，双方进行了一个多月谈判，最终，海军部将校长、佐理官、总教官、学监、秘书全部撤换，争取学生回校，并派海军部军学司曾宗巩临时担任校长，整顿校务。

罢课胜利后，部分学生自行离校，甲班余下 12 人完成专业课程，于 1921 年毕业。[①]

另一次是在 1919 年“五四”运动时期，福州学界也掀起爱国集会、抵制日货等活动，福建督军李厚基拘捕大批学生。此时两所海校的学生也乘船准备到福州参加聚会，中途被海军司令林颂庄和船政当局“截住”。陈兆锵的女婿沈来秋认为，学生们一片爱国的情绪被“镇压”下去。[②]其实，陈兆锵当时也参与到这一爱国行动中，他派人将学生劝谕返回，本意是保护学生。

陈兆锵兼任福州海军学校、福州海军制造学校督办，直至其调任江南造船所所长为止。

此后，1926 年 5 月福州海军制造学校和福州海军飞潜学校并入福州海军学校，当时陈兆锵从江南造船所辞职返回福州后，又曾以“顾问”的名义主持过一段时间的福州海军学校校务。

改建福州海军艺术学校

1913 年，原船政的艺圃改为海军艺术学校，艺徒改称为学生，首任校长黄聚华。据该校乙班学生蔡仁清回忆，陈兆锵也曾一度兼任校长

---

① 张宝骐：《船政教育，薪传不绝——船政学堂及其系列学校》，《福州文史资料》第 22 辑，2003 年，第 234 页。

② 杨齐洛、沈来秋：《马尾船政前学堂点滴》，《莺唤轩剩稿选》，1999 年自印本，第 37—39 页。

一职。[1]

虽然学校名字有“海军”二字，但仍归船政局直接管辖，由船政局负责供给经费。

艺术学校的教学模式和艺圃时代相同，采用半工半读的教学模式培养技术工人。学制为4年，学生经过6个月的试读，合格者才能正式就读，由船政局发给膳费。

福州海军艺术学校成立后，初期从船政局内挑选学徒20余人入读，后逐步增加至70人，分作甲、乙、丙三个班。

1915年陈兆锵就任船政局局长，发现原艺圃建筑已经年久失修，“校舍已破烂不堪，光线又不好”，[2]无法满足上课需要，因此在原船政衙署西侧的铜元局旧址上，建设新校舍，校址紧邻船政衙署外的官厅池。

新建的校舍布局呈口字形，入门的左右两侧为讲堂、教具室、会议室等建筑，其余三面分布着学生宿舍、餐厅、理发室、浴室、厨房、养病室等建筑，居中留有天井。在校舍外，另辟一处为操场。[3]

1915年年底，学校改建后首次在福州公开招收中等学校毕业或同等学力学生50名，学生总数增加至120人，“从前艺徒均课法文，兹添招英文新生两班，分习英法制造等学”。[4]原丙班改为英文甲班，另编成英文乙班。全体学生在1916年春迁入新校舍，法文两班学生住东

---

① 蔡仁清:《海军飞潜学校始末》,《马尾首创中国航空业资料集》，福建省音像出版社，2006年版，第44页。

② 蔡仁清:《海军飞潜学校始末》,《马尾首创中国航空业资料集》，福建省音像出版社，2006年版，第44页。

③ 蔡仁清:《海军飞潜学校始末》,《马尾首创中国航空业资料集》，福建省音像出版社，2006年版，第44—45页。

④ 池仲祐:《造舰篇（下）·福州船政纪略》,《清末海军史料》，海洋出版社，2001年版，第213页。

校舍，英文两班学生住西校舍，学校大门口的墙上横写着校名“海军艺术学校”。学校的校服也极具时代特点，学生一律穿蓝斜纹布的中山装，戴军帽，穿短筒黑色皮鞋。[①]

由于关于海军基础相关的理论知识几乎一样，经过一段时间的学习后，艺术学校的学生会被福州海军制造学校、福州海军学校以及南京海军无线电训练班等处挑走，艺校也几乎成了这些海军学校的预备学校。[②]

1917年冬，海军部在福州船政局内开设飞潜学校，局长陈兆锵兼任校长。陈兆锵将新改的海军艺术学校校舍拨给飞潜学校使用。因飞潜学校教习向国华、陈藻藩、巴玉藻、王助、曾诒经等人均为从英美留学回国，因此将艺术学校的甲、乙两班学生，直接编为飞潜学校甲、乙两班。法文两班学生则搬回旧校舍，保留海军艺术学校的名称。[③]

整编后的艺术学校由船政局工务长、船政前学堂制造班第二届毕业生曾宗瀛担任校长，为补充学生名额，又新招收学生120名，分甲、乙、丙三班，采用英文教学。

1920年，艺术学校法文班毕业，全部排入船政局各厂车间工作，当年又继招学生两班。

1922年，海军部又从艺术学校抽调部分学生补充进入海军学校，改学驾驶专业。

1923年，海军部军学司呈文海军部，申请将福州海军艺术学校和福州海军制造学校、福州海军飞潜学校三校合并，未果。

---

① 蔡仁清：《海军飞潜学校始末》，《马尾首创中国航空业资料集》，福建省音像出版社，2006年版，第45页。

② 陈景芗：《旧中国海军的教育与训练》，《福建文史资料》第八辑，1984年，第97页。

③ 蔡仁清：《海军飞潜学校始末》，《马尾首创中国航空业资料集》，福建省音像出版社，2006年版，第44页。

到了1926年，福州海军制造学校和飞潜学校并入福州海军学校时，又从艺术学校挑走了50余人。

自1913年成立起至1934年停办，福州海军艺术学校共毕业两班学生，约四五十人，[①]其余绝大部分进入其他海军学校，这成为艺术学校计划外的一项教育成果。

首创海军飞潜学校

1917年12月，在派遣巴玉藻等人到福州船政局试造飞机工业的同时，海军部决定设立海军飞潜学校，为航空和潜艇事业培养人才，并派飞潜各生员到大沽、上海、福州三处海军修造机构进行考察选址。最后以“福州马尾地段最宽，足敷展布厂所机器，尤足为兴办基础”，遂由海军部提出议案，国务会议通过，飞潜学校由此创设。[②]这是中国最早的航空工程和潜艇工程学校。

海军飞潜学校隶属海军部，但经费由船政局供应，校长一职由陈兆锵亲自兼任。

陈兆锵本人对飞潜学校的建设极为重视，将刚刚启用的福州海军艺术学校新校舍腾挪给飞潜学校使用，校门口墙上“海军艺术学校”六字，重新改写为“海军飞潜学校”。

原海军艺术学校的英文甲、乙两班学生直接改为飞潜学校的甲、乙班，同时又在福州公开添招中等学校毕业生或同等学力学生50名，编为丙、丁班，后又新招戊班。根据飞潜学校的专业设置，甲班学习飞机制造，乙班学习潜艇制造，丙班学习发动机制造，丁班学习驾驶，戊班

① 陈景芗：《旧中国海军的教育与训练》，《福建文史资料》第八辑，1984年，第97页。

② 《海军大事记》，福建省政协文史资料办公室1965年翻印，第35—36页。

学习轮机；师资方面，聘请余笃伍为学监，原艺术学校英文班教员全部转为飞潜学校教官，同时在英美学习飞机制造的潜艇专业的留学生也聘为教官，比如巴玉藻、王孝丰、王助、曾诒经等担任飞机制造教官，陈藻藩、叶芳哲担任船体制造教官，袁晋担任轮机教官；在制度方面，飞潜学校和福州海军学校等类似，在校长之下设有佐理官、总教官、军需官等职岗。①

飞潜学校的科目分为学科、国文和厂课三部分。初期学科注重英文及初等数学，后期则着重高等数学、机械力学、制图等专业课程。厂课则是先实习钳床，再直系其他各种车床。当时飞机制造工程，与飞潜学校几乎同时进行，因此还有学生得以直接参与水上飞机的制造工作。

在学校的具体管理上，陈兆锵与巴玉藻等诸留学生达成共识：陈兆锵负责行政，教务方面全凭借留学生们主持、负责，陈氏概不过问。双方这种这种合作模式颇为融洽，福州人称之为“铿臣学校”（陈兆锵，号铿臣）。②

船政局本身经费已经奇缺，还要供给飞机制造制造工程处。在1921年，船政局由于实在无力，曾一度停供经费两个月。③

1923年6月，飞潜学校学习飞机制造的甲班学生举行毕业考试，陈钟新、沈德熊、杨福鼎等17名学生毕业。对于这班毕业生，陈兆锵十分看重，亲自“合历考成绩，第其甲乙，请奖给毕业文凭”。④除了

①蔡仁清：《海军飞潜学校始末》，《马尾首创中国航空业资料集》，福建省音像出版社，2006年版，第45页。

②周日升：《马尾船政局之始末》，1980年排印稿，第74页。

③《悲观之福建海军》，《大公报》，1921年4月22日，第6版。

④《海军飞潜学校甲班同学录·序一》，《纪念陈兆锵将军文选》，福建省音像出版社，2007年版，第36页。

向海军部为甲班学生发给毕业证外，陈兆锵还为他们举行了隆重的毕业典礼，制作了《海军飞潜学校甲班同学录》，邀请海军总长李鼎新、军学司长李景曦题词、写序，以示郑重。

对首批毕业生，海军上下也寄予厚望，时任海军部军学司司长李景曦说："他日御风而行，昂首天外，为我国开道路，为我军助声威。"①

陈兆锵在尽力维持船政局的同时，又能使飞潜学校得以顺行，实属不易。对陈兆锵主持创办飞潜学校的艰辛与贡献，李景曦曾有评价："天下事守成易创始难。有实力而创易，无实力而创则尤难。我军学校林立，其先国家饶足，凡百易举。……设飞潜学校，然而晌精未足也。陈铿臣中将以船政兼长斯校，复能体上将（刘冠雄）培才之至意，苦心维持，查于衣食，富于书籍；以最少之经费，设最多之班次。又以飞机为当务之急，于是数甲班专习是科。……吾深佩刘、陈二公之有毅力。"②

陈兆锵本人在为《海军飞潜学校甲班同学录》书写序言时，曾吐露心迹："其间经济困难，心力交瘁较之兼督（海军、制造）两校时奚翅倍蓰！"但是，他认为"用心力于无用之地与用心力于有用之地，其得失不可以道里计"。陈兆锵说："今宰萃学子习飞机专科，为吾校先导，皆能砺学砥行，卒竟厥业。"并勉励诸生"本其体以为用，行见智创巧术"，制造出"运行如神"的飞机，"则吾为国家尽义务，收效果，虽竭尽心力，梦寐间无倦容焉"。甲班的毕业生，也对师长充满感激："夫飞潜学校创设伊始，皆前总长刘公资颖及兼校长陈公铿臣苦心经营，并各师长赞

①《海军飞潜学校甲班同学录·序二》，《纪念陈兆锵将军文选》，福建省音像出版社，2007 年版，第 36 页。

②《海军飞潜学校甲班同学录·序二》，《纪念陈兆锵将军文选》，福建省音像出版社，2007 年版，第 35 页。

襄，缔造艰难以有今日。”①

这17名学生毕业后，由海军部派至飞机制造工程处，经过一段时间的练习后，分配图算、厂务、管理、监工、考工、材料、稽核、试验等各项职务。这群专业学生的加入，让此前一切工作都须“躬自服务”的巴玉藻等人，顿时“方有臂助”。1931年，他们中的一部分人又跟随飞机处搬迁到上海江南造船所，经过几年的工作时间，“该员等经验相称，办事得力”。②这是中国航空教育自主培养的第一批飞机制造人才，也是第一次由他们参与飞机制造，“为我国飞机先河之导，俾有所取法也”。③

1924年2月，学习潜艇制造的乙班学生郭子桢、周亨甫、李志翔等19名学生毕业，随即派往船政局实习。1925年6月，学习发动机制造的丙班林轰、王卫、陈冀等20名学生毕业，派往江南造船所见习。④三个月后，陈兆锵也调任江南造船所所长。

殊为可惜的是，这一“为吾国空前之举”⑤，并未能持续太久。由于陈兆锵调离，再加上船政局经费紧张，无法继续维持福州海军飞潜学校。1926年飞潜学校停办，尚未毕业的丁、戊两班六七十名学生转入

---

①《海军飞潜学校甲班同学录·自序》，《纪念陈兆锵将军文选》，福建省音像出版社，2007年版，第36页。

②《海军飞机制造处工作报告》，《航空会议汇编》，全国航空会议秘书处编，1931年，第52页。

③《海军飞潜学校甲班同学录·序一》，转引自《纪念陈兆锵将军文选》，福建省音像出版社，2007年版，第36页。

④《海军大事记》，福建省政协文史资料办公室1965年翻印，第58页。

⑤《海军飞潜学校甲班同学录·序四》，《纪念陈兆锵将军文选》，福建省音像出版社，2007年版，第37页。

海军学校继续学习，[①]飞潜学校的校舍则由海军闽厦警备司令部（海军马尾要港司令部）使用。

虽然飞潜学校存在的时间很短，但为中国培养了飞机制造人才的种子。抗战时期，国统区计有八个飞机修理厂和四个飞机制造厂，各厂都有飞潜学校的毕业生工作，不少人还在厂里担任科长，成为骨干力量，还有人被派往美国继续深造飞机制造，有的毕业生则在其他岗位贡献力量。[②]

比如，乙班毕业生徐振骐（1901—1982年），后留学英国，研习舰船制造。1937年，派赴德国学习潜艇制造。抗战胜利后，在江南造船厂担任工程师。上海解放前夕，参加船厂护厂斗争，被评为乙等模范。中华人民共和国成立后，主持设计建造人民海军国产第一、二代炮艇，成为全国著名造船专家。

丙班毕业生王荣瑸（1903—1989年），1925年6月毕业，派赴上海江南造船所实习。第二年，参加中共地下外围组织“新海军社”。1929年，由海军部选赴英国曼彻斯特大学学习内燃机设计制造技术。1932年回国，仍在江南造船所任工作。抗战爆发后，参与设计制造水雷。1938年，被派到德国监造订购的潜水艇，收集大量技术资料。1939年冬，将400余张图纸和资料拍成胶卷带回国内。1949年，上海解放前夕，参加江南造船所护厂斗争，将有重要价值的2万多张图纸和部分图书及美英造船年鉴等完好保存，获上海市一等劳动模范称号。1950年代，主持中国第一代海军潜艇、万吨货轮“东风”号、中国第一台万吨水压

① 蔡仁清：《海军飞潜学校始末》，《马尾首创中国航空业资料集》，福建省音像出版社，2006年版，第50—51页。

② 蔡仁清：《海军飞潜学校始末》，《马尾首创中国航空业资料集》，福建省音像出版社，2006年版，第50—51页。

机等的设计建造。

丙班毕业生陈长钧（1904—1974年），1942年任福建企业公司铁工厂厂长兼总工程师，抗战胜利后，到台湾参加接收工作。

……

陈兆锵，以其洞察世界大势的眼光以及他坚忍负重的担当，培养了一批技术人才，并让整个中国受益。而这些毕业生晚年聚会时，“回忆当年的飞潜学校教育，仍然怀念陈兆锵校长”。[1]

创设于福州船政局内的马尾海军制造飞机处

① 陈明光：《飞潜学校，人才辈出》（打印稿）。陈明光为福州海军飞潜学校丙班毕业生陈长钧之子。

1922 年初，福建军政警各界欢迎刘冠雄合影留念，前排右起第六人为陈兆锵

五　参与政务

身影闪现闽局

陈兆锵为海军宿将，其战友、学生遍布海军界。作为当时海军三大修造船机构之一福州船政局的主持者，他不仅在军内有着举足轻重的地位，也对福建政坛局势发挥着特殊的影响力。

海军以福州船政局为依托，延伸在闽的影响。自 1913 年海军总长刘冠雄带兵平闽遣散驻福州湘军后，福建的政治交锋背后，都能看到海军力量的作用。

1916 年 4 月，闽粤战事发生，刘冠雄再次奉命赴闽督师，乘坐军舰抵达福州马尾后，驻节于福州船政局的储材所。不久因袁世凯去世，刘冠雄辞去总长一职。1917 年 7 月，皖系军阀领袖段祺瑞任中华民国国务总理后，拒绝中华民国国会和临时约法，孙中山在广州发动护法运动，号召北伐。1918 年，护法军政府组织援闽粤军，讨伐盘踞在福建的北洋系军阀福建督军、省长李厚基。李军作战无力，至当年 9 月份左右，援闽军已推进至福建漳州一带，省会福州震动。

为应对变局，1918 年 9 月 8 日下午，福建盐运使刘孝祚、财政厅长林炳章、警务处处长俞绍瀛等人曾联袂出城，到海军第一舰队司令林颂庄的私宅商洽对策。作为福州船政局局长的陈兆锵也在座，会谈从下午 3 时一直持续到晚上 7 时。[①]

因为当时闽局危机，“土匪蜂起，人心摇动”，当年 9 月 17 日，福州近 20 位士绅给时任海军总长刘冠雄、参众两院去电，希望举办团练，维持地方，公推由第一舰队司令林颂庄（福州人，船政后学堂第十四期驾驶班毕业）、船政局局长陈兆锵、王麒（福州人，船政后学堂驾驶班第十五期毕业，曾在李厚基手下任旅长）三人主办。[②] 这是福建本土首次欲推举陈兆锵参与省中军务。

对此名单，北京政府并未认可，而是派海军旧将萨镇冰为福建全省清乡事宜督办，黄培松为会办。此后，经北京政府授权，在萨镇冰的斡旋下，援闽军与李厚基达成和议，于 11 月 1 日起双方停战。[③] 随着萨镇冰入闽，外间盛传其将担任福建省长或督军。但不久之后，徐世昌担任大总统，靳云鹏组建第十二届内阁，萨镇冰出任海军总长。

1920 年 5 月，刘冠雄以省亲名义回福建。当时“闽局几于无可收拾，而省城内地复酿无数之恐慌暗潮”，如闽粤和议问题，南北分任福建军民

---

① 《马江会议情形》，《大公报》，1918 年 9 月 20 日，第 6 版。

② 《闽局危急状况：漳州陷福州危》，《申报》，1918 年 9 月 18 日。

③ 《外电》，《申报》，1918 年 11 月 2 日，第三版。

两长问题，裁撤驻闽军队问题等，“刘氏遂立意南旋，以整顿闽局自任”。福州各界人士听闻，谒刘表达民意，刘氏因此应接不暇。5 月 8 日，刘冠雄在宫巷私宅邀集绅商学各界人物 60 余人茶叙，席间，刘冠雄提议设立“绅商联合总会，举会长一人，每道干事二人，民间如有疾苦可到会陈述转陈官厅办理”。对这一提议，与会者议论纷纷，莫衷一是，最终设会名目尚未确定，但仍推举出了会长一人，八名干事，陈兆锵即名列其中。①

到了当年 10 月，此前因为护法南下而和北洋政府海军部决裂的广州军政府海军，其总长林葆怿与北京政府海军部一度就南北海军统一问题磋商就绪。对于此事，在粤海军将领反对北归，孙中山也极力阻挠，致电福建督军李厚基，称护法各舰如果北归，将可能和北洋政府海军合力占领割据厦门、马尾等处。②此事触及李厚基在闽利益，李随即致电北京政府，反对南舰北归后驻扎马江、厦门等处。

同时，李厚基还担心海军在福建的根基强大，林葆怿北归至闽后，可能会夺取督军职务。此前在福建东山岛召开商讨海军统一的会议时，陈兆锵曾两次前往，因此传闻陈兆锵与护法海军谋驱李氏。李厚基因此甚为忌惮，将陈兆锵视作眼中钉，安排巡警监视福州船政局以及陈兆锵的私宅。陈兆锵见人形迹可疑，上前询问，对方回答称是“逃兵”。陈兆锵为免生事，没有追究，但将船政局戒严，出入者均系佩戴徽章，至各厂、所及储才馆等重要之地，均有工巡队及陆战队把守，以备不测。③

1922 年 6 月，直系军阀入主北洋政府，“驱徐（世昌）迎黎（元洪）”，半数以上的旧国会议员随后聚集北京，恢复旧国会和旧宪法，这一历史

---

① 苏小东：《刘冠雄回闽之真相》，《大公报》，1920 年 5 月 22 日，第 6 版。

②《中华民国海军史事日志》，九州图书出版社，1999 年版，第 181 页。

③《马江船政局之戒严》，《晨报》， 1920 年 10 月 27 日，第 6 版。

1920 年初，陈兆锵等在闽海军人士合影（中国船政文化博物馆藏品）

事件被称为“法统重光”。此后，数省省长依次简放，掌握福建军政大权的李厚基因大势所迫，也电请简放福建省长。

围绕福建省长的人选问题，各方势力激烈角逐。这其中还隐含着刘冠雄与萨镇冰，陈兆锵与萨、刘二人，乃至马尾海军与南京杜锡珪海军总司令部以及北京海军部等海军内部的微妙关系。

当时，李厚基为了独掌福建，曾将自己的亲信、厦门道尹陈培锟调到省城，作为省长人选向北洋政府推举，但未能成功。在对比了据称有意竞争省长一职的萨镇冰、刘冠雄等海军人物后，李厚基因与刘冠雄有旧谊，便转变口风，开始赞成刘冠雄入闽。素为李厚基奔走的福建省教育会会长王修、商会长罗嵚以及一些士绅表示赞同，在报纸上公开拥刘。消息传出后，引发部分福建人士的强烈反弹。7 月 4 日，一些社团代表秘密在福州西湖及仓前山开会，两度议决去电拒刘，因戒严期内电报检查异常严密，便使用快邮发信两件到北京以及其他社会团体。

刘冠雄曾长期执掌海军部，在海军大省福建拥有很强的影响力，

1913年曾有带兵赴闽裁兵的善后之行。而福建政界对刘冠雄态度的转变，最主要的原因有两个，一是因为他是“洪宪功臣”，二是他所举荐的李厚基已不被福建人认可。

这两封信还发往上海三山会馆的旅沪福建同乡会，该会是积极参与闽省议题的重要团体，其中以海军界政要为多，此时会长为首任船政大臣沈葆桢第七子沈琬庆。7月12日，同乡会就此开会达成一致，致电大总统、国务院，推举萨镇冰入闽，请“简萨上将镇冰入闽办理裁兵善后及收束民军事宜”。电文中写道：“如以废督时机未至，应请援苏鄂赣等省之例，先简闽人治闽，俾挽危局，琬庆等对于萨氏非有私所爱，特就各方面观察，实以萨氏入闽为最宜，其他受他人利用。希冀省长一席者，非仅无裨闽事，且恐转滋闽祸，闽人誓不承认，务恳俯察舆情，迅赐简派萨氏，不胜迫切待命之至。”同时，旅沪同乡会还给萨镇冰去电，希望萨出山就任，“务恳俯顺与情为桑梓，拯垂绝之命”。①

辛亥革命后，萨镇冰作为海军元老，为人低调，并未过多参与政事，与刘冠雄长期主政海军不同，因而在各方有不错的口碑。“拒刘迎萨”，遂成为当时一股巨大的舆论力量。

对于这些呼声，萨镇冰并未明确表态。此后闽籍海军军人在上海海军联欢社开会商讨，席间有人提议，推举有省长资格者数人，交由海军总长李鼎新提交阁议，从中择一任命。但在座者多表反对，遂作罢论。1922年7月27日，李鼎新忽然违背同乡公意，在国务会议中推荐六人，请求择一任命为福建省长，六名候选者为萨镇冰、刘冠雄、蒋拯、蓝建枢、陈兆锵、李兆珍。②

---

①《闽同乡解决桑梓之去电，请简萨镇冰长闽》，《申报》，1922年7月13日，第13版。

②《李鼎新私荐省长之反响》，《申报》，1922年7月31日，第6版。

时任国务总理颜惠庆认为，名单中除萨镇冰为闽人全体所赞成，而本人不肯出任，其余各人无一中选，如果就此单中择一任命，必惹起闽中反对风潮。李鼎新的提议遂被否决。而“拥刘派得讯，亦大失望，但仍督促李鼎新得有机会尚当提出，然此事为旅京多数闽人所探悉，咸不直李之所为”。①

对于舆论的呼吁，北京政府同样没有表明态度。1922 年 8 月 8 日，李厚基抢先给北京政府发电，称传闻萨镇冰将带同孙国镇、萧奇斌等人到闽查看情形，“以便再电中央任命萨上将为福建省长”。李厚基请“暂勿发布省长，一面电阻萨上将缓来”。②

1922 年 8 月中旬，萨镇冰乘坐“联鲸”军舰从上海到广州，接洽南舰北归问题。因要途经福建，传闻萨镇冰到福州后，或住马江海军联欢社，或住黄培松家。此行目的“系探闽人之反对刘冠雄至于如何程度，以觇民意之所在”。③

不过萨镇冰最后只在距离福州 80 多公里的三都澳做短暂停留，船政局局长陈兆锵和长期驻扎马尾的练习舰队司令杨敬修闻讯，结伴前去看望。这使得李厚基十分紧张。萨镇冰离开后，李厚基逼迫黄培松离开福建，“黄去，则可减萨之在省助力，省长问题自不发生”。④

进入到 1922 年 9 月份，福建形势愈加严峻。

不久前，第一次直奉战争以直系获胜告终，孙中山组织护法军政府，在发起的第二次护法运动中，遭遇陈炯明叛变，只能中止北伐从江西回

---

①《李鼎新私荐省长之反响》，《申报》，1922 年 7 月 31 日，第 6 版。

②《李厚基请暂勿发布任命省长令并请电阻萨镇冰缓来电》，《北洋军阀史料》黎元洪卷四，天津古籍出版社，1996 年版，第 464—466 页。

③《萨镇冰回闽声中之闽省长》，《申报》，1922 年 8 月 13 日，第 10 版。

④《闽省长问题之里面》，《申报》，1922 年 9 月 3 日，第 6 版。

师广东。正在江西的护法军许崇智与李厚基驻延平的二十四旅旅长王永泉，达成合作协定。此时，皖系领袖段祺瑞的心腹“智囊”徐树铮策动王永泉宣布独立，设立建国军政制置府。

福建成为直、皖以及护法军政府三方的焦点所在，同时福建还有海军这一股特殊的军事力量。

闽局动荡中的福州信息、情报中枢

1922年10月8日下午2时，李鼎新通过旅京福建同乡会，以个人名义邀请在京闽绅及议员、报界人物在海军联欢社开茶话会。“在座者多有发表意见，对于李厚基一致主驱，而李去之后，对许崇智、王永泉、徐树铮等亦当设法制止”。最后李鼎新表示，他出席阁议时，将请任命萨镇冰为省长或任善后督办，以黄培松、陈兆锵为会办。“萨上将为全同乡所敬重，黄将军为本省陆军界之先辈，且前年在省办理清乡与自治军亦多有联络，陈局长则属海军界。”李鼎新说，“此三位担任维持吾省，最为适当人物。”

对于萨、黄，与会者均表赞同，但对于陈兆锵却“不知为何许人”[①]，这还是因为陈兆锵长期从事技术工作，与政治交集极少，不为外界所知。当天下午，在京闽省各县联合会代表人，也聚集北京西城宣武门附近的车子营福建会馆开会讨论，“向府院陈请废督并电令萨镇冰率队入福州维持治安”。[②]

同样在当天下午，马江昭忠祠举行甲午死难将士入祀的致祭仪式，萨镇冰作为大总统的特派代表，由厦门乘坐“联鲸”舰抵达马尾。[③]

---

①《政府对闽事无办法》，《申报》，1922年10月10日，第6版。

②《福建形势日迫》，《申报》，1922年10月9日，第6版。

③《中华民国海军史事日志》，九州出版社，1999年版，第220页。

10 月 9 日，李鼎新将方案提交国务会议讨论。但时任代理总理的王宠惠内阁对方案并不认可，“仅议决以萨氏会办福建军务，闻其原因系以省城尚在李厚基手中，不欲置李于不顾恐有铤而走险之事，但亦知海军之助力为不可少，故已电李，嘱其亲萨”。[①]

1922 年 10 月 12 日早上，许崇智、王永泉两部向福州逼近，李厚基仓皇逃退。此后，由于李厚基“遗失”无线电密码本，陈兆锵和练习舰队司令杨敬修等不断将福州情况发到海军部，海军总长李鼎新则呈报大总统。可以说，陈兆锵等人的电报一度成为北京政府获取闽中情况的主要情报来源。

杨敬修和陈兆锵在清末曾同去美国监造“飞鸿”舰，是旧交。1922 年 10 月 12 日中午 12 点，陈兆锵和杨敬修在马尾发出“万急”密电：“顷探李督确于本晨七时半，乘汽车至台江上小火轮而逃。现省垣空虚，并警察亦无一人，雁门已筹备进城，需款甚多，万肯汇沪运现。”[②]“雁门”指代萨镇冰。这则信息几乎是报告李厚基败逃和福州情况的首封电报。

当天两人又接连向北京发去两封电报。在第一封电报中，陈兆锵和杨敬修汇报称，粤军约两千人入城，并派人到“海军公署”[③]与王麒接洽，请其共同维持省城，并请萨镇冰入城坐镇。王麒曾任第十一混成旅旅长，为李厚

---

①《政府对闽事无办法》，《申报》，1922 年 10 月 10 日，第 6 版。

②《李鼎新录呈杨敬修、陈兆锵发请速汇进城款电》，《北洋军阀史料》黎元洪卷四，天津古籍出版社，1996 年版，第 471—472 页。

③“海军公署”应与后文萨镇冰在电文中提到的“海军公所”为同一地点，位于福州南台，是萨镇冰入闽后的临时办公地点。“根据福建省图书馆保存的《福州洪塘乡云程林氏族谱》载：1918 年，段祺瑞任命德高望重的海军名宿萨镇冰为福建清乡督办，督办公署设在福州南台中洲海军公所。”转引自刘琳：《“伪装者”林戟赴台谍战 5 年 古稀儿子寻牺牲真相》，福州新闻网，2015 年 11 月 20 日，http://news.fznews.com.cn/fuzhou/20151120/564e5c7ab79d1.shtml?p4.

基下辖。此次战前，王麒受李厚基排挤，闲居家中。经过和粤军的接洽后，萨、王二人进入福州城。电报中还说，李厚基溃逃后藏匿在美领署。①

第二封电报发送于12日晚些时候。当天下午，美、日领事电商萨镇冰，称“李督避台湾银行，海军如允送其赴沪，担保不生危险，请以小火轮相接”。萨镇冰当即承诺，将李厚基以及僚属数人送往“海容”舰。获知这一消息后，陈、杨二人向北京电报。②不过在12日当晚，萨镇冰向北京汇报：“李督今晚九时赴马江船政局。”③

萨镇冰如此汇报，或是避免外界认为李厚基已被海军“控制”。

10月13日，北京政府发大总统令，特派萨镇冰“会办福建军务”。

当天陈兆锵、杨敬修和率舰支援福建的署理海军第一舰队司令周兆瑞联名向北京密报，李厚基“在舰，一切优待，以全友谊”。同时报告，“雁门”进城后粤军请其维持秩序后，进城的粤军回驻“楚观”舰。④

陈兆锵等人在此后的电报中，也未提及李厚基曾在船政局中“停留”。

当时有媒体报道说，萨镇冰此前任福建清乡督办时，李厚基多掣肘，因此下令将李扣留，软禁于停泊在马江的“海容”舰上。⑤李厚基则将

---

①《李鼎新录呈杨敬修、陈兆锵马尾来电》，《北洋军阀史料》黎元洪卷四，天津古籍出版社，1996年版，第481页。

②《李鼎新录呈杨敬修、陈兆锵马尾来电》，《北洋军阀史料》黎元洪卷四，天津古籍出版社，1996年版，第481—482页。

③《李鼎新录呈萨镇冰所发福建战局电》，《北洋军阀史料》黎元洪卷四，天津古籍出版社，1996年版，第473页。

④《李鼎新录呈杨敬修、周兆瑞、陈兆锵来电》，《北洋军阀史料》黎元洪卷四，天津古籍出版社，1996年版，第477—478页。

⑤潘守正：《建国军和建国制置府的昙花一现》，《福建文史资料》第1辑，1964年，第113页。

省长、督军印信交给萨镇冰。①

这期间，李厚基的参谋长也在当月进京向陆军部汇报李厚基上船情形："城被攻破，督军退往南台，为海军劫入'海容'兵舰，为其软禁。"②全然不提李厚基兵败藏匿之事。

江西督理蔡成勋以及战前被李厚基提拔为福建第二师师长的高全忠，也向陆军部告状，称"李督在舰不能自由"，以此暗示海军控制李厚基。陆军总长张绍曾据此提出责问。③

10 月 19 日，杨敬修、周兆瑞、陈兆锵联名向北京发长文密电，对此进行解释。主要澄清几件事，一是 12 号晚上李厚基交"海容"舰保护的经过；二是李厚基逃匿后，李部各军一哄而散，掮民船掳财物，城内混乱；三是当时海军正驻城南，大部溃兵自愿前往缴械，并将溃兵押送马江。电文中还称"陆长在远，未知真相，竟有责言"。④

此前，陈、杨、周三人在 13 日的电报中也透露，在李厚基藏匿在美领署后，海军收抚缴械溃兵千余人。⑤

10 月 15 日，北京政府已任命萨镇冰为福建省长。当天，萨镇冰向北京发电称，原属李厚基的北军三千人，原本反攻福州城西门，14 日晚

①《福州陷落后之闽局》，《益世报》，1922 年 10 月 16 日，第 2 版。

②《抄呈李厚基之参谋长报告文》，《北洋军阀史料》黎元洪卷四，天津古籍出版社，1996 年版，第 560—561 页。

③《李鼎新录呈为避免与蔡成勋发生矛盾事致杨敬修等电》，《北洋军阀史料》黎元洪卷四，天津古籍出版社，1996 年版，第 513—514 页。

④《李鼎新录呈杨敬修、周兆瑞、陈兆锵收容李厚基残部电》，《北洋军阀史料》黎元洪卷四，天津古籍出版社，1996 年版，第 504—506 页。

⑤《李鼎新录呈杨敬修、陈兆锵马尾来电》，《北洋军阀史料》黎元洪卷四，天津古籍出版社，1996 年版，第 481 页。

上绕道海军公所向海军缴械，并要求遣送回里。[①]

南军占据福州省城，北军一部分已向海军投诚。有国外的媒体认为："中国海军，显在居间调停。"[②]

福建局势瞬息万变，前方传来的消息让处于远方的北洋政府十分紧张，便派出由海军部、参谋本部、陆军部组成的调查团赴闽。

"一则李厚基系属督军身份，为中央政府所简派的大员，海军擅自扣留，显有违法逆命现象；二则深恐马尾落入粤军之手，海军几十年的策源地无法保存。"调查团以曾任海军部军学司司长的林葆纶为首，成员有海军部中校副官李世甲、参谋本部的代局长赵德馨、陆军部科长华世中。[③]

在调查团赴闽的途中，如何处理李厚基，北洋政府与在闽海军仍然持续来往讨论。

因当时厦门尚未遭遇兵火，且有军力尚强的福建第二师。在10月18日的一封电报中，杨敬修等人曾提出将李厚基送往厦门指挥，意图挽救。[④]这与陆军总长等意见一致。[⑤]

可能因为无线电通信或其他问题，10月20日，李鼎新分别给在南京的海军总司令杜锡珪以及马尾的杨敬修、陈兆锵、周兆瑞发去两电。除了重述蔡、高二人对在闽海军的指责外，还提到萨镇冰奉令担任省长后，无一封汇报电文，希望查清"阻滞"原因。李鼎新还向杜锡珪提出：

---

①《李鼎新录成萨镇冰求索棉衣电》，《北洋军阀史料》黎元洪卷四，天津古籍出版社1996年版，第492页。《南军已占据福州城》，《大公报》，1922年10月16日，第3版。

②《南军已占据福州城》，《大公报》，1922年10月16日，第3版。

③李世甲：《我在旧海军亲历记》，《福建文史资料》第一辑，1964年5月，第47页。

④《李鼎新录呈为避免与蔡成勋发生矛盾事致杜锡珪电》，《北洋军阀史料》黎元洪卷四，天津古籍出版社，1996年版，第511页。

⑤《李鼎新录呈为避免与蔡成勋发生矛盾事致杨敬修等电》，《北洋军阀史料》黎元洪卷四，天津古籍出版社，1996年版，第513页。

"嗣后本军与在闽海军各舰通电，须由无线电传处。"[①] 此语显示，之前在闽海军与北京总部的沟通，应是通过船政局的有线电报进行。

还有一个细节，值得注意。在给杜锡珪的电报中，李鼎新称萨镇冰为"萨上将"，在给杨敬修、陈兆锵等人的电报中则称"雁门"。[②] 这有可能是马尾和北京海军部默认的一个称呼代号。

10 月 21 日，杜锡珪给杨敬修和周兆瑞去电，令两人速送李厚基到厦门，并令舰队竭力助李。[③]

因各方催促，10 月 23 日，杨敬修、周兆瑞、陈兆锵又发联名密电，称"即依照领事团，所送（李厚基）到沪"，并解释延迟原因，"南军方面对李深为注意，若由商船而行极为危险，我军驻闽只有五舰，节节布防，不敢抽派护送"，之前派商轮送李部残兵到南京时，李厚基不愿同行。[④]

再加上李母和福建省议会负责人林翰等人的疏解，[⑤]10 月 24 日，萨镇冰致电陆军总长："李督系由日领交来，约明日送沪。现先由'靖安'送沪，然后送厦，以清手续。"[⑥]

---

① 《李鼎新录呈为避免与蔡成勋发生矛盾事致杜锡珪、杨敬修等电》，《北洋军阀史料》黎元洪卷四，天津古籍出版社，1996 年版，第 510—514 页。

② 《李鼎新录呈为避免与蔡成勋发生矛盾事致杜锡珪、杨敬修等电》，《北洋军阀史料》黎元洪卷四，天津古籍出版社，1996 年版，第 510—514 页。

③ 《李鼎新录呈杜锡珪来电》，《北洋军阀史料》黎元洪卷四，天津古籍出版社，1996 年版，第 524—525 页。

④ 《李鼎新录呈杨敬修等就护送李厚基赴沪事电》，《北洋军阀史料》黎元洪卷四，天津古籍出版社，1996 年版，第 529—530 页。

⑤ 潘守正：《建国军和建国制置府的昙花一现》，《福建文史资料》第一辑，1964 年，第 113 页。

⑥ 《李鼎新录呈萨镇冰致陆军总长电》，《北洋军阀史料》黎元洪卷四，天津古籍出版社，1996 年版，第 531 页。

1922 年 10 月 25 日，调查团抵达马尾，随即赴“海容”舰见李厚基。26 号，则在福州南台见到了萨镇冰。[①]

根据对两位当事人的调查，赵德馨形成了一份报告。报告中主要提到了六件事：

一、10 月 12 日李厚基出城后，先暂避台湾银行，“嗣由领事团请萨省长设法保护，遂移至‘海容’军舰，因李督军所有密电本俱已遗失，致与中央信息断绝。”

二、李部一军曾在 13 日试图反攻福州，且粤军已有 400 余人缴械，“不意停泊南台之军舰施放空炮数发”，李军认为海军已与许崇智携手，亦无战意，纷纷缴械。

三、厦门高全忠曾派一团援助，“行至马江亦为海军方面勒令缴械”。

四、萨镇冰设临时省长署于南台，他对调查团说：“此地不宜久留，可速他往。”

五、许崇智军队号称万余人，“然乌合之众，殊无战斗实力”。

六、徐树铮拟在闽设立建国军政制置府，闽人一致反对，其内部也权利互争。[②]

其中，第一条与陈兆锵等人汇报的相同，并解释了李厚基无法对外联络的原因。

不过李世甲在中华人民共和国成立后所写的回忆与此有出入。李世甲称，当时李厚基及其财政厅长费毓楷逃至马尾海军联欢社，为陈兆锵

① 《陆军部录呈赵德馨报告闽省军事情形文》，《北洋军阀史料》黎元洪卷四，天津古籍出版社，1996 年版，第 574 页。

② 《陆军部录呈赵德馨报告闽省军事情形文》，《北洋军阀史料》黎元洪卷四，天津古籍出版社，1996 年版，第 574—579 页。

和杨敬修所“扣留”。[①]

综合上述说法，李厚基从台湾银行到“海容”舰上过程中，应该在福州船政局驻留过。在上船之后，便断绝了李厚基与外界的联系。

对于“缴械”，陈兆锵等人在电报自称为收容“溃兵”。李世甲了解的情况是，当时海军在福州“大桥头中洲截缴李厚基退却部队的枪械，理由为维护福州治安，恐李厚基残部向闽南流窜，糜烂地方”。[②]

事实上，“维护治安”是海军其中的一个目的。在10月19日，闽海军就曾将被缴械的李厚基部1700人送到南京，由江苏督军齐燮元、海军司令杜锡珪遣送回籍。[③]

另一个未明说的目的则是扩充海军实力。福建战事紧张后，经杜锡珪推荐，海军司令部副官杨砥中率原驻北京、上海的陆战队三个连前往福州，同原驻船政局护厂的两个连汇合。陆战队的前身是民国初年整编成立的海军警卫队。1914年12月，刘冠雄任海军总长任内，裁撤卫队，编为海军陆战队，分别驻防北京、上海、马尾，担负警卫任务，此为海军陆战队之始。[④]

陆战队到福州后，在南台设立统带部，队伍则驻扎马尾。这是陆战队首个统一领导指挥机构。[⑤]海军陆战队是当时海军在福建主要的陆战力量，但兵力单薄，不敷分配，因此在缴械李厚基溃兵时，挑选部众编

① 李世甲：《我在旧海军亲历记》，《福建文史资料》第一辑，1964年，第46页。

② 李世甲：《我在旧海军亲历记》，《福建文史资料》第一辑，1964年，第47页。

③《抄呈赵德馨等就赴闽调查事致陆军部》，《北洋军阀史料》黎元洪卷四，天津古籍出版社,1996年版，第517—518页。

④ 陈培源：《海军陆战队沿革》，《旧中国海军秘档》，中国文史出版社2006年版，第97页。另据海军老人林献忻回忆，驻马尾的陆战队为三个连。林献忻：《杨砥中之死》，《福建文史资料》第一辑，1964年，第75页。

⑤ 林献忻：《杨砥中之死》，《福建文史资料》第一辑，1964年，第75页。

入陆战队。此后杨砥中又用缴收的枪械广为募兵，至1921年5月，编为海军陆战队第一混成旅。由此海军拥有一支重要的陆上作战力量。

李世甲回忆称：“调查团了解到情况后，对陈兆锵、杨敬修等的举动表示理解。”[①]

在李世甲有关调查团的回忆中，并未出现萨镇冰，但强调了陈兆锵在其中所起的作用。李世甲为海军，又是福州人，他对这一事件的观察视角，有着特殊的价值。

由于陈兆锵与李厚基“素不睦”[②]，此时如何处置李厚基，陈兆锵的态度也很关键。

10月24日，因不肯依附直系被迫下台的第一舰队司令林建章向陈兆锵发电，并转萨镇冰以及杨、周二人，希望不要放过李厚基：“（李厚基）此次失败出走，逃匿军舰，天夺其魄，复何所言。非将其平日所有朘削吾闽之脂膏倾囊倒而出之以为吾闽善后用途，不足泄吾闽之愤。”[③]

不过在10月25日，也就是李厚基与调查团见面之后，萨镇冰等人还是依承诺，用“靖安”舰将李厚基送往到上海。到上海后，李厚基在“海容”舰上给陆军总长张绍曾发电，称下午将乘坐“靖安”到南京，与江苏都督齐燮元、海军司令杜锡珪晤商后，“即日赴厦，督饬所部会和湘军，协同海军，力图恢复”。[④]

之前和李厚基一同被扣留的福建财政厅长费毓楷，则未被放行。因为李厚基时代，福建财政厅积欠了福州船政局数额不小的协款。李厚基

① 李世甲：《我在旧海军亲历记》，《福建文史资料》第一辑，1964年，第47页。

②《国内专电》，《申报》，1922年10月29日，第3版。

③《林建章之处置李厚基主张》，《申报》，1922年10月25，第13版。

④《吴淞“海容”舰李厚基来电》，《北洋军阀史料》黎元洪卷四，天津古籍出版社，1996年版，第532页。

走后，陈兆锵便向费毓楷清算欠款问题，解决后才将其放走。[1]

参与推举萨镇冰

在福建局势纷扰，李厚基溃逃，有关省长人选也成各方势力角逐的重点。

关于刘冠雄入闽的呼声再起。1922 年 10 月 14 日，原驻守厦门的福建第二师师长、战前被李厚基夺职的臧致平，通过海军部向住在天津马场道的刘冠雄致电，“中央欲削平叛乱，恢复闽疆，非请我公出”，“闽人望公有如望岁”。臧致平与刘冠雄有旧交，二次革命时，曾督带海军警卫队的三个营驻守上海，后又被刘冠雄从上海带到福建。因此他在电文中也提及：“致平素承知遇之恩，愿效驱驰。”[2]

第二天，也就是 10 月 15 日，北京政府任命萨镇冰为福建省长。10 月 16 日，萨镇冰发表通电，应人民之请，暂任福建临时省长。[3]

10 月 17 日，福建光复后的首任都督、二次革命时被刘冠雄和李厚基驱逐的孙道仁也给大总统去电，名义上述陈平闽之策，实际则想趁乱入闽。[4] 对于孙道仁，福建社会早已记不起，北京政府也不看重。

10 月 27 日，杜锡珪给北京政府去电，希望迅催刘冠雄南下入闽，以免臧致平被粤军所用。[5]

---

① 李世甲：《我在旧海军亲历记》，《福建文史资料》第一辑，1964 年，第 47 页。

②《李鼎新抄呈臧致平欢迎刘冠雄来闽电》，《北洋军阀史料》黎元洪卷四，天津古籍出版社，1996 年版，第 487—488 页。

③《中华民国海军史事日志》，九州图书出版社，1999 年版，第 221 页。

④《孙道仁报告闽省局势及外交影响禀》，《北洋军阀史料》黎元洪卷四，天津古籍出版社，1996 年版，第 496—501 页。

⑤《李鼎新录呈杜锡珪来电》，《北洋军阀史料》黎元洪卷四，天津古籍出版社，1996 年版，第 542—543 页。

就在当天，福州各方召开军署会议，萨镇冰、徐树铮以及南军代表汪精卫等人都前来参加，作为闽军势力代表的王永泉“托病”未去。会上，徐树铮表示“尊重舆论”，汪精卫则表示赞成军民分治，但萨镇冰作为军人，不宜担任省长。[①]

此时萨镇冰能掌控的只有在闽的海军力量，随着许崇智部进入福州，南军便欲撤换省长。当时的舆论基调为“闽人治闽”，一度盛传许崇智拟推黄展云为省长。

黄展云，福州人，同盟会的资深会员，福建光复时曾任闽省教育部长。黄展云的亲戚林肇民曾代理过船政局局长，黄展云另有旧交萧奇斌，此时两人均为侍从武官，趁机呈上一套“治闽办法”，文中最有意思的是对萨镇冰的评价，“所谓萨上将之德望足以消患于无形，海军势力足以维持城内之治安者，不过长安寓公想象中之一冀望”“又查萨省长有许部不许入城之电，果也，萨省长必难到任，纵能到任，以萨省长之为人，结果亦为有辞职之一途已也”。[②]从辛亥革命后，萨镇冰的诸多举动看，林、萧二人的评价颇为到位。

由于在闽各方势力难以平衡彼此，汪精卫提出在福州召开公民大会，经过三天大会，公推革命党元老、福建闽侯人林森为省长，王永泉为总司令。由于无法在闽立足，此前策动王永泉的徐树铮于 11 月 2 日乘商轮黯然离开福建。1922 年 11 月 3 日，林森就任省长。1923 年 1 月，孙中山以非常大总统的名义加以委任。[③]

---

①《李鼎新录呈萨镇冰报告军署会议情形电》，《北洋军阀史料》黎元洪卷四，天津古籍出版社，1996 年版，第 546 页。

②《萧奇斌等条陈治闽办法呈》，《北洋军阀史料》黎元洪卷四，天津古籍出版社，1996 年版，第 548—559 页。

③《福建民国史稿》，福建人民出版社，2009 年版，第 299 页。

由于萨镇冰在福建的施政成效有限，1922年11月1日，杜锡珪再次给北京去电，提议请刘冠雄与李厚基联袂入闽，并称这是与江苏督军齐燮元会商的结果。由于省长已有人选，杜锡珪等人还提议给予刘冠雄“海疆巡阅使”的名义。[①]提议很快得到北京方面的认可。李鼎新掌管的海军部立即派员到天津征询刘冠雄的意见，未获同意。随后，海军部提出另一方案，照1913年派岑春煊为“福建镇抚使”入闽的成例，特派刘冠雄为“福建镇抚使”。[②]海军部的这一方案是在天津之行后提出的，应该在很大程度上体现了刘冠雄的想法。

此时，北京方面也和广东陈炯明联络，试图共同对抗许崇智部。此后，李厚基以“讨逆总司令”之名，乘船到厦门，准备讨伐王永泉等，但不久即被臧致平等人驱逐，李厚基势力由此彻底离开福建。

1922年11月9日，北洋政府特派刘冠雄为福建镇抚使。听闻消息，臧致平在11月16日给刘冠雄去电：“我公奉派镇抚使，凡军民人事全体欢迎……致平拥护我公之意，实出至诚，务乞早日起节，闽省幸甚，大局幸甚。”[③]

11月27日，刘冠雄抵达厦门，给北京发电，称“由宁乘舰巡防闽边”。刘冠雄在电报中，描述福建民间“情形极惨”，并与掌握福建军事大权的王永泉、许崇智以及臧致平等人接洽，称“臧、王诚意实属可靠”，王永泉“叠次前来输诚”，臧致平“表示完全服从镇抚使命令”，希望

---

①《李鼎新录呈杜锡珪报告同李厚基、齐燮元会商援闽情形电》，《北洋军阀史料》黎元洪卷四，天津古籍出版社，1996年版，第562—563页。

②《海军部请派刘冠雄以福建镇抚使名义入闽呈》，《北洋军阀史料》黎元洪卷四，天津古籍出版社，1996年版，第570—571页。

③《李鼎新录呈臧致平欢迎刘冠雄并盼早期来闽电》，《北洋军阀史料》黎元洪卷四，天津古籍出版社，1996年版，第493—494页。电报末标记为“铣”电，书中原考注“1922年10月16日”有误，应为1922年11月16日。

北京政府能对臧、王二人"谅解"。[1]

12 月 24 日，刘冠雄抵达马尾，在福州船政局内设镇抚使署。[2]

因福建各界不少人反对刘冠雄入闽主政，王永泉也再次反水。林森任职福建省政不到三个月，1923 年 2 月，王永泉发起"倒林拥萨"事件。当时媒体评论说，王永泉此举"以拥萨为拥护中央之表示，且以和缓海军之冲突"。1923 年 2 月 18 日，福建省议会开茶话会议，请林森去省长之职，以萨镇冰为省长，并通函各界；2 月 19 日下午，再次召集各界代表开会，王永泉、许崇智代表吴梅丞、闽厦警备司令杨树庄（接替杨敬修担任练习舰队司令）、陈兆锵等人与会，"除省教育会长以帝制余孽奔附刘冠雄不到外，到者约十余人"。[3]

萨镇冰此次担任省长，并非北京政府或南方政府任命，而是由福建各团体的共同推举，因此也常被称为"省长自治"。

此次推举萨镇冰的过程中，以杨树庄和陈兆锵为代表的海军力量，无疑起着重要作用。

1923 年 3 月 1 日，萨镇冰从位于福州南台的临时公署迁入城内省长公署，正式办公。

推举萨镇冰之时，刘冠雄很可能不在福州。3 月 2 日，刘冠雄从厦门给北京发电，称许崇智部陆续离闽，"此间各事将次就绪"，并"仍回马江进行一切"。[4]此时刘冠雄将重心放在驻守厦门的福建第二师身上。

---

①《李鼎新抄呈福建镇抚使刘冠雄厦门来电》，《北洋军阀史料》黎元洪卷四，天津古籍出版社，1996 年 2 月，第 544—545 页。电报末标记为"沁"电，书中原考注"1922 年 10 月 27 日"有误，应为 1922 年 11 月 26 日。

②《孙陈妥协说》，《大公报》，1922 年 12 月 27 日，第 3 版；《刘冠雄二十四日抵马江》，《京报》，1922 年 12 月 27 日，第 3 版。

③《闽省易长之经过挠萨倒林之实现》，《申报》，1923 年 2 月 26 日，第 11 版。

④《刘冠雄报告许崇智部离闽各事就绪定江日回驻马江电》，《北洋军阀史料》黎元洪卷四，天津古籍出版社，1996 年版，第 602 页。

3 月 3 日，“自治省长”萨镇冰给北京大总统、国务院、总理发电，报告“冬日（3 月 1 日）就省长职”，同时要求已陈兵赣闽边境的直系军阀孙传芳暂缓入闽，因福建经济大宗春茶即将上市，大兵入境势必会造成损失。① 两天后，大总统回电：“福州萨省长鉴：接江电知已于东日就职。八闽坐镇，端赖老成，弭乱安民，诸劳荩画。所商援军暂缓入境一节，已交院查照矣。”② 这意味着，萨镇冰省长一职，已获得了北洋政府正式的确认。

1923 年 4 月 15 日，海军部派两位司长到上海，与“沪队”领袖林建章相晤，明确告知：“中央任命闽籍海军上将萨镇冰为省长。”③

署闽海关监督

1923 年 3 月 4 日，刘冠雄从厦门回到福州，入驻马江行署，并试图与王永泉等人接洽，参与闽局。按惯例，刘冠雄回马尾，驻地就在福州船政局。

不过，刘冠雄此次回到福州后，并未能发挥作用。到 3 月 13 日，因“闽省军政长官已经命令发表，萨省长亦经就职”，刘冠雄报告北京，主动提出拟将所有经手事件此次结束，并将回京复命。④

3 月 25 日，刘冠雄再次给北京去电，提出取消“福建镇抚使”一职，闽省善后事宜责成福建军民各长官办理。同时报告“因在籍修扫祖墓”，

---

①《萨镇冰报告就职日期肯饬援军暂缓入境》，《北洋军阀史料》黎元洪卷四，天津古籍出版社 1996 年版，第 603 页。

②《复萨镇冰电》,《北洋军阀史料》黎元洪卷四，天津古籍出版社，1996 年版，第 607 页。

③《中华民国海军史事日志》，九州图书出版社，1990 年版，第 236 页。

④苏小东：《刘冠雄报告经手事件及善后各节次第结束》,《北洋军阀史料》黎元洪卷四，天津古籍出版社，1996 年版，第 616 页。

回京之事稍事迁延。[①]

刘冠雄在福州的真实目的应是观望，并想有所作为。比如在3月30日，一封以“福建工学商各界”为名义的请愿电发到北京，称“实力派各军一致表示始终拥刘公”；[②]4月20日，“福建绅商学及农工各界”发电，请求查办萨镇冰劣迹，其中提到萨镇冰与许崇智部互订协议，“身为任命省长，三月十六日文告中昌言自治，绝不承认中央，一面仰承王永泉鼻息”。[③]

这里固然有萨镇冰反对者的夸大之词，但当时舆论认为，此次省长更替过程中存在政治交易，甚至海军方面也认为萨镇冰“被王永泉与民党所利用，毫无条件，贸然就职”。不过，萨镇冰则有着自己的人事布局，海军力量在福建得到大幅度加强。在他担任省长后，有媒体推测“至陈兆锵得兼关督”，[④]果不其然，1923年4月26日，北洋政府“任命陈兆锵署闽海关监督”。[⑤]

除陈兆锵外，萨镇冰督办福建清乡时的副官胡桂高兼福建省警察厅长，印花处处长钟讷也被认为是萨氏亲信。

萨镇冰还从陈兆锵之请推荐原练习舰队司令杨敬修为福建盐运使，此后虽然中央也任命了盐运使，但萨仍以杨暂代。[⑥]林则徐曾孙林炳章

---

①《刘冠雄取消福建镇抚使职电》，《北洋军阀史料》黎元洪卷四，天津古籍出版社1996年版，第617页。

②《福建工学商各界请留刘冠雄并组孙传芳军入闽电》，《北洋军阀史料》黎元洪卷四，天津古籍出版社,1996年版，第621页。

③《福建各界请查办萨镇冰劣迹电》，《北洋军阀史料》黎元洪卷四，天津古籍出版社,1996年版，第624页。

④《最近之闽海军与民党》，《申报》，1923年3月20日，第7版。

⑤《大总统令》，《江苏省公报》第3341期，1923年5月2日，第1页。

⑥《闽省政界之怪现象》，《晨报》，1923年5月30日，第5版。

被任命为财政厅长。萨镇冰这一番举措，外界认为“足征海军势力之进步”，“财政、海关、印花税，三种收入机关悉在海军人之手”，“李厚基时代闽人几无立足地……物极必反，今已显然，特未知海军界中人能以桑梓关系悉心筹划否耳”。[①]

因刘冠雄在1923年4月3日又被大总统特派为“闽粤海疆防御使”，因此再次传出刘冠雄出任福建省长的消息。5月底有厦门团体询问此事，北京政府回复“并无易闽省长之意”。[②]

6月9日，旅沪福建同乡会会长沈琬庆也致电北京政府，反对更换省长。沈琬庆在电报中对萨、刘二人的评价很有意思：“萨省长镇冰虽无长驾远驭之才，然尚为一方之望，足资坐镇。刘冠雄久为闽人所共弃，乃利禄熏心，四出运动，谋夺萨之席。刘之人品道德较萨如何，当在我大总统洞鉴之中。”[③]由此或可理解萨镇冰在闽被称为“萨菩萨”，而刘冠雄在1923年11月“因病请辞”闽粤海疆防御使后，便一直寓居天津。

沈琬庆是首任船政大臣沈葆桢第七子，他的侄孙沈来秋[④]则是陈兆锵的大女婿。这其中是否有陈兆锵的幕后推动，不得而知。但当时海军界对于刘冠雄出任省长一职也不拥护，舆论分析主要原因之一是：“刘侧人之非海军界者实居其半，刘一登台将求如现在之陈兆锵监督海关与杨敬修长运使而不可得。”[⑤]

---

①《福州通信闽局之新趋势》，《申报》，1923年5月8日。

②《省长与省宪军事会议与和平会议》，《申报》，1923年5月30日。

③《沈琬庆陈请勿更动省长电》，《北洋军阀史料》黎元洪卷四，天津古籍出版社，1996年版，第663页。

④ 沈来秋对刘冠雄也持批评态度，或是受家庭影响。沈来秋：《我所知道的刘冠雄》，《福建文史资料》第八辑，1984年，第158—161页。

⑤《省长与省宪军事会议与和平会议》，《申报》，1923年5月30日，第7版。

而在此次省长问题之后，陈兆锵被外界认为是“萨镇冰人也”，而且“与萨交，尤亲”[①]；“为萨镇冰信任之人”[②]。

当时掌握一定军权的王永泉曾电北洋政府，请将陈兆锵免职，改简漆英任职。漆英是陆军部军需总监，与王永泉“素有渊源”。王提出更换闽海关监督，用意明显。1923 年 10 月 18 日，经财政部提交国务会议讨论：“署海关监督陈兆锵，调京另候任用。”[③]

身兼福州船政局局长和署闽海关监督，如要调动陈兆锵，更合理的方式应该是调动船政局局长一职。即使免去海关署职，陈兆锵仍可继续担任船政局长。此举，很可能是北京政府方面借助王永泉的提议和福建海军方面的一次博弈。

阁议通过后，10 月 22 日该令送总统府盖印。但大总统曹锟对漆英的任命“忽持异议”，拒绝盖印。府方拒绝盖印，是因为萨镇冰“反对甚力”，他还专门发了一封电报到总统府。萨镇冰在电文中说：“陈兆锵任职以来，整顿税务，深资得力，且与海军各将领感情素恰，所有一切军务，端来臂助，自未便遽易生手，请勿轻事更动，以维持大局。”[④]

这封电报中透露了几层意思，一是陈兆锵监督工作做得好；二是陈兆锵与海军各将领关系好；三是萨镇冰在福州的军务有赖于陈兆锵。从中可以看出，陈兆锵在福建局势中的地位和作用。

陈兆锵在福州的角色，不仅对于萨镇冰，对于海军都有着特殊意义，

---

①《京闻举要》，《大公报》，1923 年 10 月 19 日，第 2 版。

②《闽海关命令未下》，《益世报》，1923 年 10 月 24 日，第 3 版。

③《京闻举要》，《大公报》，1923 年 10 月 19 日，第 2 版。

④《闽海关监督令未下原因》，《晨报》，1923 年 10 月 24 日，第 2 版。

为“海军界不无赖彼挹注之处”。[1]时任练习舰队司令兼闽江要塞司令杨树庄也发电表示拒绝：“陈氏在职，亦稍稳健也。”[2]闽海关监督换人一事遂罢。

闽海关诞生于鸦片战争后。因福州为五口通商的一个口岸，1861年7月，闽海关正式成立，关址设在临江的泛船浦。从福州船政局沿江走到马尾地标罗星塔，隔江相望，对面就是闽海关营前分关办公楼。闽海关税务司由洋员担任，受总税务司统辖，因此闽海关也称“洋关”。

清政府为了从形式上行使主权，一般会委派一名海关道，署理地方海关事务。福州的海关事务，在清末则由福州将军兼管，每月将闽海关送来的税款收入报表转解户部。

辛亥革命后，海关道被废除，1914年在财政部内设关务署，名义上管辖总税务司公署，由此各口岸相应设立海关监督。

作为海关监督，陈兆锵对闽海关行驶的主要职权有：

（一）海关收税所用的各种单照，由监督印发海关使用，存根联送海关监督存核；（二）海关中文录事，由海关监督派充；（三）海关税务司与本省各地机关不直接行文，其来往公文，都通过海关监督；（四）海关对商人漏税及各种违章之罚款，每三个月结算一次，并造具罚款清折三份，连同款项送由海关监督转关务署；（五）行驶内河的小轮船呈报发给行驶执照时，先由海关检验，再报海关监督核转交通部发给。此外，海关监督还会与税务司发出会衔布告；承担函转财政部或省政府的政令等工作。

闽海关监督公署设在仓山中洲岛，内设总务、关防两科，有科长二人、

---

① 《闽海关命令未下》，《益世报》，1923年10月24日，第3版。

② 《福州通信》，《申报》，1923年11月1日，第7版。

科员八人、录事六人；外属设闽海常税委员一人，专司与闽海关接洽常税事宜；马江查验局委员一人，专司查验轮船木船之出入情况；此外还设东冲常税委员一人，兼管三都关务处，就近与福海关接洽事宜。

协调海军内部军阀

直系掌控北洋政府后，觊觎福建，派孙传芳率兵“援闽”。虽碍于舆论，孙传芳一度停留在闽赣边境，但在王永泉的内应下，1923 年 4 月 6 日，“援闽”第十二师师长周荫人率所部进入福州。4 月 17 日，孙传芳被任命为福建督理，掌全省军权。王永泉被任命为军务帮办，并一度兼任省长，后因舆论反对，王永泉自请免除所兼各职。

短暂的蜜月期后，孙传芳开始驱除王永泉等在福建的势力，福建地面再次军乱。当时王永泉等福建海陆军联合抗拒孙传芳，并在闽江一线展开布防，并连接电话线互动消息，其中船政局因“有互相衔接上下游各属之电线”，[①] 起到信息中枢的作用。

1924 年 4 月份，练习舰队司令杨树庄率军舰和海军陆战队一部占领厦门，兼摄闽夏警备司令。

当时，福建地方势力之一张毅已被委任为厦门镇抚使，但海军拒绝其到职就任。张毅向孙传芳求救，孙传芳调福州部队开往厦门一带，准备进攻厦门。省城因此空虚，孙传芳被偷袭，一度曾逃至马江，但船政局拒绝收留。[②]

海军陆战队跟随杨树庄入闽后，借口筹饷，巧取豪夺。杨树庄委托陈兆锵“与海军长官商榷撤换”陆战队第一混成旅旅长杨砥中。

---

① 《欲前忽却之孙传芳援闽》，《益世报》。1923 年 3 月 16 日，第 2 版。

② 《福州陷落消息已证实》，《大公报》，1924 年 5 月 2 日，第 3 版。

当时，东南地区的直、皖军阀已处于对战状态，海军也分裂投靠军阀，海军司令杜锡珪率领第二舰队听命于直系，以南京江南水师学堂旧址为海军总司令部，[①] 原第一舰队司令林建章则依靠驻沪海军，组建“海军上海领袖处”，投靠皖系浙江军阀卢永祥。[②]

直系掌控北洋政府，因此杜锡珪仍然是由北洋政府任命的海军总司令，而杨砥中是杜锡珪的亲信。所以，要解决杨砥中问题，陈兆锵要去南京。

陈兆锵乘船先到上海，虽然此时福建和上海分属直、皖军阀，但在上海，陈兆锵依然受到热烈欢迎，“与海军人员酬酢颇忙”。随后，陈兆锵从上海赶到南京，协调杨树庄委托之事。[③]

最终，撤换之事没能达成，但杜锡珪为消除海军内部矛盾，以及平息舆论，还是下令取消杨砥中在福建自行就地筹饷的办法，改为统一收支。[④]

1924 年 8 月下旬，孙传芳率部从福州进入浙江，由福建军务帮办周荫人继任福建督理。

随着孙传芳的离开，福建境内已无强有力的大军阀。周荫人无力统一闽局，特别是“厦门之海军势力亦称雄厚，就范尤为难能”。因此周荫人与孙传芳多次商讨，决意让萨镇冰继续担任福建省长，维持局势。同时，周荫人还派出代表到厦门，向海军提出条件：（一）海军防地应归省政府。（二）海军应取消各捐。（三）月由财厅拨十五万元充海军

---

① 朱天森：《记辛亥海军起义与闽籍海军人物》，《清末海军史料》，海洋出版社，2001 年版，第 740 页。

②《北洋军阀时期的海军》，《中国近代海军史》，解放军出版社，1989 年版，第 274—276 页。

③《杨树庄要求撤换杨砥中，托陈铿臣赴宁疏通》，《大公报》，1924 年 4 月 12 日，第 2 版。

④《海军陆战队的产生与发展》，《中国近代海军史》，解放军出版社，1989 年版，第 283 页。

饷糈及马尾学校、船政局经费。（四）维持中央威信。仍以张毅充厦门镇守使，杨树庄为海军总司令。[①]

周荫人主动提出维持船政局经费，不仅是稳定海军，也是在向陈兆锵示好。

1924 年 9 月，第二次直奉战争爆发，11 月直系失败。皖系领袖段祺瑞就职北京政府临时执政。1924 年 12 月，杨树庄被任命为海军总司令。

1925 年 1 月，经财政总长呈请，陈兆锵免署闽海关监督。[②]

到了 1926 年底，福建仍为萨镇冰维持，他也再次对福建人事做出安排，拟任陈兆锵为闽海关监督、杨敬修为盐运使、陈培锟为财政厅长。[③]用的还是老班底加老朋友。不过陈兆锵未再赴任。

附：

赠铿臣族弟

陈宝琛[④]

造船习海战，肇基闽江贲。
文肃抱远略，经武先作人。
鹤亭吾族秀，于君为从昆。
榷巧侪般倕，勒名闻八垠。
志业惜未竟，跂美端在君。

---

① 《孙周之措置闽局》，《大公报》，1924 年 7 月 20 日，第 3 版。

② 《命令》，《大公报》，1925 年 1 月 9 日，第 3 版。

③ 《闽局别报》，《大公报》，1926 年 12 月 17 日，第 2 版。

④ 陈宝琛（1848—1935 年），字伯潜，闽县螺洲人，同治七年（1868 年）进士，曾任前清内阁学士、礼部侍郎，与陈兆锵同族，本文作于 1921 年。

投笔事戈楼，横海司机轮。
忠信屡涉险，护持如有神。
临难见风义，楕危积劳勋。
卒慰父老望，归坐船官茵。
五载百废举，绩茂时则屯。
无米强执爨，皤然感劳薪。
谁肯大董年，日与傭役亲。
世俗竞掊克，久宦君能贫。
翕热众所趋，君以介自珍。
击楫夙有誓，运甓能辞勤。
聊此远尘坋，庶几侪隐沦。
螺江与马江，潮汐同一津。
亲见缔造始，颇知陵夷因。
君如蒐献徵，盛衰吾能陈。
不应左沈祠，薪火终灰尘。
补巢贵先雨，俟实在培根。
勿谓一人陶，无拯八表昏。
勉度阳九厄，慎保千金身。
终思见太平，同醉尧衢尊。

（摘自《沧趣楼诗集》卷八）

铿臣公六十寿言

蓝建枢[1]

公生于1862年（同治壬戌年）农历六月十一日，辛酉（民国十一年，1922年）年六十岁。幼年与蓝建枢前后同学于船政学堂，蓝学驾驶，公学管轮。蓝毕业后，先就职于北洋海军；公年十八，奉派至“超勇”兵船练习。既而丁外艰，后授管轮，迁“定远”铁甲舰正管轮。序秩稍高，不以自崇，日服工匠服操作不少弛。大东沟之役，公管“定远”轮，敌弹数坠机舱，公镇定不恇，治事自若，气度恢宏，观者詟服，刘子香（步蟾）军门仰药殉难，逾日未绝，从者窜散，公独左右卫标，擘画遗后事，护其柩南归，平日初未尝以私事谒也。

战后海军恢复，公仍总管轮机于诸兵舰。庚子和议成，叶桐侯军门檄收析津坠面，履勘至精密。“海天”军舰以雾没于顶星岛，公于仓黄之际引长垣缒众以济，随主将岛居半年，备尝苦况。起就江南船坞稽查，奉委督修颐和园轮电坞各工程，赴美监造军舰，明年（1912年）春回国，国体已更，授海军轮机少将，简为江南造船所所长，所即旧船坞址。燹余，所储皆尽，公为之不三年，丰物如初，待中外在工人员恩威绥戢，咸孚无阂。以功晋中将，又以考工上调福州船政局局长。公甫莅任，首缮机器，察窳者，皆完之，以次节虚麋，汰冗滥，修倾圮，平道途，日巡厂坞有程，偷惰一振。己未（1919年）秋，飓风啸于大江水上岸，西考（工人宿舍）坍塌，公潸然涕下，冒风雨泥泞，躬督拯援，伤者疗之，毙者瘗之，各

① 蓝建枢，1918年至1921年任海军总司令。蓝建枢原作《铿臣公六十寿言》寿屏对陈兆锵生平多有介绍，然而此寿屏历经数十年的沧桑早已不复存在，此文为沈来秋教授写的《铿臣公事略》中所摘录的“寿言”部分，其中字迹或字意不明者数处，仍有待考证。

加优恤，德声达遐迩。

公于船政外，更督办海军、制造两学校，兼马江港务又长飞潜学校。而船政所属之艺术学校，亦莫不加意修整，自飙腾。

（摘自沈来秋1961年著《铿臣公事略》）

第四章　桑榆晚景

一 再掌江南造船所

历史有趣的地方在于有很多巧合。

1915年9月25日，陈兆锵从江南造船所所长调任福州船政局局长，他的同学王齐辰署理所长，第二年2月因调任海军总轮机处长，江南造船所所长的位置又由他们的同学刘冠南接任。这时期，江南造船所的副所长都是邝国华。

1925年3月30日，江南造船所所长刘冠南调离，4月15日由王齐辰接任。在几个月后，王齐辰因病出缺，海军部于6月5日命令副所长邝国华暂行兼护所长。9月12日，北京政府临时执政段祺瑞发布任命，将陈兆锵由福州船政局局长调任江南造船所任所长。[①] 此时三位老同学的军衔，都是轮机中将。

人事变动的背后，往往会被解读出政治含义。江南造船所1925年的这番调动，确实有着大的政治背景。

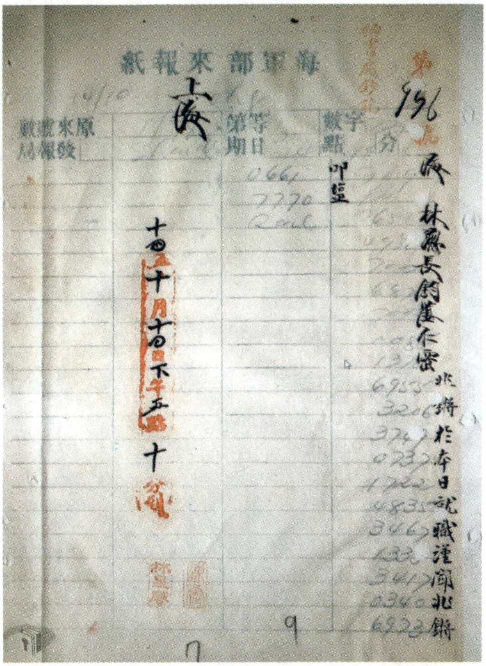
海軍部來報紙

上海

部 林總長鈞鑒 作密 兆鏘於本日就職 謹聞 兆鏘

陈兆锵抵任后致海军部的电报

① 《中华民国史档案资料汇编》第三辑军事（一）（下），江苏古籍出版社，1991年版，第1369—1370页。

第一次直奉战争后，海军总司令杜锡珪依靠直系军阀，驻节南京。时任海军第一舰队司令林建章因不肯依附直系，被迫下台。1923 年 4 月，受上海皖系军阀卢永祥的支持，林建章率领原第一舰队军舰在沪宣布独立，脱离北洋政府海军统辖，并被推为海军领袖处领袖。1924 年 9 月，第二次直奉战争爆发，两月后直系军阀落败。1924 年 11 月，皖系领袖段祺瑞就职北京政府临时执政。对皖系立有军功的林建章被任命为海军总长，杜锡珪被迫辞去海军总司令职务，由练习舰队司令杨树庄接任。

在两次直奉战争之间，还发生直系入闽以及萨镇冰、刘冠雄对福建省长一职的争夺事件，杜锡珪正是刘冠雄的支持者。

从明面上看，萨镇冰和陈兆锵是一条阵线；杜锡珪、刘冠雄属一条线。

江南造船所是海军，特别是海军第一舰队的重要基地，而所长刘冠南又是刘冠雄的哥哥。1925 年 3 月 30 日，林建章以“另有任用”为由呈请免去刘冠南江南造船所所长一职。[①] 事实上，刘冠南并未安排他职，其时年已 70 岁，就此告老还乡。

经过王齐辰短暂的任职后，经海军总长林建章呈请，1925 年 9 月 13 日，陈兆锵被任命为江南造船所所长。

对于这一任命，陈兆锵颇形犹豫，可能是出于对段祺瑞政府的某种不认同，迟迟不想履任，“叠经陈请辞职”。后在林建章的极力劝慰下，才勉强出山，离开船政局展轮北上，于 1925 年的 10 月 14 日到任。时隔十年，再回造船所，此时的陈兆锵已经 63 岁。

陈兆锵接手时，受军阀战争影响，造船所一度“营业甚属清淡，修造船只，悉皆停顿，以致原有工匠均无工程工作”。造船所内的洋员总

① 《中华民国史档案资料汇编》第三辑军事（一）（下），江苏古籍出版社，1991 年版，第 1369 页。

工程师毛根陆续裁汰工人 1000 多人，各厂所剩工匠仅有数十人。[①]

在这种情况下，陈兆锵“对所内一切进行，不遗余力，其中尤以修理各军舰事，大为舰队所赞许。陈办事精干，所内各职员及工匠等，莫不称庆得人”。

就在全力整顿造船所，并得到舰队、工人的一致称赞时，到任仅仅一月有余的陈兆锵在 11 月 28 日呈文海军总长林建章，再次提出辞职。

呈文中，陈兆锵表现了对江南造船所洋总工程师毛根的极度不满，“洋员毛根在所日久，跋扈恣肆，为所欲为，越俎之嫌已非一日”，即洋员毛根把持江南造船所事务，严重侵犯到了所长的权威。陈兆锵称，自己多次与毛根深谈，进行劝导，但毛根不为所动，乃至提出了辞职相要挟。有关如何处理毛根，陈兆锵则表示左右为难，如果听任毛根辞职，陈兆锵担心毛根在江南造船所服务多年，对业务和技术情况非常熟悉，倘若一朝辞职，加之在外作梗，必然会影响到江南造船所的业务，乃至影响到江南造船所的发展。如果预先另聘一位新的外国技术专家到所，则担心毛根利用在江南造船所积累多年的人际关系，暗

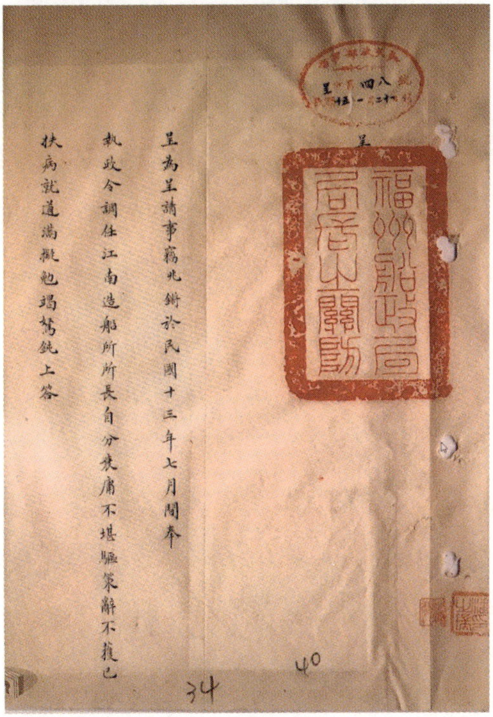
呈為呈請事竊兆鏘於民國十三年七月間奉
執政令調任江南造船所所長自分疚庸不堪驅策辭不獲已
扶病就道滿擬勉竭駑鈍上答

福州船政局局長關防

1926 年 1 月 9 日，陈兆锵借用福州船政局局长关防向海军部的呈文

① 《江南造船所近讯》，《时报》，1925 年 11 月 25 日，第 7 版。

中加以抵制，造成局势混乱。呈文的最后，陈兆锵表示自己无法处置此事，因为身体多病，希望海军总长林建章批准自己辞职，另选贤能来管理江南造船所。

对于这份呈请，海军部很快做出回复，以指令形式拒绝辞职请求，希望陈"勉为其难，勿萌退志"。但陈兆锵当时显然已经面临难以克服的困境，1925 年 12 月 31 日电报海军部，以自己身体不佳，不能耽误江南造船所大局为由，"心与力违，夙疾加剧，戕身事小，溺职事大"，再次提出辞职请求。未等海军部做出回应，陈兆锵将所长一应事务移交给副所长邝国华，于 1926 年 1 月 4 日晚致电海军部进行说明，"兆锵因天寒，胃疮骤发，亟须回里诊视，日行公事已托邝副长代理"，希望海军部免去自己的江南造船所所长职务。

根据当时的上海媒体报道，陈兆锵没有等海军部的批复，在办理完移交事项后，于 1 月 8 日自行离开了江南造船所，搭乘商船返回福州。[①]1 月 9 日，陈兆锵到达马尾，当天再向海军部发出呈文报告，为了显示自己卸任的决绝之心，陈兆锵在报告中所用的名义是卸任江南造船所所长，即表示自己已是没有官职的平民，又因为以平民身份不能向政府机构移行公文，陈兆锵于是洽商福州船政局，借用福州船政局局长关防发出了报告，再次请求海军部转呈临时执政免去自己的职务。耐人寻味的是，同一天，陈兆锵还致函海军部次长徐振鹏，希望帮助促成此事。

得知陈兆锵离职，海军内外议论纷纷，"海军界人员，对于陈之学问、资格，均极信仰。今忽闻去职，莫不愤慨非常、连日纷纷函电劝驾"。[②]海军部迟迟未作批准。

① 《海军造船所之鱑鮠》，《时报》，1926 年 1 月 11 日，第 5 版。

② 《海军造船所之鱑鮠》，《时报》，1926 年 1 月 11 日，第 5 版。

当年的1月9日，徐振鹏从海军部次长任上去职，改由吴纫礼接任。担心徐振鹏和吴纫礼交接时遗漏自己的卸任请求一事，陈兆锵于1月21日致函新任次长吴纫礼，说明自己辞职卸任的缘由，信中没有再提毛根一事，陈兆锵称自己调任江南时踌躇满志，“极拟勉竭驽钝”，但是任职以来因为“脑疾复作”，乃至于晕厥，受健康影响，已经无法胜任，希望吴能够促成自己卸任一事。

陈兆锵这一不寻常举动，在外界以及后世多认为是与洋员总工程师毛根的矛盾所致。对于毛根，陈兆锵并不陌生。在陈兆锵此前担任江南船坞总监工和造船所所长时，毛根就是厂里工程师。

在担任首任造船所所长时，陈兆锵曾想对该所的一些制度加以改良，培养人才，以期技术可以自主，不用依赖洋人。

如果仅仅因为跟洋员的矛盾，陈兆锵就此而自行辞职，未免有些意气用事。

深入来看，陈兆锵此次离职，背后依然有海军内部派系斗争的余波。

有消息灵通的媒体报道称，毛根居职甚久，虽系工程师，实握厂内行政全权。前数任所长，因不欲多事，姑为容忍。陈兆锵接任后，对于毛根的职权界限綦严。毛根因受拘束，屡上辞呈。陈兆锵以毛根合同既满，准其辞去，“然海军某钜公，以莫（毛根）在职，尚能兜揽国外造舰及修舰工程，去信挽留，准其复职。陈闻之大怒，以身为所长，于用人尚不能自由，何必尸位，乃于夜半飘然附日轮返里。”[①]

有北京媒体则称，陈兆锵辞职是“因愤杜锡珪掣肘”。[②]在林建章任海军总长一年多，1925年12月31日，直系重新上台掌权。杜锡珪

---

①《海军造船所之鯱鹿》，《时报》，1926年1月11日，第5版。

②《陈兆锵辞职》，《晨报》，1926年1月9日，第3版。

也随之东山再起，担任海军总长。陈兆锵自行离职就发生在此后不久，不得不令人怀疑。此“钜公”为谁？也引人猜想。

陈兆锵离职后，毛根在江南造船所供职如常。

1926年3月15日，陈兆锵请辞终于获准，邝国华被任命为江南造船所所长。[①]福州海军制造学校校长陈藻藩调任副所长。

邝国华是广东新宁人，清末江南船坞时期担任总办，民国后长期担任副所长。他在担任所长后，“职权未免旁落，又因某种问题，为闽籍要人所不满意”。由于海军中闽系势力的庞大，1926年6月，海军界又开始讨论更换江南造船所所长人选，“大概须择强毅者任之”。[②]

借着议改所长的契机，杜锡珪派会计师到造船所清查账目，“清查告终，即向所索款五十万，毛根只允十万元，杜锡珪乃用部命令限制其权限，毛根氏遂不能不出于辞职”。

杜锡珪查账的目的是向江南造船所索饷。“江南造船厂自创办以来，每年均有盈余，现下该厂存有现款四百余万、材料四百余万，共有九百余万财产。杜总长因上海军司令部饷款困难，屡呈拨款维持，即训令在江南造船厂提款三十万，作为海军军饷，毛根氏反对无效，乃向当局提出辞职。闻该款三十万元，已于上礼拜提出。”[③]

1926年10月份，毛根辞职获准。

此后，对于更换所长的人选，多方推测，仍以陈兆锵最有希望，“盖陈既为海界轮机前辈，为人亦富有毅力。历任造船所所长、船政局局长十余年，对于造船所情形颇熟悉。”[④]

---

①《公电》，《申报》，1926年3月15日，第6版。

②《江南造船所所长易人消息》，《时报》，1926年7月8日，第5版。

③《江南造船厂总工程师毛根辞职》，《申报》，1926年10月27日。

④《江南造船所新变动》，《时报》，1926年10月1日，第5版。

还有消息称："兹据海军某要人谈话，谓当局以轮机中将陈铿臣客岁来长该所，群情爱戴，对于继任所长，最为合宜，故已决定派人赴闽劝驾。"[1]

1926年10月的最后一天，毛根离开江南造船所。

陈兆锵最终没有再任江南造船所所长一职，甚至此后，也未再担任过任何海军的实缺公职。

附：

呈为沥陈职所困难情形，恳请另任贤能，已资整顿，仰祈钧鉴事

窃兆锵自奉钧命承乏江南造船所，自度才力菲薄，难膺重任，叠经陈请辞职，未蒙俯允，转荷优嘉，受事以来，时虞陨越，而体察所中情形，有不能已于言者，谨为我钧长陈之：

查洋员毛根在所日久，跋扈恣肆，为所欲为，越俎之嫌，已非一日，婉导既已俱穷，峻词亦难动听，在彼声言年终或来夏即行辞职，以为要挟。兆锵意该洋员之去原无足重轻，但恐既去之后，该洋员必对外方力行破坏，彼时所业减色，万口指摘，兆锵为众矢之的固无足惜，如船所前途大受影响，何倘于该洋员未去之先，另觅洋员来所，该洋员必不甘心，将更挟其嫌怨之素，阴施险毒之心，或至倡率罢工，牵动全部。总之，留该洋员，则长此因循，必无幸进之一日；去该洋员，则其人可畏，恐暗施毁坏之行为。此兆锵所夙夜旁皇、寝馈难安者也。

窃以造船所为海军维一财产，从前缔造维艰，实不敢自兆锵一人废

---

① 《造船所所长拟任陈铿臣》，《时报》，1926年10月11日，第6版。

堕。天下事，欲兴利，必先除弊，职所涣散日久，习与性成，近年来营业战争日甚一日，窃现款亦属有限，稍不注意，便形退步，求如民国六年之揽造美国运舰，此机万难再得。兆锵衰病侵寻，心余力绌，即使勉竭驽钝，犹惧鲜克有终，更何敢恋栈贻误，有负厚期。再四思维，理合呈恳钧长俯察下忱，准予辞职，俾遂养疴，另选贤能早日接受，必于所事有所裨益，无任屏营待命之至。

谨呈海军总长林。

江南造船所所长陈兆锵

中华民国十四年十一月二十八日

二 退居故里

主持福州海军学校

1926 年 1 月，陈兆锵从上海江南造船所回到福州，此后，终其一生都在福州度过。

民国南京国民政府成立后，于 1929 年重设海军部，新海军部即于当年的 7 月 12 日，以“闳猷硕画，袍泽交推”，由公函形式聘任陈兆锵担任海军部顾问，[①]授予其荣誉称号。

退居福州期间，陈兆锵绝少过问政治，彻底成为一名热心乡里、关注海军的海军耆宿。

1926 年 5 月，福州海军学校、福州海军制造学校和福州海军飞潜学校三校合并，仍名“福州海军学校”，此时陈兆锵已经从上海江南造船所回到福州。5 月 25 日，《申报》报道，陈兆锵担任合并后新学校的校长。[②]

一年后，陈兆锵给时任海军总司令杨树庄去信多封，决意请辞，从信上的内容看，此时陈兆锵是以“顾问”的名义在帮助主持校务。

在 1927 年 6 月 1 日的信中，陈兆锵提到自己身体不适，无法继续工作。“日来晨起便觉头部昏眩，脑疾势必大作，且两足肿胀，不良于行”，推荐佐理官陈钦宾接替或暂代。

“佐理官”是合并前福州海军学校的官职。合并后，福州海军学校重新厘定学校各项制度，制定了《福州海军学校章程》，其中“副官”

① 《海军部公函第 354 号》，《海军公报》第二期，第 70—71 页。

② 《专电》，《申报》，1926 年 5 月 25 日，第 7 版。

一职类似此前的佐理官。[①]

陈兆锵在信中还专门提到"顾问"一事:"至顾问一席,本属虚拥名义,不欲无功受禄。所以借学事以效微劳。今校务已卸，坐糜饷糈，于心甚抱不安，并请执事立将兆锵顾问名目撤销，免贻滥竽之诮。"[②]

收到信后，杨树庄给陈兆锵回信，予以慰留，并给予嘉勉推许。看到回信后，6 月 6 日，陈兆锵再次致信杨树庄，除了提及前信所书的病症外，再次提到主持校务的名义问题。"机关必有主管，主管必先正名。去年蒙执事改荐为聘，已无名义暂为维持，兆锵亦不自量度，居于宾师之位。然学校有编制，而以非驴非马虱乎其间，殊属不成事体。"[③]

信中提到，1926 年陈兆锵被"改荐为聘"。福州海军学校校长为荐任官，[④]"顾问"一职不在学校编制内，为聘任。从这一点来看，《申报》当时的报道有一定根据。推测来看，应该是 1926 年三校合并后，杨树庄推荐陈兆锵担任校长，因此时北京政府为张作霖把持，其有自己独立的东北海军体系，对于闽系提交的校长任命案并未批准。为维持学校运转，陈兆锵被杨树庄聘为学校"顾问"，并以此身份主持校务。因"顾问"不是正式职务，所以陈兆锵在信中说"已无名义暂为维持"。

陈兆锵还在信中写道："今改革伊始，百度维新，无论何项机关应归统辖，以昭划一办法。"[⑤]

1926 年 7 月，广州国民政府起兵北伐。1927 年 3 月 14 日，杨树庄

① 陈悦：《船政史》，福建人民出版社，2016 年版，第 623 页。

②《陈兆锵致杨树庄信》（1927 年 6 月 1 日），马尾船政文化研究会藏。

③《陈兆锵致杨树庄信》（1927 年 6 月 6 日），马尾船政文化研究会藏。

④1915 年春，将各处属于海军之学校校长等缺，均改为荐任。《海军大事记》，福建省政协文史资料办公室翻印，1965 年 5 月，第 31 页。

⑤《陈兆锵致杨树庄信》（1927 年 6 月 6 日），马尾船政文化研究会藏。

率领海军官兵归附国民革命军，电令各舰易帜。1927 年 4 月，南京国民政府成立后，杨树庄任国民政府海军总司令兼福建省政府主席，在福州设总司令行营。

因为同在福州，所以陈兆锵的信杨树庄第二天就能收到。

在杨树庄的挽留下，陈兆锵继续以“顾问”的名义主持福州海军学校，1927 年 7 月，学校发生了一场小型学生运动。

1927 年 5 月，杨树庄指示将福州海军艺术学校的头班生拨入福州海军学校。因该班学生的学习程度与海校的戊班生相当，陈兆锵将两班学生归并一班，组成新的戊班。

新班组成仅仅十天，7 月 3 日早晨，发生新戊班学生全体离校事件。起因是，合并后根据两班学生的学习进度，“展习一学期”。学期增加意味着延期毕业。7 月 3 日当天，陈兆锵致信杨树庄，陈兆锵解释说，这些学生“算数根底不清，展习一学期纯为培植基础期间，有功课可窥”。

陈兆锵在信中表示自己“亟应隐退”，同时请示该如何处理此事。[①]

1927 年 7 月 11 日，陈兆锵收到了杨树庄的指示，对“戊班学生所有鉴原以及取缔之办法”。第二天陈兆锵给杨树庄回信，称这一措施“诱掖后进，独具苦心”。

陈兆锵在信中再次表达了请辞的遗愿，并坚决表示“擅离之罪无可解免，断不能弃甲复来也”。[②] 应该就在此后，陈兆锵离开海校。

参与创办海军制造研究社

陈兆锵在主持福州海军学校期间，参与的另一件大事是关于海军制

① 《陈兆锵致杨树庄信》（1927 年 7 月 3 日），马尾船政文化研究会藏。

② 《陈兆锵致杨树庄信》（1927 年 7 月 12 日），马尾船政文化研究会藏。

造研究社的成立，这是中国最早的全国性学术研究团体之一。其社员是船厂、工厂和海军机构的工程技术人员以及科技界的专家、学者。该社还公开出版和发行《制造》季刊。研究社和《制造》杂志对于中国早期的舰艇、飞机制造及其他工业和科技的研究起到了积极的推动作用。

海军制造研究社的成立是经过长时间酝酿的。其主要发起者是陈兆锵、巴玉藻、曾诒经和沈来秋等人。

陈兆锵很早就有成立研究机构或团体的设想。1918 年，时任海军部军学司司长李毓臣到福州船政局视察工作时，陈兆锵就与其“曾商同摘取英美之成规，提议建设斯社，以求深造”。[①] 因当时船政局的高级技术人才太少，未能实现。

1923 年，海军制造、飞潜两校学生毕业，派在各厂实习。1924 年 9 月间，这些毕业生自行组织“马江海军制飞两校毕业生同学会”。他们的宗旨是“一面联络感情，一面试用团体工作的方法研究制造学术”，但因为海军经费困难，而且对制造事业的发展没有计划，这个同学会要想从事研究也就不可能实现了。1926 年 3 月，这批毕业生把同学会改为“马江海军制飞两校毕业生研究社”。名字虽然改了，但范围太小，没有什么作为，也就停顿了。[②]

一直到 1927 年，由于受到时局的影响，这群年轻的工程师再次发起成立研究组织。

船政首任大臣沈葆桢的曾孙、陈兆锵的大女婿沈来秋曾在笔记中有记载：“1924 年国民党宣布联俄、联共、扶助农工的三大政策，与共产党合作。接着 1926 年北伐军从广东出发打倒吴佩孚。在福建方面，

---

① 陈兆锵：《在海军制造研究社成立大会上的演说》，《制造》第 1 卷第 1 期，第 3 页。

②《本社成立略史》，《制造》第 1 卷第 1 期，第 1 页。

陈兆锵赠长女陈秀莹（任君）、婿沈来秋（觐宜）的嫁妆：民国彩花卉盘、碟
（中国船政文化博物馆收藏）

北伐军的东路军赶走了残余军阀，在福州成立了革命新政权，凡此一切新事物都使我感到振奋，寄予莫大的希望。就在此时，在福州遇到了留德的同学谢树英（谢济生，陕西人），他是邓演达的战友，在新成立的福建省党部附属的党校工作。通过他的口述，我初步才了解到共产党与国民党之间的既联合又斗争和矛盾尖锐的大略情况。果然不久，有一天清早，谢济生衣服不整，神色仓皇只身来到马尾，说明他昨夜在党校里突然遇到袭击，幸而跳窗逃出来的情况……他躲避在马尾，由春到秋大约三个月期间，我和几位朋友，深得到他的启发，觉得长久待在海军所属的工程机构将成为政治文盲，实在太无意义了。我的思想开始有了转变，于是我和当时在马尾飞机工程处巴玉藻、王助两位工程师和其他几位青年同志发起组织制造研究社，发行《制造》季刊，对于当时旧海军一贯的保守的思想，表示反抗。”①

① 古清、沈骏：《海军制造研究社的成立与影响》，《船政文化研究》，海潮摄影

在巴玉藻、沈来秋等的联络下，有 71 人发起成立海军制造研究社。当时的船政局局长马德骥和工务长袁晋也是发起人。

不过，海军制造研究社的成立却不是一帆风顺的。在开始酝酿成立时就遭到船政局内部一些人的怀疑和反对，此时陈兆锵给予这群年轻人极大的支持，曾诒经回忆说："我们海军老前辈陈将军出手解释这个社的用意，才把一团疑云拔去。"

因而最终在制造研究社发起人的名单上，不论是从名望还是从实际作用来看都理所当然地把陈兆锵列在第一名。

1927 年 4 月 10 日，在马尾造船所飞机工程处召开第一次筹备讨论会，有 29 个发起人参加。会议公推陈兆锵为临时主席，议定研究社名为"海军制造研究社"，并推举王助、沈来秋等七人为章程起草委员。4 月 24 日，第二次筹备讨论会在马尾海军联欢社来复轩召开。会议公举陈兆锵为临时主席，通过了章程（草案）并决定在 5 月 1 日召开成立大会。

选取这个日子是有特殊含义的，因为"五一"是"国际劳动纪念节，纪念芝加哥工人的首先运动"，"将来年年这个纪念节，大家不忘记世界的伟大纪念日，就不会忘记本社今天成立的盛况"。

1927 年 5 月 1 日，海军制造研究社在马尾海军联欢社来复轩召开成立大会，有社员 56 人参加，还有来宾 8 人前来祝贺。

陈兆锵任主席主持会议，他首先在大会上发言。指出："吾国制造不传，不自今日始，因其不讲故也"，留学生"学成归国，或弃而不用，或用非所长，盖痼习未除，昔则右文，今则变成军阀。事制造者，无所展其能，遂使心灰意冷，致制造一途愈形退化，不亦大可哀哉"。他认为，外国的制造专家"均有组织各专科会社，专为集思广益起见，群策群力，

艺术出版社，2003 年版，第 417 页。

遂有一日千里之势”。面对到场的青年工程师和技术人员，陈兆锵提出殷切希望：“惟是兆锵乃从事机学于五十年之前，学识浅陋，无可讳言……以后研究法之若何进行，端赖诸青年学者，兆锵当拭目俟之。”[①]

在大会上发言的还有王助、王超、曾诒经、陈钟新、杨福鼎等，最后发言的是名誉社员萨镇冰。

大会还通过了《海军制造研究社章程》。《章程》规定研究社的名称为“海军制造研究社”，规定研究社的“宗旨”是“本团结精神，研究学术，力谋促进海军制造为宗旨”。还规定了社员资格、社务、组织、职务、社员的义务及权利、社费等等。大会用不计名投票方式选出13名执行委员组成执行委员会。其中陈兆锵、马德骥、曾诒经为特务委员，陈大咸、陈钟新为交际委员，沈来秋、巴玉藻为编辑委员。特务委员的任务是“代表本社对外接洽重要事务。于必要时，得用本社名义，募集基金，或特别捐款”等等。陈兆锵不仅对制造研究社的成立与学术活动起到了重大的推动作用，而且经常在经济上予以资助。沈来秋、巴玉藻任编辑委员，负责安排社员宣读论文、整理开会讨论记录和编辑《制造》季刊等等。

海军制造研究社出版的《制造》季刊是向全国和海外发行，很多是当时的前沿课题，比如：《飞机浮站之设计及构造》，《巴君蕴华略传》（王助）；《工业经济中两个重要问题》，《中国现代市政机关之组织及其政策》，《中国碱业述略》，《我之中国实业观》，《河北省塘沽永利制碱工厂制造特殊情形》，《苏打工业发达历史及工作情况》（侯德榜）、《福建长乐莲柄港之溉田计划》（马德骥）、《暴烈物之沿革》，《1928年柏林国际飞行展览会之一瞥》，《飞机效能概论》，《空中与地面间

① 陈兆锵：《在海军制造研究社成立大会上的演说》，《制造》第1卷第1期，第3页。

战斗的原理》（金轶伦）、《潜水艇》（郭霖）、《试炮与试药》（郑滋稚）、《燃料油及其用法》（袁晋）、《欧战中之军用毒气》，《中国桐油业之研究》（陈大咸）、《无线电原理大要》（周恭良）等等。

研究社还进行了一项非常有意义的工作，即审定科学应用名词。在20世纪初，翻译的科学名词极不规范。为此研究社制定了《审定科学应用名词细则》，“细则”明确指出：“审定应用科学名词事项为本社社务之一”。研究社是按学科分组审定的，分成数学、物理、化学、机械、造船、电学、军械、飞机、建筑等九个组，各组由社员自由组合。组员按分工收集、更正、确定、编辑各科的名词，并经过充分论证和讨论，最后经过执行委员会通过汇集刊行。[①]

海军制造研究社自成立后，就主张走出船政局，向全国发展，吸收了江南造船所等各地船厂、工厂、海军机构的工程技术人员和科技界的专家学者为社员，使该社成为全国性的学术团体。

海军制造研究社是中国较早一批学术社团中的一个，研究社关于科技对国家强盛的重要性的认识及其提倡的科研的指导思想和方法至今仍有现实的意义。

兴办莲柄港农田水利工程

在马尾一江之隔的对面就是长乐县（现福州长乐区），在县城西南五里左右有一个“莲柄港村”。

莲柄港为闽江支流，长三十余里，宽七八里。[②]河水流经区域，港汊四出，为产米之区。但流至莲柄港村，因一座龙腰山蜿蜒环抱，形成

① 《审定科学应用名词细则》，《制造》第1卷第3期，第97—98页。

② 《近代福建民生地理志》，福州远东印书局，1929年印行，第194页。

一块盆地，水源无法抵达，所产稻作不及西南产米之区的十分之三。[①]

当地说法，自宋代以来就有人倡议开凿该港，以利其地，但均未能实现。

1889年，在北洋海军任职的陈兆锵暂假回闽，曾到莲柄港勘测。这是陈兆锵关注莲柄港问题之初始。

1916年，陈兆锵在就任福州船政局局长不久，派员到莲柄港“测量水平及简略地形，并从事调查，为有统系之计划”，但因工繁费巨，此事被暂时搁置。[②]

1924年，因海军经费困难，当时商人方铭勋向海军当局投机，申请资本和机器，在福州船政局内铸造辅币，盈利充作经费。但方铭勋对于工期一再拖延，马尾海军当局遂撤销其承办资格，没收铸币机器，在1925年自行开办，地址设在船政局的新船坞，以船政局工务长马德骥兼任厂长。[③]

到1927年停办前，铸币厂盈利达40余万元。对于这笔款项的用途，马尾海军当局有多种意见，有人主张开设银行、买地皮，有人主张办工厂、办学校，也有人主张购买军火扩充海军实力。陈兆锵因心中挂记莲柄港，坚持创办莲柄港工程。

因陈兆锵“在海军界辈分较高，故其言论在当时颇有举足轻重之势”，当时福州船政局已经改称为马尾造船所，所长马德骥为陈兆锵一手提拔，赞成此议。时任海军司令杨树庄之父杨廷玉与陈兆锵关系甚笃，陈兆锵委托他向杨树庄进言，也获得同意。[④]

---

① 《福建莲柄港灌溉工程第一期报告》，福建莲柄港灌溉局，1929年编，第9页。

② 《福建莲柄港灌溉工程第一期报告》，福建莲柄港灌溉局，1929年编印，第9页。

③ 陈受绥：《马尾海军铸币厂》，《福建文史资料》第1辑，1964年，第81页。

④ 吴家琼：《莲柄港水利工程及肇事情况忆述》，《福建文史资料》第2辑，1963年，第165页。

1927年3月，马尾造船所在龙门村高氏祠堂设立机构，初以造船所名义附设“莲柄港溉田筹备处”，6月份改名为“海军长乐莲柄港溉田局”，由马德骥兼任主管。

因工程量巨大，到1928年初即将铸币厂盈利的40余万元用尽。此时正好江南造船所有一笔公款20余万元，经杨树庄同意，借用给溉田局。到1928年年中，通过这笔钱基本完成了第一期的主要工程，但仍有相关配套设施和工程需要施工，估算需要30万元。

溉田首倡者陈兆锵亲自出马负责筹款。他邀请老友叶龙骧[①]帮忙，向私人银行、钱庄借贷30万元。不仅如此，陈兆锵还将自己存在银行的赡养费2万元全部拿出来。杨廷玉也以族长的名义，将杨姓“祭田”典押5000元，“竭蹶之状，可见一斑”。杨廷玉曾回忆说：“陈将军私囊及经手贷款三十余万元，非最短时间设法清还不可。在工款不继时，几乎功败垂成，赖其挺身而出，工程得以维持。如得鱼忘筌，于公于私，都非所宜。”[②]

1929年3月间，一期工程终于完工，举行了盛大落成典礼，400余人参加，马德骥在会上报告工程完成情况，还专门印刷了一本《福建莲柄港灌溉工程第一期报告》，陈兆锵亲自作序，序言中写道：“天可补，海可填，南山可移，则金石未始不可开。”[③]

但因马尾海军当局急功近利，急于收回投资，发生勒收水费的事件，再加上工程质量出现问题，当地农民抗交水费。

1930年，溉田局进行改组，杨廷玉担任经理，负责管理，并设立

---

① 叶龙骧，号樵石，福建闽侯人，曾任海军军需总监、海军马尾支应局局长等职。

② 吴家琼：《莲柄港水利工程及肇事情况忆述》，《福建文史资料》第2辑，1963年，第173页。

③《福建莲柄港灌溉工程第一期报告》，福建莲柄港灌溉局，1929年编印，第1页。

董事会，陈兆锵任董事长。但因处境困难，无法支付建设工程的贷款利息。

1931年，时任长乐县长吴鼎芬经过实地考察，根据不同地段受水不同，厘定不同的水费标准，经过统计如此可年收22万元左右，这一措施获得陈兆锵、杨廷玉以及用水农民的同意。

1932年，因更换县长，未能处理好用水问题，当地农民捣毁了溉田局的机器、厂房，最后海军又派出海军陆战队前去镇压，造成流血事件，[①] 背离了陈兆锵惠民的初衷。

莲柄港溉田工程一度停止。

1935年4月，福建省建设厅厅长陈体诚（陈兆锵族人）开始恢复莲柄港，直到此时才还清了陈兆锵之前的经手贷款。[②]

新中国成立后，1951年福建省在此基础上又对莲柄港进行扩建，1952年完工，灌溉面积达到10万亩，成为当时全国最具规模的水利工程之一。在1961年，长乐大旱128天，但受到莲柄港灌溉的区域仍获丰收。[③]

当年，在莲柄港一期工程竣工后，陈兆锵曾以郑国渠、白渠等古代人工灌溉工程作为对比，正如其所说："他日吴航（长乐古称）之人，当青畴弥望时，必有喜郑、白之再生者。"[④]

热心教育工作

1932年，因海军部对马尾造船所进行改组编制，原属的海军艺术

---

① 吴家琼：《莲柄港水利工程及肇事情况忆述》；王任翔：《长乐"莲柄港事件"纪实》，《福建文史资料》第2辑，1963年，第156—178页。

② 吴家琼：《莲柄港水利工程及肇事情况忆述》，《福建文史资料》第2辑，1963年，第177页。

③ 王任翔：《长乐"莲柄港事件"纪实》，《福建文史资料》第2辑，1963年，第162—163页。

④《福建莲柄港灌溉工程第一期报告》，福建莲柄港灌溉局，1929年编印，第1页。

学校交由马尾的要港司令李孟斌设法维持。

李孟斌邀同造船所前所长袁晋发起校董会，进行募款，拟将学校改为“马江私立中学”，但在新校未设立之前，仍以艺校名义继续办理。但因筹款不及，再加上新校址未定，该校之事未能成。这期间“造船所公帑既无从挹注，而当时在校人员，均念其校史，苦心孤诣，群策群力，维持不敢稍携”。1934 年初，李孟斌奉调入部，维持艺校的工作交给继任要港司令李世甲主持。[①]

此时，马江造船所也面临着严峻的经费短缺，“各厂几乎全部停工，原有机工、匠目尚无工作可做，艺术学生的出路便成问题，学校自难存在，乃宣告停办”。[②]

为能继续维持该校，在李世甲的主持下，经公议将该校改为私立职业学校。1935 年 1 月，改派造船所工务长萨本炘兼理校务，并准迁入要港司令部旧址，继续上课。

同时学校积极办理变更手续，由校董会呈准福建教育厅改为“私立勤工初级机械科职业学校”，并将 1935 年 8 月作为新学校的开始之期。学校至此进入一个相对稳定的状态。

从 1932 年福州艺术学校转交给要港司令部后，“校董会”就是维持学校的重要组织，主要工作之一是负责筹款。从现存的董事名单看一共有 10 人：名誉董事长萨镇冰，董事长为时任海军部部长陈绍宽，常务董事李世甲，陈季良、陈兆锵、陈训泳、李孟斌、林国庚、叶龙骧、陈培锟 7 人为董事。董事会也是学校的最高权力机构。[③]

---

① 《私立勤工初级工业职业学校一览》，1937 年，第 1 页。

② 陈景芗：《旧中国海军的教育与训练》，《福建文史资料》第 8 辑，1984 年，第 97 页。

③ 《私立勤工初级工业职业学校一览》，1937 年，第 67 页。

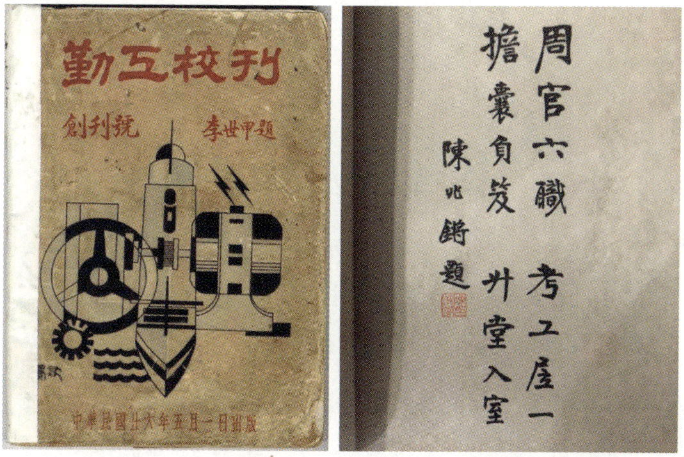

陈兆锵为私立勤工学校校刊创刊题词

这 10 人，或为海军耆宿，或为海军重要将领，规格很高。

新学校内，除原艺校所遗两级学生外，学校又新招一年级学生。1936 年 7 月，新学校第一期 16 人毕业。

当时主持校务的为萨本炘、叶心传两人，因两人均供职海军，职务纷繁，先后告辞。1936 年 6 月，校董会聘请陈钟新为校长。①

陈钟新原为福州海军艺术学校学生，后转入海军飞潜学校制造科学习。从某种程度上说，这所私立学校是他的母校。

陈钟新到学校后，积极整顿校务，在原有的机械专业基础上，增开电机和船工图算两科，他本人则在学校教授代数。当年暑假，又经福建教育部门批准，学校改校名为“私立勤工初级工业职业学校”，并制定了校徽，校徽为倒三角形，内有船锚、齿轮和闪电标志，象征着学校三个学科。②

学校还有专门的校歌，其中写到“勿谓国危，勿谓家困，业精用宏，国家所望”，这是对学生“工匠精神”和“技术报国”的殷切期望，也

---

①《私立勤工初级工业职业学校一览》，1937 年，第 1 页。

②《私立勤工初级工业职业学校一览》，1937 年。

是陈兆锵等海军人的毕生追求。

参与创办慈善事业

1923年6月5日，福州热心人士沈永镰、董焜藩、张荫椿、董炳勋等创办一座福建惠儿院。院设董事会，由陈兆锵任董事长，沈永镰为院长。

这座惠儿院，陈兆锵应该也是创办者之一。[①]

惠儿院以家境贫寒、年龄在10岁以上、具有培养前途的孤儿为主要收养对象，对外开放，公开招生，按照年龄编入小学部读书。

虽然是一座孤儿院，福建惠儿院更注重培养这些孩子的自食其力，能够有一技之长。因此院里的办学宗旨为“教养兼施、工读并重”，培养职业技能，各种费用皆由院方筹募。这种既是慈善机构，又是职业教育学堂，实属创举，深受社会好评与支持。这也是陈兆锵一贯的教育理念。

初级小学毕业后，按其特长分到工场习艺。工场设有藤工、木工、缝纫、脱胎漆器、蚕桑、银行等专业，白天习艺，晚间补修高小课程。高小毕业后，继续深造的，由院方保送升入中学，一切费用由院方资助。

作为董事长，陈兆锵的主要责任依然是筹款。曾有一位军界人士捐赠400元大洋，工商界名流董占纯赠送可供200名学生御寒的棉花和布匹，爱国华侨胡文虎捐赠一座工场。

陈兆锵的老友、福建省长萨镇冰也特批准开征厨业慈善税，从税款中按月拨补院方80元。

社会人士林春丞特到上海购回一套乐器，送给院方，组织学生建立乐队，为婚丧喜庆人家服务，增加院方收入。

---

① 陈兆锵外孙女沈织回忆：“此后我注意到，外祖父经常和一位董先生接触，所谈论的原来都是‘惠儿院’的事。”沈织：《纪念外祖父——记事之二》，《爱国海军耆宿陈兆锵将军》，1999年自印本，第89页。

当时每年陈兆锵过生日时，惠儿院的乐队都会来参加演奏。[①]

在惠儿院办学14年中，毕业生达2000多人，先后输送到海军、医院、银行等各部门工作。由于办院有方，曾受到邹韬奋主编的《生活周刊》的关注。[②]

值得一提的惠儿院中出产的藤、竹器和脱胎漆器等，质量优良，不仅载誉榕城，也让世界称赞。

1933年6月，美国芝加哥举办世博会，惠儿院出产的制品也漂洋过海，展示在世界面前。

“福建惠儿院董焜藩君以此举与国家荣誉有重大关系，一方既可宣扬国家文化，一方复得发展吾国商品之对外贸易，遂提议于由本院漆工部出品参加。”为了能筹措参加世博会的费用，惠儿院负债达3万余元，“几至山穷水尽”。董焜藩将此提交到院董事会讨论，董事长陈兆锵以及各位董事，均表示支持，“举国家文化，有伟大之贡献，遂发出参加芝博会出品计划书”。惠儿院一面筹措经费，一面抓紧生产，最终得以赴美参会。[③]

惠儿院生产这些漆器，参展期间“博得全美报界之赞赏，芝城辑表报誉，为芝博会视点之所在”。[④]

到1937年3月，福建省教育厅厅长陈粤人以惠儿院自筹经费不及政府补助为由，接管惠儿院，改为公立省会儿童教养院，设婴孩、儿童、青年3部。抗战期间，院址迁到建瓯，学生流离失所，散落街头，不久即宣告结束。

---

① 沈祖庄：《在外祖父身边的日子》，《爱国海军耆宿陈兆锵将军》，1999年自印本，第137页。

② 以上关于福建惠儿院的情况引自《福州民政志》，福建人民出版社，1997年版，第186页。

③《福建惠儿院出品芝博经过》，《申报》，1933年4月6日，第12版。

④《旅美华侨请参加纽约博览会屋柏林大学校长函请孔部长赞助福建惠儿院出品创国际艺坛纪录》，《申报》，1933年2月23日，第14版。

附：

陈兆锵在海军制造研究社成立大会上的演说

1927 年 5 月 1 日

萨上将、诸位来宾、诸位社友：

吾国制造不传，不自今日始，因其不讲故也。近数十年来，政府亦有感觉，间有派生出洋肄业，迨学成归国，或弃而不用，或用非所长，盖痼习未除，昔则右文，今制变成军阀，事制造者，无所展其能，遂使心灰意冷，致制造一途逾形退化，不亦大可哀哉。

民国七年间，李毓臣学司长到闽，曾商同摘取英美之成规，提议建设斯社，以求深造。其时，马江同仁制造主任不出十人，俦侣太孤，是以迟迟至今，兹制校、飞潜校各科毕业者众，各有专门，若不随主任之后时加琢磨，不数年间前之所学均付流水。凡事不进则退，倘能急起直追，终有发达之一日。各国制造家均有组织各专科会社，专为集思广益起见，群策群力，遂有一日千里之势。吾人亦本斯意而求之，宁复多让，是以海军制造研究社之设，兆锵极端赞成也。惟是兆锵乃从事机学于五十年之前，学识浅陋，无可讳言，纵有一知半解，不足以资考镜，第愿附骥尾，以广见闻耳，此后研究法之若何进行，端赖诸青年学者，兆锵当拭目俟之。

原载《制造》第 1 卷第 1 期（福建省图书馆藏）

三 暮岁光阴①

陈兆锵晚年大部分时间都是住在福州法海路1号，现为法海路6号和8号两座院落。

这座房址始建于清乾隆年间，20世纪20年代初由陈兆锵购置并重建。整个房屋占地面积3500平方米，坐北朝南，四面围墙，两座相邻，是当年法海路最大的宅院。

2019年11月14日，在陈兆锵嫡孙陈榕的带领下，笔者走进法海路。

法海路有一座法海寺，法海路也因此寺得名。陈兆锵晚年闲暇时，常到寺中与老和尚攀谈。再向前不远处就是陈兆锵故居。

福州法海路陈兆锵故居内景

---

① 陈宝琛：《族弟铿臣七十寿序》，《爱国海军耆宿陈兆锵将军》，1999年自印本，第54页。

现8号院为老宅主座，二进院，临街大门西侧原有一块“陈将军府”青石碑。门内为二层门头房，第二层供传达、管家居住。门房西侧开内大门，入石框大门，是一进天井，三面环廊。厅堂四柱面阔三间，进深七柱，穿斗式木构架，双坡顶，鞍式山墙。大厅的壁枋、斗拱、挂落、前檐等雕刻精美。厅正中用插屏门隔成前后厅，左右两侧为厢房（前后房）。正厅额上悬挂清时陈兆锵所获“诰封盒”。

正厅的正中，曾悬挂族兄、晚清帝师陈宝琛亲笔书写的《族弟锵臣七十寿序》寿屏。厅的左右两侧，曾悬挂蓝建枢[①]撰写的《铿臣公六十寿言》寿屏，文中介绍陈兆锵的主要功绩。正厅东侧为陈兆锵的卧房。

一进天井照壁上悬挂慈禧太后御赐的约80厘米见方的“福”字匾。二进也是面阔三间，进深七柱，有前后天井。前天井两旁为二层楼披榭，天井里排放着陈兆锵亲自培植的四个特大盆的蜡梅。二进大厅也是用插屏隔成前后厅，左右两侧为厢房（前后房）。后天井有一株陈兆锵亲植的黄皮果，两侧为小厢房。

陈兆锵与外孙女沈织的合影

6号老宅，一进是天井，一厅两厢房。东墙前立有一架落地式座钟，对面立有一面2米高的全身镜，大厅中间摆放一张炕床，

① 蓝建枢，福建福州人，1918年至1921年任海军总司令。

左右两间为书房。厅内沙发均用美国松木制成，装饰品则采用步枪子弹壳制作，精美别致。天井摆满各种花盆及盆景，正中间摆放大鱼缸。一进被称为花厅，二进为西洋风格的五间排二层木构楼房。在花厅与二层楼房之间辟为花园，建造假山、鱼池，种植花卉、树木，在假山上建有亭子，通过假山洞及石磴可登上亭，惜均已毁。

8 号主座，一进、二进及二进后天井分别开有三个小门，通往 6 号花厅、假山及二层木构楼房。一进小门楣上挂“翕园”匾额，在二层木构楼房后面，有一大片园地，种满各种桃树。[①]

除了陈兆锵和家人外，他的五弟住在 6 号宅。[②]

陈兆锵与次女陈秀湄、孙女陈申、长媳林漪如、次媳林正民合影（从右至左）

---

① 关于陈兆锵故居参考：陈榕 2019 年 11 月 14 日访谈；《陈兆锵故居》，《朱紫坊古建筑》，福州市地方志编纂委员会，http://www.fjsq.gov.cn/FZDetailPage.aspx-?key=27a397e975594381bc96f4888d8a412a.

② 陈榕先生 2019 年 11 月 14 日访谈，王国平采访。

陈兆锵与次女陈秀湄、外孙女梁珍渠合影

这座老宅也称为当时福州的一个“沙龙”中心。花厅，就是陈兆锵用来会客地方，当年萨镇冰、陈绍宽、李世甲等海军人物，都是这里的常客。按照规矩，在会见客人时，家中小孩是不允许旁听的。所以在陈榕的童年，经常在窗外看见爷爷和这些老友长时间的谈话，却不知道他们具体说了什么。如今回想起来，陈榕仍然觉得遗憾。①

退居福州时，陈兆锵曾担任福州多所学校、机构的董事长、董事职务，这些学校、机构的校董事会多在陈兆锵位于法海路的家中召开。

1926 年之后，陈兆锵在这里还掩护过中共地下党员陈光，常与之谈至深夜。1937 年陈光被捕，他又极力设法营救，并多次前往监狱探望。②

1931 年，陈兆锵七十寿辰，他的堂兄、晚清名臣陈宝琛专门写了

---

① 陈榕先生 2019 年 11 月 14 日访谈，王国平采访。

② 陈胤：《追思祖父的教诲》，《爱国海军耆宿陈兆锵将军》，1999 年自印本，第 124 页。

一篇《七十寿序》[①]。而十年前（1921 年），陈兆锵六十寿辰的时候，陈宝琛曾写长篇五古《赠铿臣族弟》，海军将领蓝建枢也写有《铿臣公六十寿言》，这些成为今天了解陈兆锵经历的重要文献。

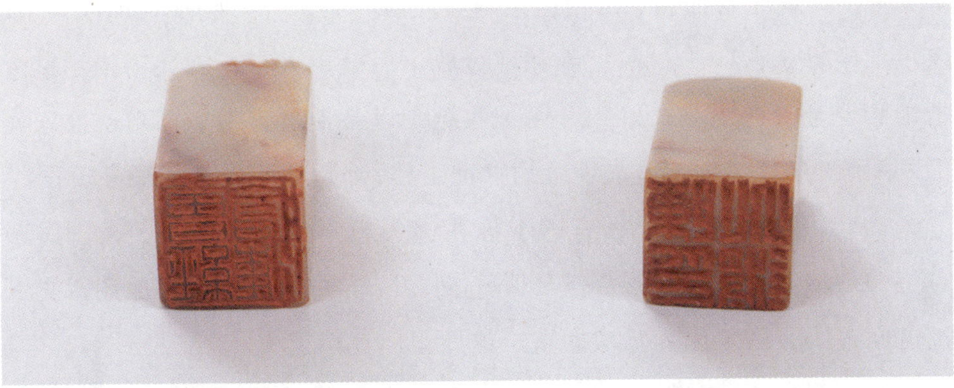

陈兆锵私章“曾经沧海”“陈兆锵印”，陈兆锵曾外孙林瑞捐赠中国船政文化博物馆

1933 年 11 月，十九路军发动“福州事变”，当时蔡廷锴派代表与马尾要港司令李孟斌沟通，要求“与海军一致行动”。李孟斌无计可施，第二天连忙拜访杜锡珪（前海军总长）和陈兆锵求救。十九路军的一个旅已经进入马尾，杜、陈二人也无良策，不久，李孟斌率“江元”“楚观”两舰撤出马江。[②]这是陈兆锵晚年少有的参与有关海军的事项。

1941 年 4 月，日军占领福州，准备请陈兆锵出任“福州治安维持会”会长，陈兆锵先以年老多病推辞。此后，日军又多次派人以探病为名进行催逼。陈兆锵则卧床拒见，并由家人转告日方，倘再逼迫，将以自尽

① 这篇寿文应为陈宝琛请何振岱代作或代写的初稿。何振岱（1867—1952 年），字梅生，福建侯官人。光绪二十三年举人，曾入江西布政使沈瑜庆幕府，主文案。陈宝琛给他的信中有写：“铿臣寿文，已否动笔？十年前，曾寿以诗，冗沓已甚，姑录呈览，不值一哂。”陈昌强：《陈宝琛史料四种·（二）致何振岱书札》，《近代中国》第十九辑，2009 年，第 359 页。

② 陈公远：《福建事变与马尾海军》，《马尾文史资料》（一），1991 年，第 62—63 页。

殉国。为防不测，陈兆锵甚至面嘱家人为其准备后事。[①]

时年陈兆锵已经 79 岁。

面对这样一位曾经与日本有过生死一战的老海军，日军试图以“尊敬”中国海军元老为名，每月送来两石左右的小米和一些现金加以笼络，以示“中日亲善”。日军把米和现金放下后就走人了，陈兆锵指示家人把米和现金分送困难百姓，并留下收据，以备他日查考，而自己及家属仍以配给的杂粮度日。这些现金的管理工作，都是他的侄孙陈长亮负责。[②]

1945 年抗日胜利后，有感于陈兆锵矢志不渝的民族气节，国民政府特颁给铭有“凛烈可风”的银盾一面。陈榕回忆，早年间他还曾见到过这面银盾，后来因为几次搬家，这面银盾竟然遗失。[③]

陈长亮之子陈晃则回忆，其父在世时曾对他谈及：“陈绍宽闻知老叔祖坚贞不屈的事迹后，深为动容，并以他国民政府海军总司令的名义发表函电嘉奖，电文曰：‘陈兆锵将军为‘我军之光’。”[④]

1946 年 10 月 31 日，是蒋介石诞辰，当天有两项纪念方式，“邮局于是日加盖纪念邮戳”和“革命历史馆镌制漆质元首塑像”。这尊漆质塑像由福州制造，10 月 23 日，“搭‘新瑞安’轮，由海军名宿陈兆锵将军等赴京呈献，陈列于介寿堂”。[⑤]这是抗战胜利后，陈兆锵与国民政府仅有的几次交往之一。

---

① 陈榕先生 2019 年 11 月 14 日访谈，王国平采访。

② 梁友尧：《近代海军宿将陈兆锵述评》，《纪念陈兆锵将军选文》，福建省音像出版社 2007 年版，第 41 页；沈织：《纪念外祖父母——纪事之一》，《爱国海军耆宿陈兆锵将军》，1999 年自印本，第 88 页。

③ 陈榕先生 2019 年 11 月 14 日访谈，王国平采访。

④ 沈织：《纪念外祖父母——纪事之一》，《爱国海军耆宿陈兆锵将军》，1999 年自印本，第 88 页。

⑤《福州制漆质壁像》，《大公报（上海版）》，1946 年 10 月 30 日。

1948年1月9日，南京国民政府又授陈兆锵“海军中将”衔。[①]

陈兆锵（摄于1948年）

1948年，也是老友萨镇冰的九十大寿，福州各界组织“庆祝萨上将九秩寿辰筹备会”，发起各界所送寿金都交到当地省银行储蓄部专户储存，作为助学或其他善举。至3月19日止，已收3000万元，其中陈兆锵和李世甲都是各出100万元。[②]十年前的1938年，萨镇冰八十寿辰。陈兆锵等人见老友无地无房，20多人联合出资在福州冶山上为萨镇冰购置一座两层小楼，重新修缮。因抗战爆发，萨镇冰此时正在南洋宣慰华侨，劝募公债，此后辗转国内各地。直到抗战胜利后，萨镇冰回到福州，才住进这座小楼。大家取“仁者寿”之意，将小楼命名为“仁寿堂”。借着萨镇冰九十寿辰的机会，87岁的陈兆锵专门写了一篇《萨公仁寿堂记》，文中说：“寻常颂辞非所以厚公也，堂成而记阙如，亦非所以重工事也，以属兆锵，谓兆锵少公三岁，齿相埒，又夙隶舟师也。则敬诺。”这是两位老友、战友深厚情谊的见证。

陈兆锵撰写后，由福建省参议会议长丁超五执笔拜书。陈绍宽、杨敬修、陈培锟、李世甲、沈筍玉、方莹等近50位闽籍海军将领和绅宿

① 苏小东：《中华民国海军史事日志》，九州图书出版社，1999年版，第773页。

② 《祝萨上将寿，寿礼移作善举》，《大公报（上海版）》，1948年3月25日。

共同联名敬献。

福州解放前，国民党曾要求海军将领李世甲等撤往台湾。陈榕回忆说："李世甲对我祖父非常尊敬，他说他已经准备了军舰。"[①] 历经清末、北洋政府、国民政府，陈兆锵决定留下来看一看新世界。

1949 年 8 月 17 日，福州解放。当天早上，看到解放军露宿街头，陈兆锵腾出住房作为解放军的驻地。在原清代北洋海军将领中，陈兆锵和萨镇冰等是少数几位看到中华人民共和国诞生的人。

陈榕记得，在福州解放前夕以及中华人民共和国成立初期，当地很多活动都是萨镇冰和陈兆锵两位海军耆宿联手进行，可惜因为他当时还小，"这些事件都不让小孩子知道"。[②]

中华人民共和国成立后，有心的学者曾来访问陈兆锵，并留下了一些珍贵记录。

1950 年，福建协和大学历史系学生周日升为完成毕业论文《马尾船政局始末》，先后去访问了萨镇冰、陈兆锵、沈覲宸等诸位先生。当时陈兆锵虽然已经 89 岁了，"精神却很健旺，一谈好久，是难能可贵的"，当回忆起当年船政局往事时，"真是感慨万千"。只是可惜这些当年访问的原始资料如今已荡然无存。[③] 陈榕回忆，当时祖父身体已经不好了，经常卧床休息。[④] 但对后学的来访，仍然热情对待。

1952 年 4 月 10 日，陈兆锵的老友萨镇冰在仁寿堂驾鹤西去。这一年原中国人民解放军海军研究委员会委员韩玉衡（韩宗英）受托到福建查抄有关甲午海战资料，便去访问陈兆锵，"查当时亲身在事，现尚生

① 陈榕先生 2019 年 11 月 14 日访谈，王国平采访。

② 陈榕先生 2019 年 11 月 14 日访谈，王国平采访。

③ 周日升：《马尾船政局之始末》，1980 年排印稿，第 3、4、87 页。

④ 陈榕先生 2019 年 11 月 14 日访谈，王国平采访。

存于世者，唯有原海军中将陈兆锵一人……现年九十一岁……与之谈话，颇见困难。”虽然交谈不顺，但韩玉衡的收获极大，在陈兆锵的旧稿中，检出记录甲午海战的日记五节，韩玉衡抄录了其中的三节。[①]这份日记成为今天研究甲午历史的珍贵史料之一。

陈兆锵（1952 年摄）

1952 年，因无力支付法海路宅院的地税，陈兆锵将法海路的房子卖掉，搬迁到侄孙陈长钧家朱紫坊 46 号的一进院。

1953 年 2 月 22 日，陈兆锵在朱紫坊 46 号院仙逝，享年 92 岁。陈兆锵去世后，时任福建省人民政府副主席的陈绍宽亲自上门吊唁，并亲切慰问家属，关心后事安排。[②]

朱紫坊，是陈兆锵出生地方，他在这里度过了童年、少年，又从这里进入船政学堂，进入海军，最后他又在这里，走到人生终点。历史，在这里画了一个大圈。

法海路的陈兆锵故居，如今是福建省级文物保护单位。在一进正厅两侧面柱子上的对联“鼎鼎船司空，拥左海雄图，甲兵十万；庚庚学使者，秉尼山遗教，弟子三千”，正是陈兆锵一生的写照。

① 《清末海军史料》，海洋出版社，2001 年版，第 349 页。

② 陈榕先生 2019 年 11 月 14 日访谈，王国平采访。

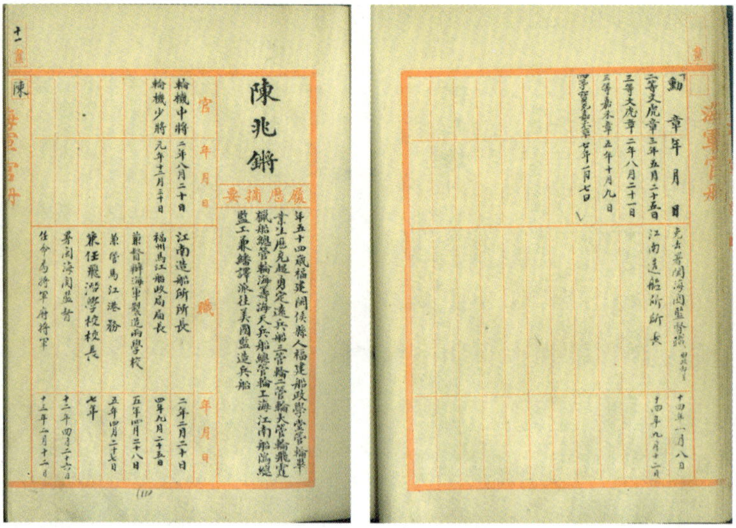
陳兆鏘

履歷摘要

年五十四歲福建閩侯縣人福建船政學堂管輪畢業生歷充超勇定遠兵船三管輪二管輪大管輪飛霆艦船總管輪海籌海天兵船總管輪工海江南船塢總監工兼繙譯派往美國監造兵船

官	年月日
輪機中將	二年八月二十日
輪機少將	元年十二月三十日

職	年月日
江南造船所所長	二年二月二十日
福州馬江船政局局長	四年九月二十五日
兼督辦海軍製造兩學校	五年四月二十八日
兼管馬江港務	五年四月二十七日
兼任飛潛學校校長	七年
署閩海關監督	十二年四月二十六日
任命為將軍府將軍	十三年二月十二日

勳章	年月日
二等文虎章	三年五月二十五日
三等文虎章	二年八月二十一日
三等嘉禾章	五年十月九日
四等寶光嘉禾章	七年一月七日

免去署閩海關監督職	十四年一月八日
江南造船所所長	十四年九月十二日

民国海军官员履历档案《海军官册》中的陈兆锵记录

1925 年 9 月，陈兆锵从船政局长调任江南造船所所长时，马尾商民为陈兆锵立了“陈将军德政碑”，上面写着“挽邓思刘”。原碑位于马尾官道头，碑文中的“邓”，指的是晋朝官员邓攸，此人为官清正廉明，自备口粮上任，不取守地之物；碑文中的“刘”，指的是汉桓帝时名臣刘宽。“挽邓思刘”，这是马尾百姓把陈兆锵比作邓、刘二人，以表挽留与念念不忘之意。

2013 年 6 月，福州市用陈兆锵的名字命名了一条新建的道路——兆锵路。兆锵路位于马尾区，距离船政旧址的直线距离大约 4 公里。兆锵路不长，只有几百米，但这条路的名字，却是 150 多年来中国海军追赶世界、抗敌御侮的悲壮历史，也是自清末以来中国向海图强、海军不断发展壮大之路的见证。

附：

萨公仁寿堂记

仁寿堂者，海军上将萨公燕居之所也。往岁戊寅，公年八十，都人士及旧时袍泽相聚而谋曰：何以寿公，传之无斁？乃购泉山左近马氏宅，因其栋宇而新之，修者、崇者、陕者、广者，悉如制，五阅月而堂成，重其役者，陈君培锟也。时方有日本兵事，公亦不遑宁处，先赴南洋，旋入蜀，历滇、桂、湘、黔、陕，日凡八稔，兵解始归而居之。今岁戊子，公九十矣，曩欲寿公者复相与谋曰：寻常颂辞非所以厚公也，堂成而记阙如，亦非所以重工事也，以属兆锵，谓兆锵少公三岁，齿相埒，又夙隶舟师也。则敬诺。

窃思公之名德，虽远在友邦，闻者慕思，见者心折。其为政治军也，若总理国务、若统领海军、若主持省政，一本宽柔，士民说服；其与人也，无贫富贵贱，皆谦而礼下之；其为善也，若耆欲无食者食之，无衣者衣之，无所归者庐舍之，自奉则毂溥如寒素，然惟其外臞则内腴，斯能老而不衰，非所谓仁者寿欤！

今也，山堂起居，人将曰堂之奕奕可以宴客，堂之穆穆可以聚族，而公则忧人之忧、乐人之乐，无日不往来于方寸间，斯人也、斯堂也，其天资之、地矩之，而以绎来兹乎！

爰书于石，俾勿坏。

海军轮机中将陈兆锵拜撰，福建省参议会议长丁超五拜书。

陈绍宽、杨敬修、陈培锟、高登艇、雷寿彭、吴山、李世甲、李午亭、丘汉平、陈遵统、林柏棠、王孝泉、史家麟、杨廷玉、林鼎华、沈筍玉、韩玉衡、杨逾、李熙年、方莹、陈海瀛、魏锡滋、黄荫、庄公辅、陈熙、陈调农、张乃武、王康年、李允彬、林衡可、毛一丰、林心恪、黄震亚、林瑊、林肇宏、陈国瑜、张寅、陈景焜、陈国璆、石纪麟、王赓年、蔡达三、陈子奋、曾克光、李向樟、郭颖、刘学基、郑贞藩、方煿藩同敬献。

中华民国三十七年四月谷旦（原碑藏于中国船政文化博物馆）

族弟铿臣七十寿序

陈宝琛

闽船政设学堂二，分习制造、驾驶。吾族鹤亭以制机能出新意、名海西，而年寿不究其用。铿臣其从弟也，学管轮业成，出入风涛炮火中，垂三十年。伦辈推重，咸期以大用，近二十年仅一长江南造船所，移长福州船政局，嗣后调回江南，度终不得以有为也，遂告归不复出，今年七十矣。

君持身贞介，毅于任事。方其主船政也，承积弊后，汰冗振疲，一切与为更始。视公事若家事，待匠役如其家人，虽极劳苦，而无迫蹙之容；务朴着实，而无所文饰于外，骎骎焉百废俱举。初议造炮艇十，测量舰一，甫成两艇，而费绌工随以辍。君故兼长飞潜学校，海军之造飞艇，亦自闽厂始也。予尝慨夫船政为海军权舆，左沈二公缔造时，计至深远，而所养成之才，或舍为他用，即用亦无以尽其才，无论甲申，即甲午亦岂能为战罪哉！以言制船，则“平远”钢甲之成，尼于谣诼，不获踵续。裴光禄既发愤病归，般倕星散，驯致衰替。今海军亦稍稍为世重矣，顾以外御者、供内讧有力者，皆得而左右之。舟师所不能至，则逼以飞机，村郭尽墟，施倪殃及，兵祸之惨毒，直前古所未有，此岂君之所屑而忍为之者。士君子有志用世，而世与道违，则亦惓而怀之已耳，焉能枉己以求合哉。马江旧有昭忠祠祀甲申国殇，君尝募资重修，躬董其役，吾固以知君之所尚矣。壬戌之春，予持妇服假归，过君廨舍，则予寿君诗轴在焉，彼时所望于君与船政者，犹勤勤未有已。不及十年，情景又异。君城居虽历四世，而朴素寡欲如吾村人。既赎回城中老屋，退居良便，新为其子娶妇，夫人又善相君以型其家，君得与向宸日涉翕园，流连花竹，天伦之乐，充然自足，承平可期，守此以老，亦无憾已。而予与仲弟衰耄相若，迢迢南北不能扶携，就君一醉，则又寿君而有余羡者矣。

（原载于《沧趣楼文存》上卷）

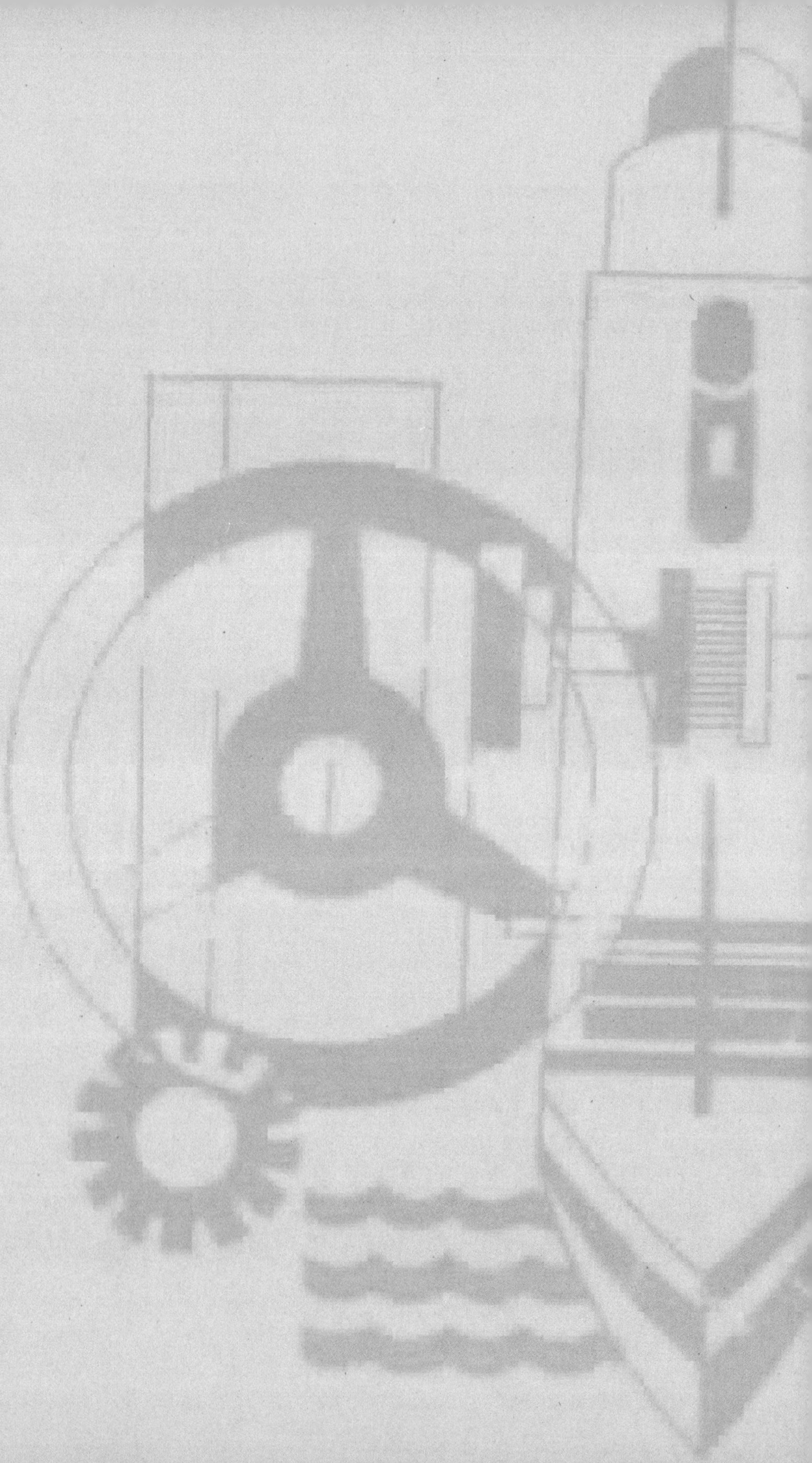

附录

周官六職　考工居一

擔囊負笈　升堂入室

陳兆錦題

陈兆锵生平年表

陈兆锵，字敬尔，号铿臣。1862 年 7 月 7 日（农历六月十一）生于福州螺洲。

1875 年，入船政艺圃为艺徒。

1878 年，选拔入船政后学堂管轮班第二期，学习期间考列优等。

1883 年，毕业，获授五品军功，调入北洋水师任“超勇”号巡洋舰三管轮。

1885 年 4 月，擢升尽先拔补千总。

1885 年 11 月，调任“定远”号铁甲舰二管轮。

1889 年 2 月 23 日，授北洋海军右翼中营守备。

1894 年 6 月，升署北洋海军右翼中营都司、“定远”号铁甲舰大管轮。

1894 年 9 月 17 日，随“定远”舰参加中日甲午黄海海战。

1895 年初，参加甲午威海刘公岛保卫战。北洋海军战败后，护送总兵刘步蟾灵柩返回福州原籍。

1895 年 9 月，任“飞霆”号鱼雷炮舰总管轮。

1898 年，调任“海筹”号巡洋舰总管轮。

1899 年，调任“海天”号巡洋舰总管轮。

1904 年 4 月 26 日，“海天”巡洋舰在长江口外鼎星岛遇险触损，陈兆锵临危不惧，自请留岛守舰，备尝艰辛。此后改任北洋海军军舰总机械委员。

1905 年，任江南船坞总监工兼翻译。

1911 年，赴美国监造中国海军在美订造的“飞鸿”号巡洋舰。

1912年3月12日，任中华民国海军部舰政局局长。

1912年5月1日，接管江南船坞。

1912年12月30日，授海军轮机少将军衔。

1913年2月，任命为海军江南造船所（江南船坞易名）首任所长。陈兆锵任内对该所进行大力整顿，使这一近代造船基地得以不断发展，并出现“营业日上”的局面。

1913年8月20日，被授予海军轮机中将军衔（民国海军轮机专业最高军衔），是民国时代第一位海军轮机中将。同天获颁三等文虎勋章。

1914年5月25日，获颁二等文虎勋章。

1915年9月25日，调任福州船政局局长。受任危难之时，重整已处于停办边缘的福州船政局，恢复制造工作，积极整顿福州海军学校、福州海军制造两校，新建福州海军艺术学校校舍，恢复招生。

1916年4月27日，兼管马江港务。

1916年4月28日，兼任福州海军海军、福州海军制造学校督办。

1916年10月9日，获颁三等嘉禾勋章。

1918年，在福州船政局下设立中国第一座系统的军用飞机制造机构——海军飞机制造工程处。

1918年，兼任福州海军飞潜学校校长。

1920年，倡议并主持重修马江昭忠祠，亲撰《重修马江昭忠祠、墓记》，并题写“蒋山青处”，刻于甲申海战烈士合葬墓后的马限山崖壁上，颂赞烈士精神如青山不老，浩气长存。

1921年8月，因福州船政局试制水上飞机告成，陈兆锵督率有方，获授“勋五位”勋位。

1922年，倡议主持在马江昭忠祠合祀甲申、甲午海军烈士，并撰写《甲申、甲午两役合祀马江昭忠祠记》，甲午战争后长久没有获得公正对待的甲午海军烈士自此获得设祠纪念。

1922年，主持创办福州船政局电光厂，实现了生产动力由蒸汽动力向电力的转变。并向马尾居民供应电灯照明。

1923年4月26日至1924年1月8日，署理闽海关监督。

1924年2月12日，列为将军府将军。

1925年9月22日，再次出任海军江南造船所所长，马尾居民夹道欢送，并在马尾官道头竖立一座“挽邓思刘”德政碑感念功德。

1926年，辞职回籍，热心家乡教育和公益事业。

1927年5月22日，在马尾主持创办海军制造社，亲任社长，出版社刊《制造》杂志，推动海军制造技术的进步。创办惠儿院，任董事长，热心办学事业，成绩卓著。

1930年，任海军莲柄港灌田局（设于1927年3月）董事长。

1945年，抗日战争胜利后，鉴于陈兆锵在福州沦陷时期坚贞不屈，拒任伪职的爱国精神和行为，海军总司令部特颁给镌刻“凛冽可风”四字的银盾。海军总司令陈绍宽发表函电，赞扬“陈兆锵将军为‘我军之光’”。

1953年2月22日，在福州朱紫坊家中病逝，享年92岁。

（撰者：陈兆锵将军曾孙陈欣）

陈氏族谱

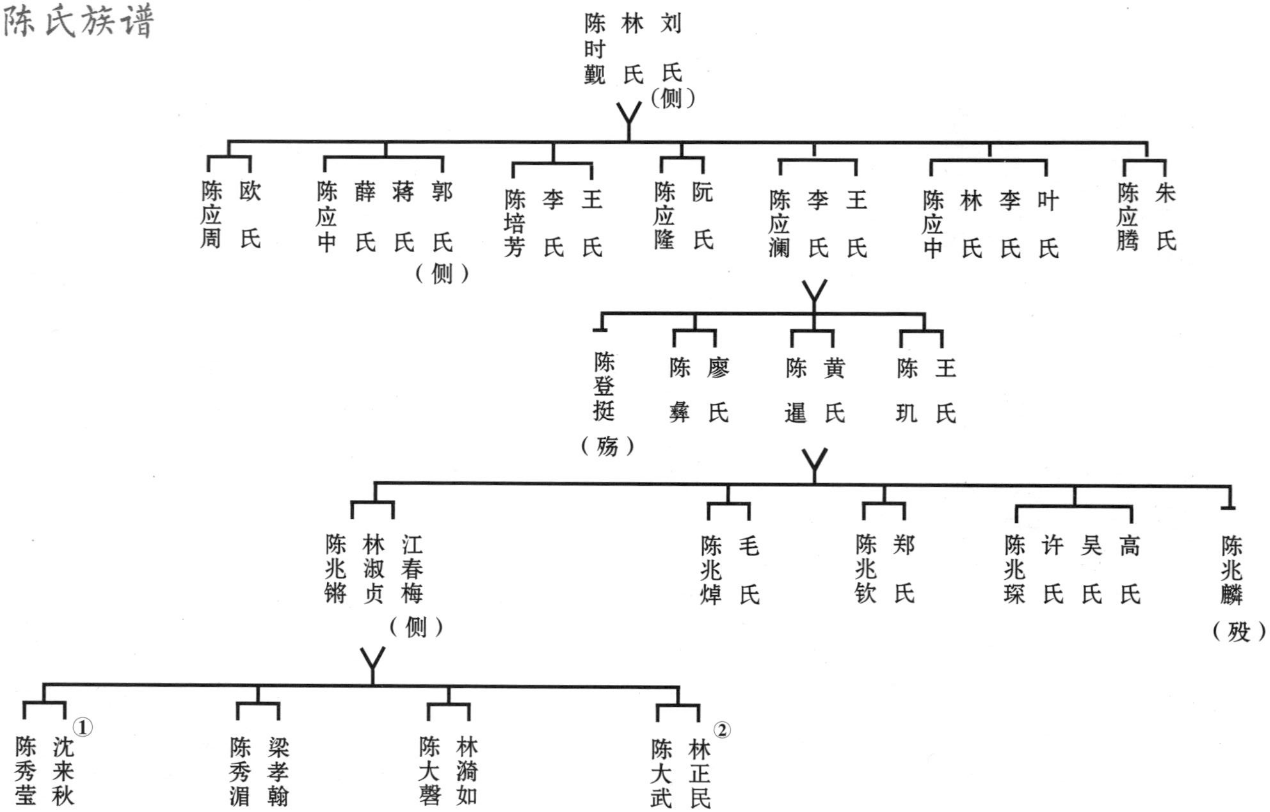

陈时觐 林氏 刘氏（侧）
陈应周 欧氏
陈应中 薛氏 蒋氏 郭氏（侧）
陈培芳 李氏 王氏
陈应隆 阮氏
陈应澜 李氏 王氏
陈应中 林氏 李氏 叶氏
陈应腾 朱氏
陈登挺（殇）
陈彝 廖氏
陈暹 黄氏
陈玑 王氏
陈兆锵 林淑贞 江春梅（侧）
陈兆焯 毛氏
陈兆钦 郑氏
陈兆琛 许氏 吴氏 高氏
陈兆麟（殁）
陈秀莹 沈来秋①
陈秀涓 梁孝翰
陈大磬 林漪如
陈大武 林正民②

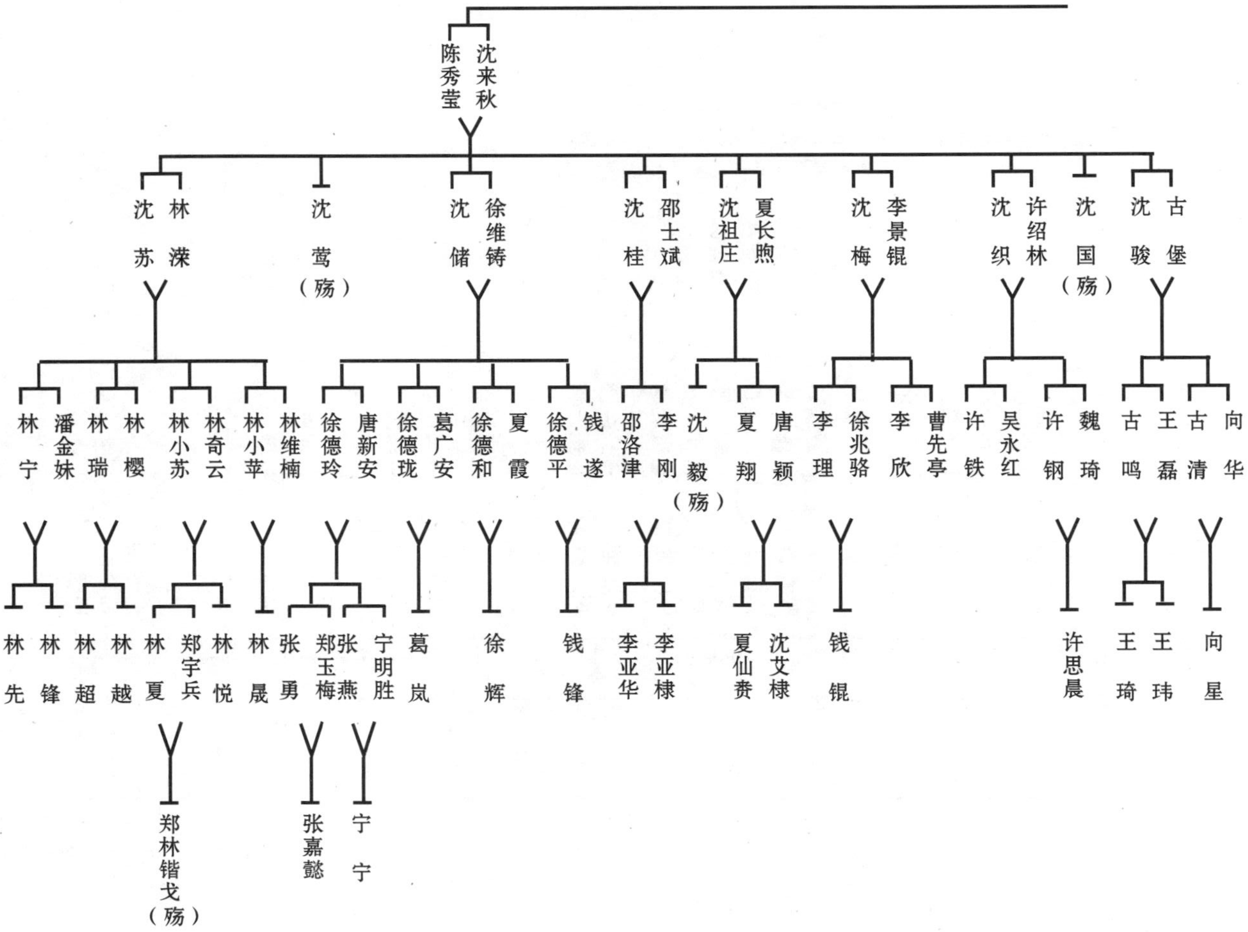
沈来秋
陈秀莹
沈苏
林涞
沈莺
（殇）
沈储
徐维铸
沈桂
邵士斌
沈祖庄
夏长煦
沈梅
李景锟
沈织
许绍林
沈国
（殇）
沈骏
古堡
林宁
潘金妹
林瑞
林樱
林小苏
林奇云
林小苹
林维楠
徐德玲
唐新安
徐德珑
葛广安
徐德和
夏霞
徐德平
钱遂
邵洛津
李刚
沈毅
（殇）
夏翔
唐颖
李理
徐兆骆
李欣
曹先亭
许铁
吴永红
许钢
魏琦
古鸣
王磊
古清
向华
林先
林锋
林超
林越
林夏
郑宇兵
林悦
林晟
张勇
郑玉梅
张燕
宁明胜
葛岚
徐辉
钱锋
李亚华
李亚棣
夏仙赉
沈艾棣
钱锟
许思晨
王琦
王玮
向星
郑林锴戈
（殇）
张嘉懿
宁宁

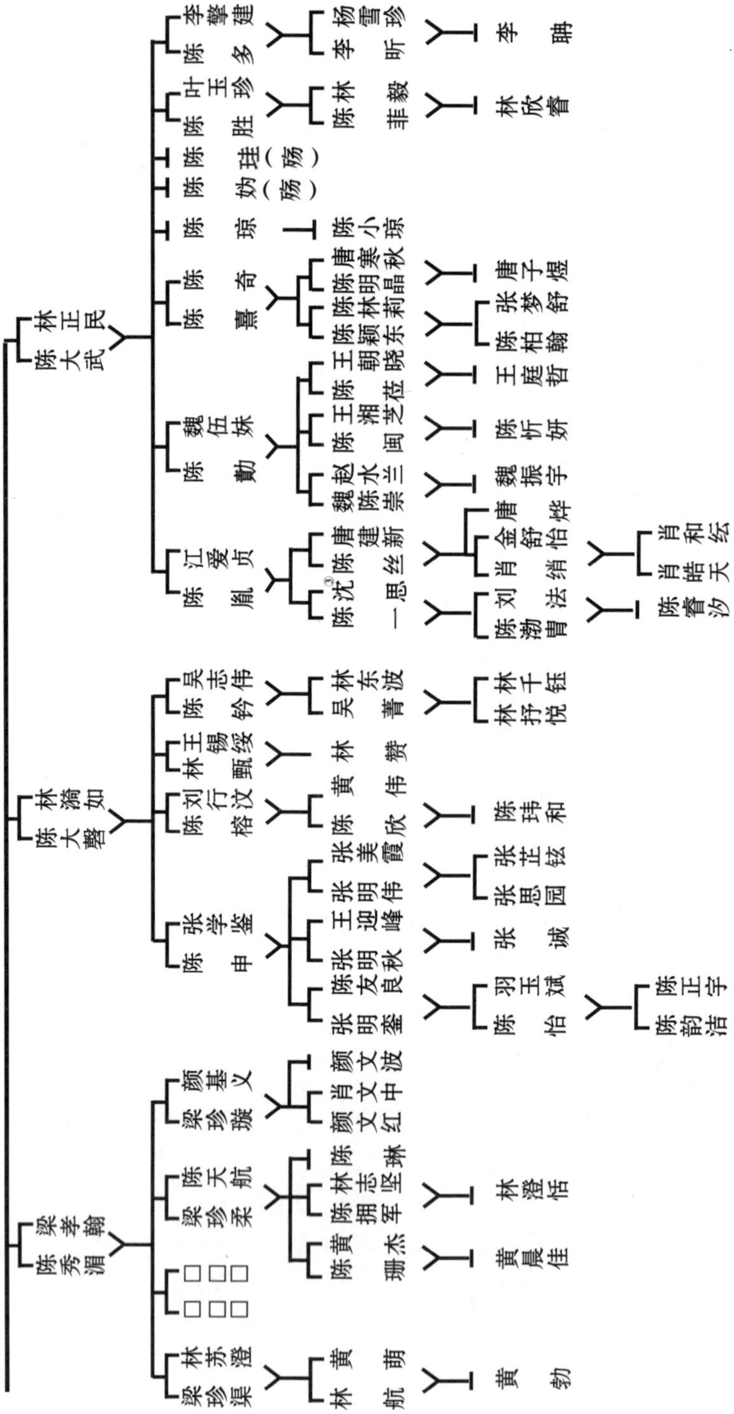

注：①沈来秋系沈葆桢第四代孙。

②林正民系林尹民的胞妹，林觉民的堂妹。

③沈思系沈葆桢第六代孙女。

主要参考资料

档案、史料

《光绪三十三年海军调查表》，1907年版。

光绪三十四年秋季《海军册》，1908年版。

《海军、水师第一次统计表》，海军部主计处，1911年。

《海军官册》，民国海军部编，未刊档案。

《最近官绅履历汇编》，北京敷文社，1920年版。

《螺江陈氏家谱》，1933年铅印本。

《海军大事记》，海军总司令部，1942年版。

《中华民国海军史料》，海洋出版社，1986年版。

《中华民国史档案资料汇编》，江苏古籍出版社，1991年版。

《北洋军阀史料》，天津古籍出版社，1996年版。

《清末海军史料》，海洋出版社，2001年版。

《国家图书馆藏民国军事档案文献初编》，国家图书馆出版社，2009年版。

《北洋政府档案·陆海军大元帅统率办事处》，中国档案出版社，2010年版。

文集、日记、论著

［法］Prosper Giquel：Prosper Giquel：L’Arsenal De Fou-Tcheou Ses

R é sultats,Shang Ha Imprimerie A.H.De Carvalho1874.

廖駹：《江南造船所纪要》，1922 年版。

上海社会科学院经济研究所:《江南造船厂厂史》，江苏人民出版社，1983 年版。

《中国近代海军史》，解放军出版社，1989 年版。

《王文韶日记》，中华书局，1989 年版。

陈道章：《马尾文物题刻诠释》，1994 年编印本。

《爱国海军耆宿陈兆锵将军》，1999 年自印本。

苏小东：《中华民国海军史事日志》，九州图书出版社，1999 年版。

刘传标：《中国近代海军职官表》，福建人民出版社，2004 年版。

《船政奏议汇编点校辑》，海潮摄影艺术出版社，2006 年版。

林樱尧：《马尾首创中国航空业资料集》，福建省音像出版社，2006 年版。

《纪念陈兆锵将军文选》，福建省音像出版社，2007 年版。

《李鸿章全集》，安徽教育出版社，2008 年版。

陈悦：《清末海军舰船志》，山东画报出版社，2009 年版。

《袁世凯全集》，河南大学出版社，2013 年版。

姜鸣：《龙旗飘扬的舰队——中国近代海军兴衰史》，三联书店，2014 年版。

《永远的蔚蓝色——福州“宫巷海军刘”》，天津大学出版社，2014 年版。

陈悦：《船政史》，福建人民出版社，2016 年版。

《北洋海军官兵回忆辑录》，山东画报出版社，2017 年版。

陈悦：《中日甲午黄海大决战》，台海出版社，2019 年版。

报刊

《申报》
《大公报》
《字林西报》
《天津益世报》
《时报》
《晨报》
《海军公报》
《江南造船所报告书》
《制造》

回忆、论文（由林樱尧、陈榕等为编撰本书而收集）

陈大磐：《怀念近代爱国海军将领陈兆锵》
陈胤：《追思祖父的教诲》
沈织：《外祖父与刘步蟾》
沈祖庄（铭韬）：《在外祖父母身边的日子里》
沈骏：《我所知道的外祖父母》
沈织：《纪念外祖父母纪事》
沈桂：《纪念外公、外婆》
沈苏、沈织：《怀念与回忆江太夫人》
梁友尧：《近代海军宿将陈兆锵述评》
林庆元：《陈兆锵将军传略》
陈悦：《陈兆锵海军任职经历考略》

林樱尧：《陈兆锵将军的人生传奇》

戚俊杰：《陈兆锵的光辉人生》

孙建军：《陈兆锵早年生涯几个需要澄清的问题》

陈明光：《飞潜学校育人才》

胡珍宝：《陈兆锵与 < 甲申、甲午两役合祀马江昭忠祠碑 >》

陈一、陈菲：《海军制造研究社的倡办者、海军制造耆宿陈兆锵将军》

林甄、王锡绥：《从海军制造研究社章程的制定看陈兆锵的法制观念》

吴靛初、陈丝：《海军制造研究社的成立经过、评价和影响》

余锴：《陈兆锵先生与民国前期的海军教育述论》

杨福鼎：《忆海军耆宿陈兆锵》

陈书麟、陈贞寿：《陈兆锵将军与江南造船所、福州船政局》

齐上志：《陈兆锵与福建船政》

陈秀梁：《陈兆锵将军与家乡》

沈骏、陈榕：《爱国海军蓍宿陈兆锵将军的家世与家庭》

刘毅：《“我军之光”闪耀在福州抗日阵线——纪念“凛冽可风”的陈兆锵将军》

林樱尧：《福州船政局首制水上飞机概述》

陈悦：《清末海军的罕见海难事故——“海天”号巡洋舰触礁始末》

后记

陈兆锵是中国近代海军史上的著名人物，其在船政历史上所做出的功绩更是与沈葆桢、裴荫森等先贤齐名，能够参与本书的创作，著者感到莫大的荣幸。

1998年2月7日，陈兆锵将军的后裔、亲友和船政文化研究者会聚福州宫巷沈葆桢故居，举行纪念陈兆锵诞辰135周年活动。嗣后，由沈骏任主编，沈织、陈榕、陈胤为副主编，整合活动的有关材料，编纂了《爱国海军耆宿陈兆锵将军》一书，中国人民解放军海军原副司令张序三中将作序，于1999年刊印发行。

此后，2007年7月，陈道章主编、陈泽山副主编的《纪念陈兆锵将军文选》，由福建省音像出版社出版发行。该书编者在“前言”中写道：“本书本着实事求是原则，不有意拔高，不无故贬损，期待船政研究人员能写出更完整、更全面的文章，庶不负陈兆锵对桑梓做出的贡献。”

上述两书问世后，引起海内外海军史、船政史研究者的关注。有鉴于上述两书均属于论文汇编性质，资料性强，而对于普及而言则稍欠可读。同时，随着海内外海军史研究者对陈兆锵的持续关注，又涌现了很多新史料、新观点，对陈兆锵的人生履历细节以及事功评述，又有很多全新的补充和修正。为了将陈兆锵将军的史事更全面地展现，促进有关陈兆锵和中国近代海军史的研究，使陈兆锵将军始终不渝的爱国情怀得到铭记和流传，陈兆锵将军的嫡孙陈榕教授从2019年起开始不断努力推动陈兆锵传记创作工作的开展。

最初，由船政史专家、原马尾造船厂厂史陈列馆馆长林樱尧先生组织史料收集、整理团队，陈榕、陈明光、陈欣、周满琴、林浩、吴菁、黄伟等研究者和陈兆锵将军的后裔参与了搜集整理工作。海峡两岸的海军史学者也给予了大量的支持。台湾的海军史学者沈天羽先生热忱相助，提供了诸多珍贵史料；山东威海中国甲午战争博物馆原馆长戚俊杰先生、甲午战争史学者孙建军先生、贵州凯里学院余锴老师，就陈兆锵的教育背景、在北洋海军的服役经历、在甲午战争中的作战经历，贡献了自己的新研究成果。

在这一资料收集、整理的基础之上，王国平、陈悦撰写了本书。其中，首先由王国平综合各方材料进行认真的汇总研究和考据分析，在2020年形成了初稿。当时正值新冠疫情爆发，在抗疫居家的特殊环境中，王国平先生完成了本书最初的谋篇，可谓是一段十分特殊的记忆。在此之后，陈悦对全稿进行了仔细的审读、校核，并做了部分的补充和扩、改写，最后加入配图，形成定稿。

本书的书名“曾经沧海”，取自陈兆锵将军私人印章的印文，回望历史，恰是陈兆锵一生投身于海军的深深铭记。陈兆锵的个人历史，是近代中国海军发展历程的缩影，本书写作、出版过程中的种种努力，也正体现了中国海军史研究中学者们合作努力的特点。

历经三年不懈努力，2022年来临之际，本书即将付梓，回首写作过程，充满无限的感慨。陈兆锵将军的后裔们对本书的写作给予了莫大支持；中共福州市马尾区委宣传部领导始终关心本书，陈禺、陈巍、张琴三任部长多次听取写作工作的进展情况，并委托邓治平副部长随时了解本书的撰写、出版事宜，提出了宝贵的审改意见；中国船政文化博物馆王芳馆长、朱寿榕副馆长、中法马江海战纪念馆王晓芹馆长等，提供了诸多第一手资料；马尾区社科联林宇主席也十分关注本书编写进程，不时提出工作建议。谨在此一并致以由衷的谢忱！

希望本书的出版，能够成为研究者和海军后裔共同努力以学术的方法整理、研究、公布近代海军人物历史情况的一个样例，以此为中国海军史、船政史的相关部分研究起到促进作用。同时期待有更多的船政和近代海军后裔家庭，将家族的历史以学术的方式呈现、存留，彰显先辈们向海图强的努力，丰富中国海军和船政历史研究的史料，将家史汇聚入国史的历史大河中。

由于学识有限，本书内容中难免有错漏偏颇之处，敬请方家不吝指正！

王国平　陈　悦

2022 年 1 月